Supply Chain
Planning & Analytics

需給インテリジェンス
で意思決定を進化させる

サプライチェーン
の 計画 と 分析

需要予測エバンジェリスト／
青山学院大学グローバル・ビジネス研究所 研究員

山口雄大

日本実業出版社

はじめに「ロジスティクス＆需給インテリジェンス」

「戦争の素人は戦略を語り、戦争の玄人はロジスティクスを語る」

■ 競争優位を生むロジスティクス＆インテリジェンス

　ビジネスは戦争になぞらえて語られることがありますが、筆者はどちらにおいても**ロジスティクス**が極めて重要になるという考え方に賛同しています。筆者の解釈では、ロジスティクスは物流の言い換えではありません。より自律的な概念であり、最前線における**需要予測**を踏まえた物資・資源の調達から、物流によって届ききるところまでをリード＆フォローする機能です。これが前線における競争優位を生み出すと考えています。

　この考えは、筆者がロジスティクス部門に配置されていた需要予測グループでSCM（Supply Chain Management）キャリアをスタートしたという原体験による認知バイアスが影響しているかもしれませんが、需要予測はロジスティクスにおいて必須の機能であり、競争優位の源泉でもあると考えています。

　そして需要予測を専門とするキャリアを積み、アカデミックにも研究をつづける中で気づいたのが、需給情報の収集と分析、そこからの示唆を意思決定層へ発信していくことも、ロジスティクス同様、競争優位を生み出していくために非常に重要であるという事実です。筆者はこれを「**需給インテリジェンス**」と呼び、経営における意思決定をリード＆フォローする

重要な機能だと提唱しています。

　防衛省防衛研究所の石津朋之主任研究官によると、ロジスティクスとインテリジェンスは補完的な関係にあるそうです[1]。筆者のビジネス経験に基づく解釈でも、需要予測をベースとする需給インテリジェンスは、適切なロジスティクスの実行のために有効であり、一方でロジスティクスの各所から収集できる情報が、需給インテリジェンスに必須となります。

　そして、需給インテリジェンスを踏まえたロジスティクスこそが、前線で効果的に機能し、競争における優位性を生み出すのです。本書ではこの需給インテリジェンスを重要な切り口として、データサイエンスで進化しつつあるSCMを解説します。

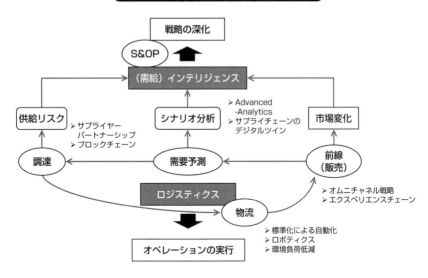

■ 競争力の創出を目指すSCM

　SCM、サプライチェーンマネジメントという言葉は、この20年程度でだいぶ日本企業にも広まり、重要視されるようになってきたと感じます。SCMの知識体系をグローバルで整理しているASCM（Association for

Supply Chain Management)[2]によると、SCMは「価値の創造、競争力の
ある基盤構築、世界規模でのロジスティクス活用、需給の同期化、グロー
バルなパフォーマンス測定を目的とする、サプライチェーン活動の設計、
計画、実行、管理、監視」と定義されています[3]。

　企業の活動は基本的に、製品やサービス（本書では合わせて「商品」と
呼ぶこととします）を通じて顧客に価値を販売することですが、そのため
には営業やマーケティング、ファイナンス、研究開発、商品開発、調達、
生産、物流など、さまざまな機能が連携しています。顧客に提供する価値
を創造するこの連携はバリューチェーンとも呼ばれますが、その中で需要
と供給（需給）のバランスを制御し、企業の競争力を高めていく仕組みが
SCMなのです。
　ちなみに、EY（Ernst & Young）やDell、ユニシスなどでSCM部門の
トップを歴任した有識者クリス・ゴパルは、バリューチェーンとサプライ
チェーンはほぼ同義だと考えていて[4]、グローバルでも明確な線引きがなさ
れているとは言いにくいものです。
　重要なのは、顧客に提供する商品とそれに関する情報の流れを適切に制
御し、価値を生み出す一連のオペレーションは企業の競争力に直結すると
いうことです。

　SCMの中でも特に、ビジネスに必要なものを調達したり、販売したり
する際に重要な輸配送、保管、出荷などを適切に制御する概念をロジスティ
クスと呼びます。商品の原材料や部品、人材の調達、製品の生産拠点、
顧客など、ビジネスの対象範囲が世界に広がっていく中で、ロジスティク
スの戦略的な活用がますます重要になっています。
　SCMにおける制御では、計画、調達、生産、ロジスティクス、販売な
どさまざまな活動が対象になりますが、それぞれのパフォーマンスを定期
的に測定することが必要になります。モニタリングすべきKPI（Key
Performance Indicator）を定めることで、異常を早期に察知し、改善の
アクションに動けるのです。

ASCMによるSCMの定義を少し補足するとこのような解釈になりますが、本書ではこのSCMについて、企業の具体的な活動もまじえながら基礎的な知見を解説するとともに、AIやデータ分析による進化など、近年のトレンドも紹介していきます。

■ 経営目線で見るSCMの競争力

2020年からの世界的なパンデミックを受け、SCMの考え方は大きく変化したと言えるでしょう。需要に加えて供給の不確実性が高まったことや、在庫をはじめ、効率を追求しすぎることが事業の継続性に大きなリスクになると、SCMに関わるビジネスパーソンは学びました。サプライチェーンは自社の製品やサービスを顧客に提供するための物と情報の流れであり、こうしたビジネス環境の変化も踏まえ、経営層はそれを適切に管理してくことが求められます。このパンデミックによって、経営層の意識のフォーカスが、生産コストから物流・供給コストへ変わったことが指摘されています[5]。

サプライチェーンのデザインについては9章でとり上げますが、従来は生産コスト、つまり労働力や土地などのコストや、技術レベル、生産環境やインフラの整備状況などを考慮した生産拠点の配置が重要視されていました。これは、生産コストが物流コストに比べて大きい場合が多かったためです。しかし、パンデミックに起因してコンテナ運賃が10倍近く暴騰するなど物流コストが上がったり、半導体をはじめとする重要な部品などの安定的な供給を前提にできなくなったりしたことが、サプライチェーンデザインを考え直すきっかけとなったのです。

生産コストを低くするために、主要な販売エリアから遠く離れた国に生産拠点を構えた場合、基本的には物流コストは高くなります。また、輸送距離が長くなるほど、なんらかのトラブルで物流が遅延するリスクや原材料や部品、最終製品などの汚破損リスクは高まります。また、各種在庫の状況、何がいま、どんな状態でどこにあるのかが不透明になっていきます。物流コストが生産コストと比較して圧倒的に小さければ、こうした影響は

あまり考えなくてよいのですが、もちろん業界によるものの、全体的な物流コストとリスクの上昇がサプライチェーンデザインの考え方を変えているのです。

すでにさまざまな有識者が指摘しています[6]が、COVID-19によるパンデミックは特別なものではなく、自然災害や紛争・テロ、貿易摩擦など、サプライチェーンに大きな影響を与える出来事はくり返されています。そうした**VUCA**[7]な環境下で事業を継続していくためには、リアルタイムに近い情報に基づく需給バランスの制御、SCMが極めて重要な役割を果たしていて、経営層やSCMの部門長だけでなく、ファイナンスや営業、マーケティング、ITなどの業務領域でも、部長クラス以上には必須の知識となってきていると言えます。

■ 実務担当目線で見るSCMの競争力

一方で日々の実務、短期的な売上・利益目線でもSCMの重要性が増していると感じます。これまでは製品やサービスそのものの価値が重要であり、新しい機能や過去よりも高いコストパフォーマンスを広く認知させることが売上に大きく影響しました。ブランディングによって多くの生活者における憧れを醸成したり、商品開発のストーリーを発信することで共感を高めたりするといった、企業が発信する広義のマーケティングが着目されてきたと言えます。

しかし、インターネットやAIといった技術が進歩し、スマートフォンが普及してSNSを使った生活者からの情報発信が劇的に増え、EC（Electric Commerce）が多くの商材で当たり前になるといった購買行動の変化と、異常気象の増加や世界的なパンデミック、SDGs[8]意識の高まり、サイバー攻撃リスクの増加といった、サプライチェーンにおける供給の不確実性の増加の中で、商品を受け取るまでの体験も重要になってきています。

商品を受け取るまでの体験とは具体的に、次のようなことを指します。

- **多くの商品の機能や価格を比較検討すること**
- **安心な決済手段**

- 商品が提供されるまでの時間
- 購入後のフォロー体制（返品や問い合わせなどの仕組み）

　ECによって海外の商品でも簡単に購入できるようになったため、市場のグローバル化が進み、商品だけでの差別化が以前よりむずかしくなりました。また、先進国を中心にSDGsの意識が高まり、環境負荷が少なく人権侵害もなく作られた商品が好まれるなど、生活者が気にするポイントも変化、多様化していると感じます。Amazonの取扱品目、そしてなにより売上が大きく拡大していることからも（この事業での利益は別として）、生活者にとっての購買体験の価値が相対的に高まっていることがわかるでしょう。つまり、商品開発や設計、販売に携わるマーケターやエンジニア、営業担当者などもSCMに関する基礎知識を身につけておくことが重要になっていて、SCMを考慮した商品デザイン（Design for SCM）、マーケティングを考えることが競争力に直結し始めているのです。

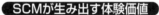

■ 本書の想定読者と構成

　このように、SCMは経営層にとっても実務担当者にとっても、企業の持続的な競争力を生み出すために必須の知識になっています。そのため、本書はSCMの新任担当者だけでなく、マーケターや営業担当者、経営管理担当者、人事担当者、経営層と幅広く読んでいただくことを想定して執筆しています。

　また、図は基本的に、青山学院大学での講義で使用したものをブラッシュアップしたものなので、大学生がはじめてSCMを学ぶ際にも理解できるレベル感です。ただ、実務経験を踏まえて解釈するとより本質を深く学べる内容のため、学生の読者は、実務を数年経験した後、実務リーダーやマネージャー（管理職）に昇格した際などにも改めて読んでいただけると、都度新しい学びがあるはずです。

　1章では、SCMに興味をもっていただくことを狙いに、身近な経済ニュースを例として、SCMの関わりを読み解きます。2章ではSCMに最も関わりが深い業界である製造業（メーカー）を例に、サプライチェーンの全体像を概観します。3章はサプライチェーンの各種活動と企業の戦略がどう関連しているか、また経営指標にどう影響しているのかを整理します。

　4章から9章までは、実務におけるプランニングの流れに沿って、SCMを支える需要予測、在庫計画、生産・調達、物流という各種機能について解説します。4章から7章までは需要予測をベースとするデマンドプランニング領域であり、筆者が考える需給インテリジェンスの機能です。8、9章はサプライプランニングの領域であり、筆者が考えるロジスティクス機能におおよそ該当します。その中で、筆者が専門とする需要予測を中心に、データ分析やAIの実務活用といった、最前線のトレンドと基礎知識も共有します。

　最後の10章では、企業の戦略とオペレーションを整合させる**S&OP**

（Sales and Operations Management）という概念のフレームワークと学術研究の知見、実務経験を踏まえた考察を説明します。筆者はS&OPを需給インテリジェンスのアウトプットの場だと考えています。

　高校生や大学生は1章から読み、まずはSCMに関する興味を深めていただければと思います。SCMの新任担当者であれば、1、2章はさらっと読み流し、3章以降で基礎を学びたいテーマを読まれるとよいでしょう。SCMのプロフェッショナルや教員の方々は、ぜひ後任や学生への教育にご活用ください。本書をベースに有識者のみなさまの知見で話題を広げていただければ、聞き手により深い学びを提供することができると思います。
　参考として、2章以降の各節については、レベル感を5つの星で分類しました。

評価	レベル感	概要
★☆☆☆☆	ビジネス基礎リテラシー	SCMに限らず、ビジネスで知っておくべき基礎レベルの知識です。
★★☆☆☆	ドメイン基礎知識	SCMの各業務領域を理解するための基礎知識です。
★★★☆☆	ドメイン標準知識	SCMの各業務領域におけるグローバルでの標準的な知見です。
★★★★☆	ドメイン前線事例	SCMが関係する現実のビジネス事例についての解説および考察です。
★★★★★	オリジナル仮説	筆者の実務経験および研究に基づく新しい仮説の提示です。

　これからビジネスの世界に足を踏み入れる方であれば、まずは★1から★2までをきちんと理解いただくことをおすすめします。SCMをはじめて学ぶビジネスパーソンであれば、★2を踏まえて、★3の習得を目指すとよいでしょう。
　ある程度のSCM実務経験をお持ちの方であれば、★3でご自身に不足している領域の知見を確認しつつ、★4からSCMに関わるビジネスへの有益な示唆を引き出してみてください。★5は実務経験に基づくSCMの

深いドメイン知識がないと、正確な理解がむずかしいと思います。また、業界によっては適用がむずかしい場合もあるでしょう。プロフェッショナル同士の意見交換という位置づけで、参考にしていただければ幸いです。

SCMを解説する素晴らしい書籍はほかにもありますが、本書は次のような特徴が挙げられます。

- 大学での講義をベースとして、直感的に理解しやすい図解を多用していること
- 筆者のバックグラウンドから、認知科学やデータサイエンスのSCM活用にもフォーカスしていること
- 筆者のビジネス経験から、化粧品、消費財だけでなく、食品・飲料、機械、商社・卸、物流・3PL（Third Party Logistics）[9]、コンサルファームなど、幅広い業界目線でSCMを読み解いていること
- 学術論文に匹敵する膨大な量のグローバル文献の知見を組み込み、オリジナルのSCMの解説ストーリーを構築していること
- 筆者の専門分野から、需要予測領域については特に多くのページを割いていて、最前線のアイデアを提唱していると共に、ほかのSCM領域との連携も各所で記載していること

しかし、SCMの管轄領域は極めて広く、それぞれの専門領域を深く学ぶには1人の知見、1冊の書籍ではむずかしいことも事実です。各章のテーマをより深く学ぶための書籍を巻末の参考文献や注釈で紹介していますので、適宜、参照いただければと思います。

本書をきっかけにSCMの魅力と可能性を感じ、実務で創意工夫いただければ、筆者としては望外の喜びです。

山口　雄大

サプライチェーンの計画と分析

目　次

はじめに「ロジスティクス＆需給インテリジェンス」　3
　　　競争優位を生むロジスティクス＆インテリジェンス／
　　　競争力の創出を日指すSCM／経営目線で見るSCMの競争力／
　　　実務担当目線で見るSCMの競争力／本書の想定読者と構成

第1章　事例でわかる　サプライチェーンが生み出す競争力

■1-1 サプライチェーンを取り巻く環境変化 ················· 24
　　　グローバル戦略を考えるトリプルAトライアングル／
　　　外部環境を整理するPEST分析

■1-2 「半導体不足」はなぜ起きたか？ ················· 28
　　　半導体の世界的な供給不足／
　　　サプライチェーンの各所にある供給不足の要因

■1-3 経営効率は「在庫」で変わる ················· 30
　　　在庫回転日数と経営効率／需要予測の成否が在庫量に影響する

■1-4 需要予測は「人命」も救う ················· 32
　　　需要予測に基づく救急隊配備／必要とされるモノが予測対象を明確化

■1-5 「マスク価格の大変動」──需給バランスで必需品の価格が乱高下 ··· 34
　　　コロナ禍のマスク価格の大変動／需要創造による新価値創出

■1-6 売れている服を航空機で届けるZARA ················· 36
　　　服の定価販売がむずかしい理由／
　　　明確なSCM戦略がプロパー消化率を高める

■1-7 国家戦略としてのSCM ················· 38
　　　世界で重視されるレジリエントサプライチェーン／
　　　サプライチェーンを強靭にするパートナーシップ

第2章 競争力を高めるSCMの価値

■2-1 価値と供給の連鎖 ·· 42
★☆☆☆☆
顧客価値の創造と伝達を担う機能連鎖／
チェーンを支える各種機能の連携が競争力を生む

■2-2 顧客のニーズを予測する ··· 44
★★☆☆☆
需要予測が必要な理由／需要予測がバリューチェーンをつなぐ

■2-3 需給の両レバーでバランスを調整する ····················· 47
★★☆☆☆
4種類の需給調整アクション／需要過多への対応／供給過多への対応

■2-4 安定・安価・高品質で買いつづける ························· 50
★★☆☆☆
モノの流れの起点／仕入れで重要な3ポイント／直接材と間接材

■2-5 7つの要素を意識して作りきる ································· 53
★★☆☆☆
生産の目標／従業員の安全性とモラル

■2-6 戦略的に顧客接点をデザインする ···························· 55
★★☆☆☆
さまざまな物流の呼び方／物流管理からロジスティクスへ

■2-7 SCMが経営に貢献する ·· 58
★☆☆☆☆
SCM KPIの財務諸表への影響／不要な在庫が各種コストを増加させる／
SCMが貢献できる経営指標

■2-8 トリプルAのサプライチェーン ······························· 63
★★★☆☆
Aのスリーカードを揃える／サプライチェーンのAgility／
サプライチェーンのAdaptability／サプライチェーンにおけるAlignment

第3章 企業の戦略とオペレーション

■3-1 企業の競争力 ··· 68
★☆☆☆☆
ビジネスモデルを考える3要素／

Amazonが2種類の顧客に提供している価値／Amazonの利益源／
Amazonを追いかけるのはむずかしい

■**3-2 代表的な事業戦略と企業例** ·· 72
★☆☆☆☆
提供価値と市場による戦略の分類／マス市場を狙った戦略／
特定顧客を狙った戦略

■**3-3 なぜSCMは事業戦略において重要なのか** ························· 76
★★★☆☆
SCMが戦略に提供する4つの価値／
新商品のオペレーションでより大きな価値を生む

■**3-4 SCMの2つの戦略** ··· 79
★★☆☆☆
トレードオフの効率性と応答性／各SCM機能における効率性と応答性

■**3-5 商品ポートフォリオ管理** ·· 82
★★★☆☆
戦略の不在が生むSKU爆発／
2つの需要予測プロセスが支援するポートフォリオ管理／
商品ポートフォリオ管理を機能させるポイント

■**3-6 社会と未来を志向するパーパス** ··································· 86
★☆☆☆☆
戦略立案と意思決定に軸を通すパーパス／
未来志向リーダーのマインドセット／ステークホルダー全体の価値最大化

第**4**章 インテリジェンスを主導するデマンドプランニング

■**4-1 精度とは誤差なり** ··· 92
★★☆☆☆
意思決定のインプットとしての需要予測／予測精度の測り方／
さまざまな角度から精度を捉える／予測精度の読み方

■**4-2 整理すべき需要予測の前提** ·· 96
★★★☆☆
変革はプリンシプルの整理から

■**4-3 オペレーションとプリンシプルの関係** ····························· 100
★★★☆☆
オペレーションに合わせて必要なプリンシプルは変わる／
計画系業務のための大きな需要予測／実行系業務のための細かな需要予測

■4-4 需要の因果関係 ································· 104
★★★★☆

すべての予測モデルのベースは因果関係／社内情報から因果関係を考える／
社外情報にも目を向ける／見せかけの関係性に注意

■4-5 予測モデルのための分析フレーム ·············· 109
★★★☆☆

3Cで予測モデルのセグメンテーションを考える／4Pで原因要素を考える

■4-6 世界の予測モデル ···························· 112
★★★☆☆

目安としての大分類／分析系モデルの概観／判断的モデルの概観

■4-7 新商品の需要予測 ···························· 116
★★★★☆

新商品の需要は予測できない？／新商品の需要予測の意義／
新商品オペレーションにおけるSCMの役割

■4-8 センスメイキング需要予測 ···················· 120
★★★★★

センスメイキング需要予測とは／先進技術による暗黙知のアルゴリズム化／
センスメイキングで新たな需要創造を目指す

第5章 意思決定を高度化するデータサイエンス

■5-1 リテラシー①：データを読む ··················· 126
★☆☆☆☆

データサイエンスについて学ぶ方法／現実のデータを読んでみる

■5-2 データのビジュアライゼーション ··············· 130
★☆☆☆☆

データビジュアライゼーションの魔力／ミスリードしない見せ方／
グラフの選び方

■5-3 目的別のビジュアライゼーション例 ············· 134
★★★★☆

比較のためのグラフ／分布や関係性を可視化するグラフ／
構成を理解するためのグラフ

■5-4 リテラシー②：データで語る ··················· 139
★★★★☆

ビジュアライゼーションが役立つ4つの場面／

データ分析でビジネス価値を生む２つのポイント

■5-5 時系列モデルによるオペレーション効率化 ……………… 144
★★★☆☆

ロジックの明快さと予測根拠は別物／時系列モデルのバリエーション／
時系列モデルの有効活用

■5-6 因果モデルによるシナリオ分析 …………………………… 152
★☆☆☆☆

SCMのシナリオ分析／因果関係を定量評価する回帰分析／
因果モデルで思考を広げる

■5-7 判断的モデルによる暗黙知の活用 ………………………… 157
★★★★☆

人の判断が有効な場合もある／古典的な判断的モデル／
判断プロセスの合理化／判断ロジックの合理化

■5-8 予測精度メトリクスの計算方法 …………………………… 164
★★★☆☆

需要予測で必須の３種のメトリクス／誤差の程度を測る／
誤差の傾向をモニタリングする／
現ロジック・プロセスの付加価値を試算する

■5-9 両利きの需要予測マネジメント ……………………………… 169
★★★★★

市場・顧客の変化は予測精度に表れる／予測精度を基にAIを鍛えなおす

■5-10 需給インテリジェンスのオペレーション ………………… 172
★★★★★

未来予測をむずかしくする４条件／
データサイエンスによる需要変動のリスク管理

第6章 Advanced-Analyticsの実践

■6-1 AI需要予測のモデル ………………………………………… 178
★★☆☆☆

ビッグデータから法則性を見出す／多様な条件分岐で分類する

■6-2 組み合わせとくり返しのアンサンブル学習 ……………… 181
★★★☆☆

ランダムなバリエーションの組み合わせ／誤差から学習を繰り返す

■6-3 SCMで活躍中のAI ································· 185
★★★★☆

流通・製造ビジネスにおけるAI活用／流通業を救うAI／
製造業の知を継承するAI／マーケティング領域におけるAI活用／
先進技術の浸透ステップ

■6-4 戦略を深化させるAI需要予測 ················· 192
★★★★★

AIで新たな価値創出を目指す４種の需要予測／需要予測の２方向の目的／
シミュレーションのための因果モデル構築方法

■6-5 需要予測のレベル別AI活用 ··················· 197
★★★★☆

需要予測でリープフロッグは起こらない／
貴社で目指す需要予測AIのメリットとは／
予測AIの実務活用における３つの留意点

■6-6 Dual-forecastingによる変動分析の深化 ········· 201
★★★★☆

AIと時系列モデルの併用／多面的予測が分析を高度化する

■6-7 AI需要予測への意思入れ ····················· 204
★★★★☆

過去とは異なる変化を意思入れする／
需要予測への意思入れにはさまざまな方法がある／
予測値ではなくモデルへの意思入れ

■6-8 デマンドプランナーとデータサイエンティスト ········· 208
★★★☆☆

日本と世界のデマンドプランナー／AIの登場で明確になった２職種の境界／
３者のコラボレーション／需要予測を学ぶ書籍

第7章　レジリエンスのための在庫マネジメント

■7-1 VUCAな環境下で変化する在庫の役割 ··········· 216
★★☆☆☆

在庫計画は需要予測ではない／事業レジリエンスのための在庫

■7-2 マーケティングを支えるデカップリングポイント ········· 218
★★★★☆

戦略的に生産を止める／
尖ったマーケティングを支える在庫デカップリング戦略／

エシェロン在庫の最適化

■**7-3 持つべきものはよき在庫**……………………………………… 221
★★☆☆☆
２種類の基本在庫／全体最適の観点で必要な在庫／許容すべき在庫

■**7-4 統計安全在庫の意味を読み解く** ……………………………… 226
★★★☆☆
需要は上下に等しくバラつくものか／リードタイムのルートの意味／
需要予測の視点がないロジック

■**7-5 需給の不確実性を考慮する安全在庫**…………………………… 230
★★★★☆
予測誤差を使った安全在庫計算／供給リードタイムは一定か

■**7-6 在庫最適化の制約条件**…………………………………………… 233
★★★★★
本当は考慮したい在庫の制約／多様な制約条件下の計画最適化／
逆にシンプルな在庫計画

■**7-7 セグメント別の在庫戦略**………………………………………… 238
★★★★☆
予測精度別の在庫管理方針／ライフステージ別の在庫管理

■**7-8 SCMが生み出す事業レジリエンス** …………………………… 242
★★★★☆
危機ドリブンのサプライチェーン再構築／
調達・生産・流通のレジリエンス強化

第**8**章 **パートナーと目指す持続可能なサプライプランニング**

■**8-1 購買と調達に求められる役割** ………………………………… 248
★★☆☆☆
購買と調達の違い／調達機能のミッション

■**8-2 調達環境の変化** ………………………………………………… 252
★★☆☆☆
調達の外部環境変化／グリーン調達

■**8-3 サプライヤーマネジメント** …………………………………… 256
★★★☆☆
サプライヤーの評価軸／危機後はサプライヤー評価のチャンス

■8-4 BCPのためのサプライヤーパートナーシップ·········· 259
★★★☆☆

戦略的サプライチェーンパートナーとしてのサプライヤー／
サプライヤーの課題を協働して解決する

■8-5 生産の計画と実行のマネジメント·················· 263
★★☆☆☆

管理＝計画＋統制／生産のアジリティ／現場改善がアジリティを生み出す

■8-6 資材のマネジメント ·························· 266
★★★☆☆

生産計画に必要な3要素／2つ目のMRP

■8-7 企業ブランドを創る品質管理 ················· 270
★★★☆☆

品質管理の2つの活動／品質管理のステージと目指す基準

■8-8 サイバー＆フィジカル···················· 273
★★★★☆

輸送リードタイムがなくなる!?／日本メーカー浮上のカギになるCPS

第9章　顧客体験をデザインするロジスティクス

■9-1 物流の価値とサプライチェーンデザインの変化·········· 278
★☆☆☆☆

物流重視の時代へ／10の要素で決まるサプライチェーンデザイン

■9-2 商品開発も知るべき物流の基本機能① ·············· 281
★★☆☆☆

モノを動かす3つの基本機能／グローバル物流と国内物流の主役

■9-3 付加価値を生む物流の基本機能② ················ 283
★★☆☆☆

捨てられる包装の役割／流通加工がマーケティングを進化させる／
物流から得られる情報の価値

■9-4 先進技術で高度化するロジスティクス ·············· 286
★★★★☆

モノを動かす物流3機能における技術活用／荷役におけるロボットの活躍／
ダーク倉庫を目指して

■9-5 オムニチャネルを駆使して顧客体験を変える……………………… 290
★★★★☆

シームレスな購買体験／win-winのオムニチャネル戦略／
オムニチャネルからエクスペリエンスチェーンを描く

■9-6 未来の物流で目指す方向性 …………………………………………… 294
★★★☆☆

SCMで目指すSBTi／物流における脱炭素化

■9-7 共同と共創 …………………………………………………………………… 297
★★★★☆

共同輸配送／食品業界がリードする企業を越えた物流共創／
日用品の物流標準化

■9-8 パーパスとしてのフィジカルインターネット構想 …………… 302
★★★★☆

インターネットの効率性を現実世界へ／フィジカルインターネットの特徴／
リーディングカンパニーが目指すフィジカルインターネット

■9-9 グローバルサプライチェーンデザイン …………………………… 306
★★★☆☆

Chief Logistics Officerとは／
CLOに期待されるサプライチェーンリデザイン

第10章　需給インテリジェンスとしてのS&OP

■10-1 S&OPのグローバル共通見解 ……………………………………… 312
★★☆☆☆

S&OPの定義と解釈／S&OPプロセスのフレーム

■10-2 MP&Cの中のS&OP ……………………………………………………… 316
★★★☆☆

MP&Cの構造／MP&Cも起点は需要予測

■10-3 S&OPエコシステム ……………………………………………………… 320
★★★☆☆

S&OP Geekによる最新の全体像／ファイナンスとサプライチェーン／
コマーシャルとSCMをつなぐS&OE

■10-4 S&OPへの期待 …………………………………………………………… 324
★★★★☆

S&OPで何を決めるのか／S&OPに期待できる効果／

需要予測はS&OPを介して新たな価値を生む

■10-5 S&OPで成果を出す ································· 330
★★★★☆

S&OPで成果を出せる組織／S&OPの始め方

■10-6 S&OPの部門間コミュニケーション ················ 336
★★★★★

S&OPステークホルダーの協調を引き出す／
パーソナリティの理解や行動特性もS&OPの成果に影響する／
S&OPにおけるリーダーの役割

■10-7 戦略別のS&OP ································· 342
★★★★☆

マーケットリーダーの戦略と商品ポートフォリオ／
企業の戦略で変わるS&OPアジェンダ

■10-8 S&OPの先へ ································· 346
★★★★★

SCMのDXとS&OP／ワンナンバーの限界／セグメント別のSCM戦略／
SKU別需要予測ベースのS&OP／S&OPで目指すリスクマネジメント／
需給リスクの整理と評価／需給リスクへの対応／S&OPの未来

おわりに「物語を理論にし、知を継承する」 355

需要予測の属人性／組織の知が創造されるメカニズム／
需要予測の知を継承するオペレーション／予測知の物語と理論

■参考文献や注釈　361

■索引　382

■読者購入特典のご案内

　本書をご購入いただいた読者の方限定コンテンツを配付します。

　ページ数の関係で書籍に掲載しきれなかった事例、SCMの知識や組織などをまとめました。ぜひ以下のURL、QRコードからダウンロードしてください。

https://drive.google.com/file/d/1mHNHF9txID3C-WVn6QcvHunFnue_LD2R/view?usp=sharing

カバーデザイン　小口翔平(tobufune)
本文DTP　一企画

第1章

事例でわかる
サプライチェーンが生み出す競争力

　まずはSCMがどんな場面で競争力を生み出しているかを、身近な経済ニュースを読み解きつつ紹介します。学生でもSCMに関わっていないビジネスパーソンでも知っているニュースの裏側には、SCMが関係している場合が多く、それを知ることでSCMの重要性を認識していただきたいからです。

　SCMとの関わりを想像しやすい製造業だけでなく、みなさんが日常生活の中で利用する外食サービス、事故や災害時に頼りになる救急隊、出張や旅行で使う航空機や新幹線といったインフラやホテルなど、さまざまな業界でSCMの考え方が有効活用されています。

　また、国家レベルの議論でもサプライチェーンの強靭性が重視されるなど、SCMはもはや製造業の生産関係者だけが知っておけばよい概念ではなくなっているのです。

　それでは、サプライチェーンを取り巻くグローバル環境の変化を整理したうえで、さまざまな業界の経済ニュースを読み解いていきましょう。

1-1 サプライチェーンを取り巻く環境変化

　技術の進歩や生活者の購買心理、行動の変化、また日本市場の成熟を受け、多くの業界、企業が事業をグローバルに拡大しています。商品の原材料や部品を海外から調達している企業もあれば、海外から人材を採用したり、海外へ輸出して販売したりする企業もあります。

　2020年のCOVID-19によるパンデミックだけでなく、過去からテロや紛争、自然災害などによって度々、グローバルサプライチェーンには混乱が生じましたが、より大きな売上、利益を目指すため、また資源が乏しく労働人口が減少傾向にある日本で事業を継続していくために、グローバルな目線で考えることは必須と言えるでしょう。

　このような条件下において、自社が含まれるサプライチェーンの環境ではどんな変化が起こっているかを定期的に把握し、リスクを評価しておくことは重要です。まずはこうした分析の際に有効になるフレームワークを2つ紹介します。

　フレームワークは答えを与えてくれるものではありません。しかし、思考を整理するのに役立ちますし、コミュニケーションを円滑にできます。また、フレームワークの活用で重要なのは、業界や業務領域に関するドメイン知識を基に自己流にアレンジして使い込むことです。

■ グローバル戦略を考えるトリプルAトライアングル

　グローバルビジネスの戦略を考える際のフレームワークとしてゲマワットによる「トリプルAトライアングル」[10]が知られています。

　これは「Aggregation」「Adaptation」「Arbitrage」の頭文字であり、事業をグローバルに展開する際はいずれかを選択し、注力するのが有効だと提唱されてきました。筆者はこれが、特にグローバルサプライチェーンのデザインを考える際に有効活用できると考えています。

Aggregationとは**集約**であり、提供する製品やサービスのほか、ITシステムや人事などもグローバルで集約することで、効率性を追求します。サプライチェーンにおいては、調達や生産、販売とそれらに付随する物流の拠点やオペレーションの集約による効率化は、コスト削減による利益を生み出します。

　Adaptationとは**適応**であり、Aggregationとは逆に各国、各地域の市場や文化、慣習などに合わせて商品やオペレーションをアレンジすることで競争力を高めます。サプライチェーンでは具体的に、SKU（Stock Keeping Unit）の増加や拠点の分散であり、納入リードタイムの短縮などによって顧客満足度を高めます。

　Arbitrageとは**差異の利用**であり、各国の技術や労働力、社会構造などの違いを踏まえ、ビジネスチャンスを考えます。サプライチェーンでは、原材料の基になる天然資源の豊富さ、生産のための技術レベルや加工環境、人件費、物流インフラの整備度合いや規制、市場のニーズの違いなどを考慮して全体のデザインを考える必要があり、まさにArbitrageの考え方が重要になります。

　SCMにおいては、AggregationとAdaptationは基本的にトレードオフの関係にあります。生産や物流の拠点をグローバルで集約するか、ローカル

グローバル戦略の構築：トリプルAトライアングル

Arbitrage 差異の利用
- 国ごとに専門特化し、経済性を追求
- 多種多様な国に展開、差異を利用
- 文化、政治、地理、経済的な差異
- 価格差の減少に注意

Adaptation 適応
- ローカル市場で優位性獲得を目指す
- 文化、経済、地理などの共通性が高い国に展開
- 各国内でのプレゼンスを高める
- 複雑性に注意

Aggregation 集約
- グローバルで標準化
- 規模、範囲の経済を目指す
- 文化、経済、地理などの共通性が高い国に展開
- 過剰な標準化に注意

出所：パンカジュ・ゲマワット（2007）を基に筆者作成

に分散させるかは事業戦略とも関連する重大な意思決定ポイントになります[11]。これについては9章でよりくわしく解説します。

また、Arbitrageの考えでサプライチェーンのデザインは制約を受けます。たとえば生産コストを抑えるために、労働力が安価な国に工場を配置すると、物流インフラが整備されておらず、倉庫は世界各国の市場近くに配置することになるかもしれません。

そしてトリプルAトライアングルを踏まえたサプライチェーンデザインは、外部環境の変化に合わせて、変更していくべきものです。

■ 外部環境を整理するPEST分析

つづいて外部環境について整理するために使われるフレームワークとして、**PEST分析**を紹介します。これは「Political」「Economic」「Social」「Technological」の頭文字で、**各要素で外部環境の変化を整理します**。

たとえば筆者は、新聞などのメディアで「サプライチェーン」「供給網」というワードで引っ掛かった記事のポイントを、PESTの軸で整理しています。2023〜2024年では次の図のようなイメージになります。

経営分析のフレームワーク①

PEST分析：外部環境の分析

PEST	Political	Economic	Social	Technological
概要	政治的な要素	経済的な要素	社会的な要素	技術的な要素
例	大国間の貿易摩擦 輸出保護主義 データ保護の意識差	訪日規制の変化 脱炭素化 異常気象の増加	パンデミック後の行動 人権への配慮 宗教と食事	生成AIの活用 AI倫理 サイバー攻撃リスク
筆者が併せて 考える要素	Legal Regulatory	Environmental Demographical	Cultural	AI

そして、このPEST分析のフレームワークにトリプルAトライアングルを掛け合わせ、各種環境変化が自社のサプライチェーンにどんな影響を及ぼすかを整理するといった活用法があります。

2023年は円安が進行し、原材料の価格高騰がさまざまな業界で話題になりました。たとえばこれをEconomicに分類します。この価格高騰は、調

トリプルA×PEST

サプライ チェーン環境	政治	経済	社会	技術
PEST	・国家間コンフリクト ・米中競争 ・チャイナプラス1 ・データ保護規制 ・ナショナリズム	・グレート 　レジグネーション ・異常気象 ・カーボンニュート 　ラル ・フードロス ・原材料価格高騰	・児童労働 ・人権デュー 　デリジェンス ・パンデミック ・先進国高齢化 ・SDGs	・生成AI ・量子コンピュータ ・5G ・ブロックチェーン ・サイバー 　セキュリティ ・3Dプリンティング ・自動運転
Aggregation Adaptation	・輸出入の 　不確実性を 　踏まえた 　リショアリング	・供給・販売先の 　多様性 ・オペレーションの 　標準化	・各国の宗教や 　慣習への対応 ・オペレーションの 　効率化・自動化	・サプライチェーン 　デザインの 　選択肢拡大
Arbitrage	・技術やコストの差 　に加え、情報漏洩 　リスクも考慮	・サプライチェーン 　全体での環境負荷 　や資源の共有も 　考慮	・人権や宗教など含め 　サプライチェーンの 　持続可能性も考慮	・新技術の使用に 　関する規制に 　留意

達におけるAggregationの必要性を高める可能性があります。一方で、Socialの軸では、2020年からのパンデミックによって改めてBCP（Business Continuity Plan[12]）が着目され、代替サプライヤーの確保、つまりは調達のAdaptationとも言える分散の価値も見直されています。

　技術の軸では、AIを使ったオペレーションの効率化や、3Dプリンティングを使った自社での部品生産などによって、生産や物流といったサプライチェーンコストを削減できる可能性があります。これは工場や倉庫といった拠点の分散、つまりは各市場へのAdaptationを目指す選択肢を増やしますが、新技術の使用に関する各国の規制の違いには留意すべき（Arbitrage）と言えます。

　こうした一例からも、フレームワークが1つの正解を導くわけではなく、SCMにおける意思決定では正解が1つではない場合がほとんどだと言えます。事業の戦略に整合させることが重要であり、検討の幅を広げ、抜け漏れをなくすための情報整理に使うのが有効なのです。

　それでは、こうした外部環境の変化の中でどんなSCMの試行錯誤があるのかを、具体的な事例を取り上げて解説していきましょう。

1-2 「半導体不足」はなぜ起きたか？

■ 半導体の世界的な供給不足

　COVID-19の直接的および間接的な影響で、2020年の年末から2023年にかけて、世界的に半導体の供給が不足する[13]という事態になりました。半導体は自動車やスマートフォン、ゲーム機などをはじめ、多くの機械で使われる重要な部品です。半導体を検査する装置にも半導体が使われていて、私たち生活者が意識しづらいものも含め、現代の生活になくてはならないものと言えるでしょう。

　この半導体の供給不足によって、さまざまな業界の事業に影響が及びました。重要な部品がなければ製品が作れず、販売機会を逸してしまいます。それがつづくと、顧客の信頼を失い、中長期的なビジネス相手に選ばれなくなってしまう懸念も発生します。

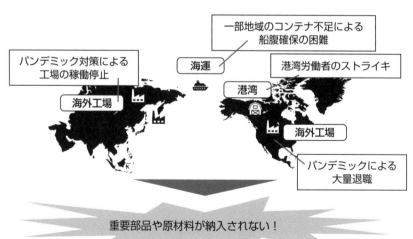

■ サプライチェーンの各所にある供給不足の要因

半導体のように重要な部品の供給不足がなぜ発生したのでしょうか。実はグローバルサプライチェーン全体のさまざまな部分に原因があるのです。

まずは生産です。パンデミックによって稼働を停止した工場がありました。国や業界などによって停止した工場数や停止期間は異なりますが、日本だけでなく多くの国で稼働に影響がありました。

また、基本的に出勤が必須となる工場オペレーションのような仕事は、感染リスクが高いと判断され、米国を中心に大量の退職（Great Resignation）の動きがありました[14]。工場の人手が不足すると、生産量も減少する場合があります。これらの要因でさまざまな製品、原材料・部品などの生産が滞りました。

つづいて物流です。半導体は小さく、単価が高いため、航空機で運ばれることが多いですが、輸出入における輸送手段の9割以上を占める海運では、港湾での荷役業務が必要です。しかし工場同様、港湾での仕事も感染リスクが高いと判断され、ストライキも発生しました。港付近の海にコンテナ船が渋滞している[15]写真は、ネットで検索すれば見ることができますが、これは荷物を受け渡すことができなかったために発生したものです。

また、国ごとに感染状況やパンデミック対応が異なったため、経済活動の停止、再開時期や規模にも差が発生して、海運でモノを運ぶためのコンテナが一部地域に偏在しました[16]。港湾での作業が滞ったり、運ぶためのコンテナが不足したりすると、当然、輸出入の物流は停滞します。

このように、**生産や物流といったサプライチェーンが機能不全に陥ると、製品の生産やサービスの提供に必要な原材料・部品が手に入らなくなってしまう**のです。当時話題になった半導体不足は、工場火災などの要因もありました[17]が、こうした経済ニュースの裏にはサプライチェーンが関係している場合が多くあるのです。

1-3 経営効率は「在庫」で変わる

■ 在庫回転日数と経営効率

　新聞などのニュースの経済欄を読んでいると、企業の売上や利益のほか、在庫に関する話題が取り上げられていることがあります。たとえば2021年には国内の化粧品メーカーの「**在庫回転日数**」を比較する表が掲載されていました[18]。

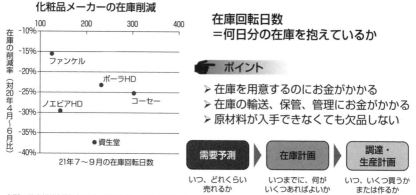

出所：日本経済新聞（2021年12月13日）を基に筆者作成

　在庫回転日数とは、常備している在庫（年間における月平均など）の量が、年間の売上規模の何日分かを表す指標です。さまざまな商品を扱っている場合、それらすべてを合算して在庫金額と売上金額を比較する場合もありますし、商品ごとに在庫回転日数を計算して管理もします[19]。
　多くの業界で在庫はサービス率を高く維持するために必要ですが、在庫の生産や保管、輸送、適切な管理にはコストがかかりますし、金利や埋没コストといったマイナスの影響があります。つまり、少なすぎても多すぎ

てもよくないというものなのです。

これを適切に制御するために在庫回転日数といった指標があり、業界によっては月数や回転率（日数や月数の逆数）で管理する場合もあります。

■ 需要予測の成否が在庫量に影響する

そしてこの在庫量に影響する1つの重要な要素が需要予測です。需要予測とは、ある製品やサービスが顧客にいつ、どれくらい必要とされそうかを予測することです。この予測を基に、顧客サービスやコストを考え、在庫計画を立案します。

在庫計画に基づき、たとえば製造業であれば、工場の稼働や効率性も考えながら生産計画を立て、原材料・部品を発注します。また、トラックの手配や倉庫人員の確保など、物流に関する計画へも連携されていきます。この意味で筆者は、需要予測はSCMのトリガーであると述べてきました。

先述の化粧品メーカーの在庫回転日数の記事より後に、資生堂では新製品の需要予測にAIを活用しているという事例が公開されました[20]。

化粧品メーカーは、他業界と比較して新製品の発売頻度が多く、売上規模も大きい一方、過去の販売実績がないために、新製品の需要予測はむずかしく、それは1つの重要な課題です。AI需要予測で成果を創出するためのポイントは6章で解説しますが、資生堂では他業界、他社と比べても早期に需要予測におけるAI活用で一定の成果を創出できたため、パンデミック後の在庫回転日数も、業界内では大きく改善できたと言えるでしょう。

もちろん、在庫量には需要予測以外の要素も影響し、たとえば生産ロット（一度の生産でどれくらいの数、量が作られるか）や海外からの輸送リードタイム、需要の季節性を鑑みた作りだめなどが挙げられます。しかし、需要予測が大きな影響を与えることは事実であり、SCMにおいて極めて重要な役割を果たしているのです。

1-4 需要予測は「人命」も救う

■ 需要予測に基づく救急隊配備

　需要予測の対象は商品だけではありません。事故や災害などによって必要となる救助においても、需要予測は重要な役割を果たしています。

　事故や災害によって人がケガをした場合、一刻も早い救助、治療が必要になる場合があります。その際、救急車、知見を持ったスタッフ、救助・治療のために必要な道具をいち早く現場に届けることが重要です。海や山での事故では、船やヘリコプター、また泳ぎや登山のかなり高いスキルを持ったスタッフが必要になるでしょう。天候次第では、それに応じた特別な装備も重要になるかもしれません。

　つまり、救急車やヘリコプターといったアセットや各種スキルを持ったスタッフを全国にまんべんなく配置しておけばよいのではなく、またそれらは有限であるため、それぞれの地域やイベント、季節などを考慮した適切な配備が求められるのです。

　そこで、事前に救助の発生とその内容を予測しておくことが有効になります。

■ 必要とされるモノが予測対象を明確化

　たとえば川崎市は、2022年にベンチャー企業と組んで、救急隊の適切な配備のための救急需要予測にAIを使う取り組みを実施しています[21]。この時期はCOVID-19の感染者の増加もあり、救急隊の出動件数が増え、医療従事者の業務負荷が特に高くなっていました。そんな環境下で、救急の要請現場までの到着時間を最大3分程度も短縮できたそうです。

　重大な傷病の経過時間と死亡率の関係性を示すカーラーの救命曲線を見る[22]と、救助における3分は極めて大きな意味を持つことがわかります。

　救急需要では需要予測に必要な情報が大きく異なります。商品とは異な

32

り、まず「何を予測するのか」を明確にするのに一工夫が必要です。

　商品であれば、それがいつどこで何個売れるのかを予測するというのは、簡単に想像することができます。一方で救急需要となると、要請の有無だけではなく、傷病の種類や程度での分類も必要になると考えられます。ここで重要になるのが、供給サイドの情報です。

　必要とされるアセットやスタッフのスキル、救急道具などは、何によって異なるのかということです。これに合わせて、需要予測の対象を整理することが重要になります。

　たとえば、熱中症なのか骨折なのかによって必要になる救急用具は異なるでしょう。サービスにおける需要予測では、このようなメニューによって必要な調達が異なる場合が多く、メニューごとの予測が有効になります。

　美容室でもカラーなのかパーマなのかによって薬剤が異なりますし、スポーツ教室でも受講者の習熟度によってインストラクターに求められるスキルが異なります。

　需要予測の対象を明確にした後は、商品の需要予測と同様に、需要の因果関係を整理してそれらをデータ化します。たとえば、各救急組織が管轄するエリアの地理情報、それに関連して時期ごとの人流や天気、イベントなどが考えられます。また、中長期的な目線では管轄エリア内における人口動態の推移も考慮する必要があるかもしれません。

　また、実際には救急需要を予測するだけではなく、時期や時間帯別の道路混雑も予測し、必要に応じて救急隊の待機拠点も検討することになるでしょう。目的は救急需要を予測することではなく、一刻でも早い救助を実現することだから[23]です。さらに、たとえば、熱中症の多発が予測されたらそれを少しでも防ぐために注意喚起がなされたり、イベント会場にミストシャワーが設置されたりといった予防策もとられると思います。

　需要予測の本質とは、未来を当てることではなく、未来における各種リスクを明らかにし、社会やビジネスをよい方向に導くための意思決定、行動を促すことだと筆者は考えています。これはまさに、需要予測をトリガーとしたSCMの考え方が重要だということです。

1-5 「マスク価格の大変動」
──需給バランスで必需品の価格が乱高下

■ コロナ禍のマスク価格の大変動

2020年から2022年にかけてのマスクほど、極端に価格が乱高下した例は珍しいかもしれません。日経POS情報によると、COVID-19によるパンデミック前の2019年は400円弱であったマスクの価格が、2020年春に600円以上となり、2021年秋にかけて下降したものの、2021年の年末からは再び上昇し、2022年は600円を超える水準で安定してきた[24]という状況でした。

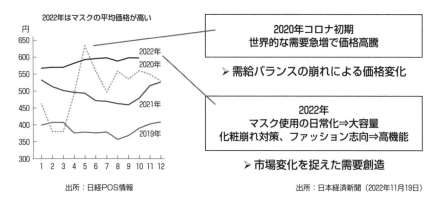

マスク価格の大変動の背景は、需給バランスによって読み解けます。

まず、2020年初期はパンデミックが世界的に広がり、かつ未知のウイルスということで、世の中が大混乱に陥ったと言えます。それまでは主には風邪や花粉症への対策として、マスクには一定の需要がありましたが、この時期はほぼ全国民が毎日マスクを使用するという、爆発的な需要の増加が見られました。

この結果、ドラッグストアやコンビニエンスストアの店頭で、あらゆる

メーカーのマスクが欠品するという異常事態になったのは、みなさんも覚えていることと思います。これを受けてマスクメーカーは増産を実施しましたが、緊急の対応のため、イレギュラーな原材料調達や残業代によって、コストが上がったと考えられます。それにより、卸価格や販売価格が上がったのでしょう。

また、これを機にマスクの生産、販売に乗り出したアパレルメーカーなどもあり、大きな需要を踏まえて過去よりも高い価格設定にした背景もあると考えられます。**顧客が商品に対して支払ってもよいと考える価格は「WTP（Willingness To Pay）」と呼ばれますが、供給を圧倒的に上回る需要によってマスクの市場価格も上がったのです。**

その後、COVID-19の感染者数は大きな増減をくり返しましたが、設備増強や新規参入によってマスクの供給量も増加したため、2021年にかけて価格が2019年の水準に戻り始めたと解釈することができます。

■ 需要創造による新価値創出

しかし、興味深いのはマスクの供給が安定した後でも、パンデミック前の価格には戻らなかったことです。2022年でもパンデミック前の1.5倍程度の価格水準でした。これは日常的にマスクを使用する人が増えたため、過去よりも大容量、つまりは高価格の商品が増えたことが1つの要因として挙げられています。

また、一般的なマスクといえば白でしたが、いまでは店頭にさまざまな形状や色のマスクが並んでいます。より多くの人が使うようになり、耳が痛くならない、口元が不快ではない、といった新機能が開発され、マスク自体の価値が上がったと言えるでしょう。服や嗜好に合わせて色も選びたいといった新たなニーズも生まれたと感じます。

このように新しい需要が生まれたことで、それに対応する新しい機能、価値が提供され、WTPが上がったと考えることができます。SCMの知識によって価格変動の背景を読みとることができますし、さらには新たなニーズを早期に察知して、新価値を提唱していくこともできるのです。

1-6 売れている服を航空機で届けるZARA

■ 服の定価販売がむずかしい理由

　服や靴、雑貨などを扱うアパレル業界、特にファストファッションとも呼ばれる低価格のカテゴリでは、生産や物流といったサプライチェーンのコストを抑え、利益を確保することが重要だと考えられてきました。そのため人件費や土地代などが安い地域に生産拠点を配置し、船で市場へ運ぶというサプライチェーンデザインになっている傾向があります。

　また、アパレル商材は半年以上先のトレンドを予測し、生地の発注などを行なう必要があります。さらに、船での物流は航空機と比べて時間がかかります。そのため、需要の変化に合わせてアジャイルに（俊敏に）供給を調整するのがむずかしいという特徴があります。

　そこで、需要が予測よりも下ブレした場合は、セールでの値引き販売が行なわれます。これはダイナミックプライシング同様に、供給よりも需要のほうを調整するというアクションです。

　しかし、これは販売価格を下げるということなので、利益が少なくなってしまいます。そのためアパレルメーカーや小売企業は、できるだけ定価で販売したいと考えていて、これはプロパー消化率（定価で販売できた割合）という指標で管理されます。

　ただ、半年先ということは季節が逆であり、アパレル業界の需要予測はむずかしく、この精度向上でプロパー消化率を高めるのは簡単ではありません。

■ 明確なSCM戦略がプロパー消化率を高める

　ZARAブランドで有名なインディテックス社は、多くのアパレル企業とは異なるSCM戦略でプロパー消化率を高めています。これが奏功しているのもあり、2020年はパンデミックの影響があったものの、売上は2022年

まで伸張傾向でした[25]。

3－4でくわしく解説しますが、SCMの戦略には大きく「応答性」を高める方向と「効率性」を高める方向があり[26]、多くのアパレル企業は先述の通り、後者に近い戦略を採用していると分類することができます。一方でインディテックス社は、本社のあるスペインに生産拠点を配置し、航空機で世界の市場に運ぶというサプライチェーンをデザインしています。

このサプライチェーンデザインの生産・物流コストは、競合企業と比較して高くなります。しかし、コストを犠牲にすることにより2〜4週間という、半年と比較して圧倒的に短い供給リードタイムを実現できます。世界各地の販売状況を本社で把握し、それを近隣の工場の生産計画に素早く反映し、トレンドが変化しない間に航空機で各市場へ運んでいるのです。

作ったものを売って減らしていくというよりは、売れたものを作り足していくという方式であり、売れ残りが少なくなるため、プロパー消化率が高くなり、利益を確保することができます。これを店舗拡大や新しい機能を持つ生地の開発、マーケティング施策などに使えるため、売上のトップラインも順調に伸ばしていくことが可能になっていると考えられます。

これはまさに、SCMの明確な戦略、それをオペレーションで実現することが競争力を生んでいる事例と言えるでしょう。

Fast Fashion と Fast Logistics

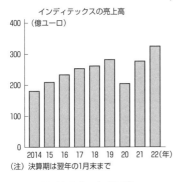

> 「ZARA」のインディテックスと従来のアパレルの比較

	ZARA	従来のアパレル
戦略	Delivery	Cost
製造	Pull型	Push型
工場	本国スペイン	人件費の安い地域
輸送	航空機	船
リードタイム	2〜4週間	6ヵ月
SCMコスト	高い	安い
販売	作り足し方式	売り減らし方式
プロパー消化 （定価販売）	高い	低い

出所：日本経済新聞（2023年3月16日）

1-7 国家戦略としてのSCM

■ 世界で重視されるレジリエントサプライチェーン

　毎年、G7（主要国首脳会議）と称して、フランス、米国、英国、ドイツ、日本、イタリア、カナダ（議長国順）の7か国と欧州連合（EU）の首脳が参加し、世界経済、地域情勢、さまざまな地球規模課題など、その時々の国際課題の解決に向けた意見交換が行なわれています。

　2023年は広島で開催された[27]のですが、5つ発表された声明のうちの1つ、「経済的強靱性及び経済安全保障に関するG7首脳声明」の中に、

　「We recognize that transparency, diversification, security, sustainability, and trustworthiness and reliability are essential principles on which to build and strengthen **resilient supply-chain networks** among trusted partner countries both within and outside the G7.」

　という一文があります[28]。ここに「サプライチェーン」という言葉が挙げられているのです。

　世界中の人たちが持続的に発展できるためには、レジリエント（強靱）なサプライチェーンが必要です。そのためには、国家間のコミュニケーションにおいて透明性と安全性を確保し、多様性を認め合い、共に持続可能性を目指して信頼を築くことが重要だと考えられています[29]。

　COVID-19によるパンデミックだけでなく、自然災害や国家間のコンフリクトなど、1-1でも整理したさまざまな要因によって各国の経済活動に混乱が生じてきたことを受け、国レベルの議論でもSCMの重要性が認識されていると言えます。ここで挙げられた透明性や多様性、安全性、持続可能性、信頼性、そしてレジリエントというキーワードは、企業におけるSCMでも近年、重視されているものです。

38

■ サプライチェーンを強靭にするパートナーシップ

　G7広島サミットにおいて、半導体のほか、重要鉱物や蓄電池など「重要物資」と位置付けられているものは、世界中のパートナーシップで安定的な供給を目指すと合意されました。世界中に広がるサプライチェーン上の生産や物流には、多くの企業が関わっていて、1－2で少し紹介した半導体の供給不足の根本的な改善には、一企業内や少数企業間でのコミュニケーションでは対応しきれなかった側面があります。

　サプライチェーンにおけるパートナーシップは近年、とても重要であり、本書でも8・9章で解説しますが、トップ同士による合意とアクションの主導が必須なのです。この意味で、G7における国家間の合意は心強いと言えます。

　サプライチェーンにおけるパートナーシップでは、信頼を築くことが重要です。そのためには取引の透明性を高める必要がありますし、これからは特に、サイバーセキュリティを高めることも必要です。たとえば分散型データベースで匿名性と透明性を確保する、P2P（Peer to Peer）のデジタル台帳であるブロックチェーンは一部の領域から活用が始まっていくと予想されています[30]。その1つとしてサプライチェーンパートナー間の取引も有力視されています。こうした新しい技術の活用も、レジリエントなサプライチェーンを構築するために有力な要素になります。

　また、人類の安定的な暮らしを目指し、2030年までに具体的に実現する17のSDGs（Sustainable Development Goals）が広く認知される中で、パートナー国、企業と共に持続可能性を求めることも重要視されるようになりました。このためにはパートナーとの文化や慣習の違いを理解し、受け入れて協働するという「Diversity（多様性）& Inclusion」の考え方も広く採用され始めています。

　このように、人類の幸福や企業の繁栄を目指すためには、サプライチェーンを高度に強靭化することが有効であり、そのためにはサプライチェーンパートナー間の関係性を強化することが重要だと考えられているのです。

1章では製造業に限らず、サービス業や自治体、さらには国といった主体においても、SCMの考え方が競争力を生むと考えられ、重要視されていることを紹介しました。ここでは各事例について深掘りはできませんでしたが、ベンツやマクドナルドのフライドポテト、うまい棒など、幅広い企業、商材を対象とした、SCM目線でのニュース解説をSCMプロフェッショナルの仲間とコラム連載しているので、そちらもあわせてご参照いただくと、より理解が深まると思います。

　また、読者購入特典PDFでも、外食サービスにおける事例を紹介していますので、そちらもあわせてご参照ください。

連載：「事例から学ぶサプライチェーンマネジメント（SCM）」Seizo Trend（sbbit.jp）
https://www.sbbit.jp/article/st/114418

読者特典PDF
https://drive.google.com/file/d/1mHNHF9txID3C-WVn6QcvHunFnue_LD2R/view?usp=sharing

第 2 章

競争力を高めるSCMの価値

　第1章を読んでいただいて、さまざまな業界に関わる経済ニュースの裏側では、サプライチェーンデザインや需要予測、在庫管理や需給バランスの調整、物流、需要が発生する現場からの情報収集など、SCMに含まれる各種機能が競争力を生み出していることを感じていただけたと思います。本書ではこのSCMの各種機能について、基礎知識と最前線のトレンドを解説していきますが、「チェーン」という名の通り、それらの連携も極めて重要です。

　そこで、各種機能の詳細な説明に入る前に、製造業のオペレーションを例として、SCMの全体像を整理します。

　製造業におけるSCMの役割を示したうえで、オペレーションの流れに沿って、需要予測、需給調整、調達・生産、物流の概要を説明します。また、それらを組織・事業として適切に制御するための指標の軸、さらにはSCMが目指していく大きな方向性についても解説します。

2-1 価値と供給の連鎖

★☆☆☆☆

顧客価値の創造と伝達を担う機能連鎖

　企業は有形であれ無形であれ、顧客に価値を提供することで対価を得て事業を継続しています。製造業は基本的に、有形の製品で価値を提供しますが、これを生み出す一連のオペレーションを「バリューチェーン」と呼ぶことは「はじめに」で紹介しました。

　具体的な一例は次の図のような各種機能の連鎖ですが、横軸はモノや情報の流れではなく、価値を生み出すオペレーションに沿って配置しました。R&D（Research and Development）と呼ばれる研究開発、そこで生み出された知見と市場調査などの結果を掛け合わせる製品（サービス業も含めると商品）開発、それがどれくらい顧客に必要とされるかを考える需要予測、需要変動や事業戦略を考慮する在庫計画。ここまでは情報の流れと重なる傾向があります。ただし、実際には販売からの情報を需要予測に活用しますし、商品開発と同じタイミングで需要予測を行なっている企業もあ

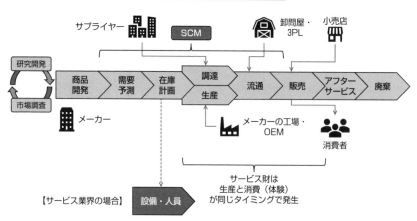

消費財のバリューチェーン

ります。

　そしてここから図の右はモノの流れと一致していきます。在庫計画を基に、3Mとも呼ばれる生産キャパシティ（Machine）、工場の人員（Man）、原材料・部品（Material）の制約や稼働率などを加味して生産計画や調達計画が立案されます[31]。調達された原材料・部品を使って製品の生産が行なわれ、物流によって全国や世界の市場に流通させます。

　各地で販売されてオペレーションが終了するのではなく、顧客からの問い合わせや返品に対応する必要がありますし、購入後のアフターフォローがLTVの向上に寄与します。また、製造物責任法によって製造業は顧客・消費者の廃棄まで責任を持つことが求められていて[32]、気を配るべき範囲はここまで広がっているのです。

■ チェーンを支える各種機能の連携が競争力を生む

　本書では、サプライチェーンはこのバリューチェーンの中でも、特に製品を顧客に届ける機能の連鎖を指すと定義します。ただし、これは一企業にとどまらず、メーカーに原材料や部品を提供するサプライヤー（彼らもメーカーです）、生産を請け負うOEM（Original Equipment Manufacturer）、流通を支援する商社や卸売業、3PL、小売業など多くのステークホルダーも含みます。

　需要予測や在庫管理、調達、物流といった1つ1つの機能は奥が深く、業界を越えてリードできるレベルの知見を蓄えるには10年単位の時間がかかります。よって、実務でプロフェッショナルになるには自分が極める機能を1つか2つ選択する必要があります。

　一方で、SCM全体で大きな成果を生み出すためには、各機能の連鎖を踏まえることが重要であり、全体感の理解は必須と言えます。

　ちなみに主に無形の価値を提供するサービス業では、商品の生産と販売（消費）が同時に行なわれるという特徴があります[33]。しかし、サービスの提供のために必要な人員や設備、原材料などは事前に揃えておく必要があり、需要予測や調達も重要な役割を果たしています。

2-2 顧客のニーズを予測する

★★☆☆☆

■ 需要予測が必要な理由

製造業では、基本的には需要予測がオペレーションやSCMのトリガーとなります。受注生産のビジネスモデルでは需要予測は不要と思われるかもしれませんが、そんなことはありません。たとえば住宅では受注後に施工開始になるものもありますが、木材の基となる苗を植えるところからは始めないでしょう。

つまり、**顧客の手に渡る最終製品でなくても、原材料や部品、さらには生産設備や関わる人員などの準備には需要予測が必要**になるのです。自社で需要予測をしていない場合でも、それはサプライヤーが在庫を用意しているから生産が可能になる状況であり、取引先の需要予測に頼っていることになります。

なぜ、多くの業界で需要予測が必要になるかというと、顧客が必要とし

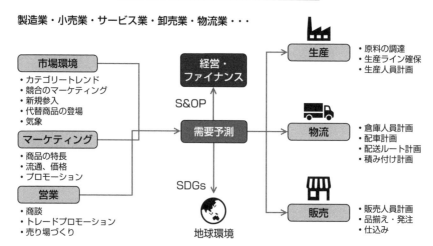

需要予測とさまざまな機能の関わり

たタイミングから調達や生産を始めると、製品の提供までに時間がかかりすぎてしまう場合が多いからです。必要としたタイミングで製品がなく、同様の機能を持つ別の製品がより早く入手できるのであれば、顧客はそちらを購入するでしょう。

ここで、どうしてもその製品がよいというブランド力や、その製品にしかない機能やデザイン、コストパフォーマンスなどが、待てる時間に影響しますが、より早く提供できることは競争力になるのです。そのため、メーカーは需要予測を基にサプライチェーンを動かし、在庫を常備しています。

■ 需要予測がバリューチェーンをつなぐ

需要予測に必要な情報は、次の4つに整理されています[34]。

【需要予測に必要な情報】
1．マーケティング計画
2．販売計画
3．過去実績
4．事業計画

マーケティング計画には新製品の発売情報や主力品の施策情報などがあり、商品開発機能を含め、マーケティング部門が立案するものです。販売計画は売上予算を達成するために営業部門が実施する商談情報を含みます。

これらは事業計画を基にブレイクダウンされたマーケティングや営業目標を達成するための具体的なアクションであり、製品に紐づく場合が多いため、需要予測では重要な情報になります。

また、需要予測では製品別の過去実績が極めて重要です。事業計画を基にしたマーケティング・販売計画は目標であり、ややストレッチしたものである場合がほとんどです。一方、過去実績は、適切に欠品影響や短期的な施策効果を補正できれば、顧客のニーズそのものに近く、参考にすべき情報と言えます。

ここで留意すべきは、当時の市場環境です。カテゴリごとにトレンドがありますし、たとえば飲料や化粧品、アパレルであれば、季節や気候の影響を大きく受けます。また、マーケティングが活発な業界であれば、自社だけでなく、競合メーカーの製品配置や施策も影響が大きいと言えます。需要予測ではこれらの変化を考慮する必要があります。

　そして、需要予測はSCMにおける後工程の意思決定に活用されます。まずは在庫計画が立てられ、それが生産や物流といった活動に連携されます。生産では、原材料・部品の調達、工場の生産スケジュールや人員シフトの作成にも使われます。物流でも同様に、トラックなどのアセットの手配や、拠点人員の確保などに使われます。

　販売現場での活用は、製造業よりも小売業で進んでいますが、製造業でも直営店を運営している企業や、アパレル業界のSPAでは、店舗人員のシフト作成に有効活用できます。

　もちろん、需要予測の数字をそのまま使うわけではなく、需要変動リスクや設備・人員の制約、サービス・在庫目標なども考慮しますが、需要予測が事業計画と各種オペレーションをつなぐという重要な役割を担っていることが理解できたかと思います。

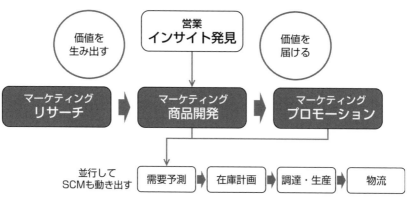

46

2-3 需給の両レバーでバランスを調整する

★★☆☆☆

■ 4種類の需給調整アクション

メーカーは、需要予測を基に需要と供給のバランスを調整します。これは、次の2つの軸で大きく4種類のアクションに整理することができます（下図参照）。

1. 需要と供給のどちらのほうが大きいか
2. 需要の制御と供給の制御

需給バランスと調整

➢ 経営の意思決定において（未来の）需給バランスの考慮は極めて重要
➢ 現実にはシンプルではなく、倫理的、戦略的な判断も必須

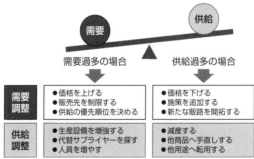

出所：【連載】現役サプライチェイナーが読み解く経済ニュース『ユニバやディズニーら続々採用の「変動価格」、ウーバーもはまった"落とし穴"とは』（ビジネス+IT）より

具体的には次の3つを考慮して、追加で必要な在庫もしくは過剰な在庫の数量を製品別に算出することから始めます。

- 需要予測
- 現時点の保有在庫
- 既に確定している生産計画

　需給調整を担う担当者は、これを週次や月次などで実施し、生産部門やマーケティング・営業部門へ情報をつなぎます。

■ 需要過多への対応

　ある製品の需要（予測）が供給（在庫）を大きく上回っている場合、需要サイドとしては、たとえば、航空機やホテルでは価格を上げることによって需要を抑制するといったアクションが行なわれます。

　価格づけはプライシングとも呼ばれますが、大きく3つの考え方があります。商品にかかったコストに利益を上乗せする方法、競合商品の価格を踏まえる方法、顧客が感じる価値に合わせる方法です。実際にはこれらを組み合わせて価格を決めますが、需給バランスの考慮は3つ目の考え方に該当します。

　一方、製造業や外食サービス業では、急な価格変更、特に値上げは顧客離れにつながりやすいこともあり、慎重に検討されます。そのため、基本的には営業部門が顧客の状況を鑑み、供給の優先順位について要望を出します。ここでは売上規模や利益率のほか、中長期的な関係性なども考慮する必要があります。

　供給サイドとしては増産を行ない、需要の増加に対応しようとします。この需要の増加が長くつづくという予測であれば、生産設備や人員を増強することも検討しますし、原材料・部品の供給も不足しがちであれば、新たなサプライヤーの探索、契約も考えます。

　しかし、こうした設備や人員の増強は固定費を上げることになるため、短期的な需要増加の可能性が高いと判断されれば、残業や夜間稼働などで対応します。

■ 供給過多への対応

逆に需要よりも供給が大きく上回っている場合、需要サイドとしては価格を下げるといったアクションが考えられます。メーカーでは卸価格を下げることで、小売業では小売価格を下げることで需要を喚起します。こうした値下げはブランド価値の毀損や、顧客の値下げ待ちにつながる懸念があり、頻繁には実施しづらいものです。

そこで、メーカーではマーケティングを強化することが検討されます。製品の魅力を高めるための新しい情報を開発したり、大規模な宣伝広告を投入したりします。新たな販売エリアやチャネルを開拓することで需要の増加を目指す選択肢もありますが、これにはSCM部門が関わり、安定的に製品を供給できる体制を整備する必要があります。

供給サイドとしては減産がよく行なわれます。しかし、これではすでに生産されている製品の在庫は減らすことができません。そこで、たとえば日本向けの仕様を海外向けに手直ししたり、可能な範囲で製品を部品にばらし、ほかの製品に転用したりといったアクションも検討します。こうした製品の変更がむずかしい場合は、販売促進のための試用見本などとして活用するというアクションも、業界によっては実施されます。

このように、**需要と供給のバランスの乱れは、それぞれのサイドでできることを組み合わせて対応しますが、SCMにおける需給調整機能だけではできないことが多く、工場やマーケティング・営業部門のほか、サプライヤーや顧客企業も含めて連携することが有効になります。**

増減産を実行するのは工場です。急な増産依頼に対しては、残業や夜間稼働が発生します。原材料の緊急手配では、購買部門がサプライヤーと調整します。基本の契約とは合わない増減産依頼を行なう場合もあり、心理的な負担も大きくなります。供給が不足した際に、顧客に丁寧に説明し、以降の納期調整などを行なうのは営業部門です。これは顧客との関係性維持において極めて重要です。また、小売業や卸売業と共に需要喚起のためのアクションを行なう際も、営業部門が中心となって行ないます。

2-4 安定・安価・高品質で買いつづける

★★☆☆☆

■ モノの流れの起点

SCMのトリガーは需要予測だと述べましたが、これは情報としての位置づけです。

メーカービジネスにおいてモノの流れの起点となるのは「調達」です。メーカーは大きく、食料品や医薬品、ガラス、鉄鋼のように、原材料の原型をとどめない最終製品が作られるプロセス型と、金属製品や機械、電気機器のような組み立て型に分類されます。前者はさらに作り方によって、プラントで作られる連続系、釜などを使って化学反応を起こすバッチ系、それらを切ったり詰めたりする成型・加工・組立系に分けられます[35]。原材料や部品、仕掛品、最終消費者・ユーザーの手にわたる形の最終製品（Finished Goods）、それぞれのメーカーがあるわけですが、どの企業においても原材料や部品を調達しているのです。

「調達」と似た言葉に「購買」があります。機械商社で役員まで担った調達プロフェッショナルの土屋剛氏が整理しているところによると、必要なモノを適切なタイミングで取り揃える「購買」に対し、「調達」は事業戦略を踏まえたサプライヤーとの関係性構築まで含む[36]広い概念です。この調達についてはかなり奥が深いため、改めて8章で解説します。

■ 仕入れで重要な3ポイント

購買・調達で重要なポイントは次の3つです。

1. 中長期的に安定して仕入れる
2. 可能な限り安く仕入れる
3. 最終製品の要求品質に合う原材料・部品を仕入れる

メーカーのビジネスは中長期的に継続されるものなので、自然災害やパンデミックなどの大きな環境変化があることも含め、仕入れの安定が重要です。重要な原材料・部品のサプライヤーの倒産によって、自社ビジネスが継続できないなどの事態にならないように調達を考える必要があります。
　また、原材料・部品を安く仕入れることは、最終製品の価格競争力を高め、同時に自社の利益を確保するうえで重要です。
　しかし、これがサプライヤーの利益を圧迫するため、調達機能にはwin-winの関係性を維持することが求められます。この点でトヨタやホンダは米国の自動車メーカーの手本とされてきましたが、「ケイレツ」と呼ばれる独特のパートナーシップの中で、単に値下げを要求したり品質面で妥協したりせず、協働して品質向上とコスト削減を目指し、利益をシェアするという関係性を構築した[37]のです。そこではサプライヤー同士の競争もあり、可能な限り安く仕入れることは目指されました。
　一方で品質も重要です。最終製品の要求品質とは、競合との比較も踏まえた顧客からの要望とも捉えることができます。1つのメーカーが提供している製品は、多くの場合で他社も提供していて、顧客は品質と価格のバランスを考慮します。ここで競争力を生み出すのは、調達における価格と品質によるといっても過言ではないのです。

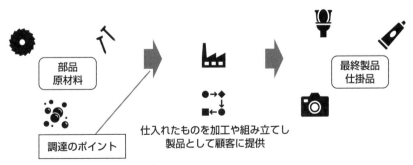

■ 直接材と間接材

　調達というと、製造業や卸売業、小売業、サービス業などが、自社が販売、提供する商材のために必要なものが思い浮かびやすいと言えます。具体的には原材料や部品などが想像しやすいでしょう。こうした資材は「**直接材**」と呼ばれます。

　一方で、日々のオペレーションのために必要なパソコンや文具、工具、外食サービスであればお皿やコップなども調達する必要があるものです。これらは顧客に販売しませんが、事業運営のためには必要で、「**間接材**」と呼ばれます。

　間接材は自社が販売、提供する商品には使われないため、直接材とは異なり、製品原価には含まれません。また、直接材と比較すると発注規模が小さく、品種は多様で、かつくり返し購買されることが少ないと言えます。

　文具などは各部門が必要に応じて適宜発注しますし、工具は工場が発注するなど、発注が細かくバラつくという特徴もあります。

　そのため、間接材は調達部門が管理するのがむずかしくなります。これは間接材のサプライヤーを悩ませる要因になります。需要規模が小さいとノイズの影響が相対的に大きくなり、需要予測がむずかしくなるからです。

　この結果、間接材のサプライヤーは欠品や過剰在庫が大きな課題となるのです。

2-5 7つの要素を意識して作りきる

★★☆☆☆

■ 生産の目標

　原材料・部品を調達したら、それを使って製品を生産します。メーカーによってはこれも顧客にとっての原材料や部品であり、調達⇒生産⇒出荷という業務が小売の現場まで連なる連鎖がサプライチェーンとも言えます。この生産過程において重要なのが、**納期（Delivery）**です。

　それというのも、**生産計画の基になる在庫計画は必ず時期とセットです。**いつの時点で何個（またはいくら）の在庫を目指すという計画だからです。この時期に間に合うように生産計画を立て、それを確実に実行することが求められます。

　同時に重要になるのが、**製品の品質（Quality）** と **原価（Cost）** です。

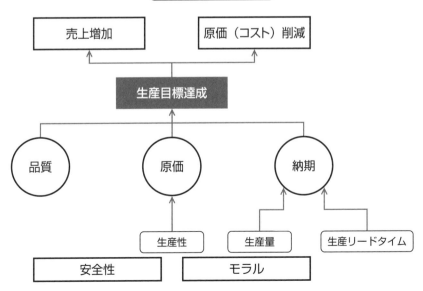

納期までに作りきる

原材料や部品の品質も重要ですが、生産過程によっても品質は変わるため、ここでも顧客が要求する品質をクリアする必要があります。また、製品の原価には原材料・部品の仕入れ価格だけでなく、生産に関わった人件費・労務費と工場における経費も含まれます[38]。これは「製造原価」として財務諸表にも掲載され、利益に直結する非常に重要なものです。

つまり、納期を遵守しつつ、要求される品質を実現・維持し、原価を可能な限り抑えることが生産機能には求められるのです。この意味では、調達機能と同様のことが求められると言えるでしょう。これらをクリアした生産が、製品の販売によって得られる売上を支え、かつそこからの利益確保につながるのです。

■ 従業員の安全性とモラル

工場における生産オペレーションにおいては、**安全性（Safety）とモラル（Morale）**も重視されます。労働災害や事故が発生しないよう、工場内では整理・整頓（2Sとも呼ばれます）が徹底され、危険な場所はそれがわかるように目立つシールが貼られるといった対応が行なわれます。

モラルとは働きがいのことであり、品質不正などの問題が起こらないよう、人間関係も含めてよい職場環境を作ることが重要になります。

2023年には自動車メーカーで重大な品質不正が発覚しました[39]。これは衝突試験における不正でしたが、このほかにも複数の自動車メーカーで、排気ガス試験や燃費についてのデータ改ざんなどが行なわれていました。

こうした不正の背景には、先述の納期、品質、原価の目標が厳しすぎるという分析もあります[40]が、労働人口が不足し始めている日本で事業を継続していくためにも、目標達成だけでなく、従業員の安全性やモラルを高めることが必須になっていると言えます。

このほか、工場における**生産性（Productivity）**と**環境負荷削減（Environment/Ecological）**も重視されます。特にSDGsへの関心が高まる中、生産工程における水の使用や廃水、二酸化炭素の排出は、SCMにおける環境対策として着目されやすい項目です。こうした観点を含め、生産の管理ではPQCDSMEの7要素を意識することが重要なのです。

2-6 戦略的に顧客接点をデザインする

★★☆☆☆

■ さまざまな物流の呼び方

　原材料・部品を調達し、工場で生産した製品は、物流機能によって世界、全国の顧客へ届けられます。どんなにすばらしい製品を開発し、マーケティングを実行しても、モノが顧客へ届かないと売上にはならず、当然、利益も得られません。つまり、物流はメーカービジネスを完結させる重要な役割を果たしていると言えます。

　この、顧客へ届ける物流は**「販売物流」**とも呼ばれ、ASCMの定義では「Physical Distribution」、日本語にすると**「物的流通」**であり、略すと「物流」ということになります。自社から外の顧客に向けての物流なので、**「アウトバウンド物流」**と言われることもあります。

　一方、原材料・部品を調達する際にも物流は必要になり、これは**「調達物流」**と呼ばれます。ASCMの定義では、こちらは「Physical Supply」と区別されていますが、日本語ではこれも物流と呼んで通じます。このほか、メーカーの工場内でも原材料や仕掛品、製品の移動はあり、**「場内物流」**

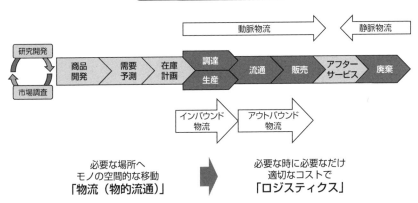

必要とする場所へ届ける

などと呼ばれます。これらは自社内への物流であり、「**インバウンド物流**」とも言われます。

さらに、これらはすべて、サプライヤーから顧客へとモノが販売されていく流れであり、「**動脈物流**」と呼ばれます。近年では環境意識の高まりから3R（Reduce, Reuse, Recycle）活動が着目され、返品だけでなく、リユースやリサイクルのための逆の流れである「静脈物流」も重要視されています。

■ 物流管理からロジスティクスへ

高度経済成長が終わり、情報管理の高度化が進む中、日本では1975年頃に「**物流管理**」という言葉が登場したと整理されています[41]。この物流管理は、必要とされる場所へモノを届けつつ、生産性の向上を目指すものでした。ここに米国から新たに「**ロジスティクス（Logistics）**」という、より戦略的な要素を含む概念が入ってきたのが1980年代半ばと言われています。

ロジスティクスとは、戦争における「兵站」が語源という説もありますが、戦うために必要な物資を適切なタイミングで補給する機能です。これには武器だけでなく、食料や身体を洗うための水、兵士、さらには彼らの戦闘スキル（教育）なども含まれます。その時々に必要とされるモノ、量、タイミングを把握し、確実に届けつづけることが戦力を支えていたのです。

ビジネスにおいては、運ぶ際のコストやスピードも重要です。特に近年では事業や市場がグローバル化し、顧客の嗜好や購買行動も多様化する中で、需要の変化も速くなったと言われます。1-6でZARAブランドの競争力の源泉を紹介しましたが、**需要変化のスピードに対応できるロジスティクスが競争力に直結する**のです。

先述のPhysical SupplyとPhysical Distributionを合わせてロジスティクスと呼ぶという整理がわかりやすいです[42]が、業界や企業によってはより広い概念として、SCMに近い意味で使う場合もあります。これはグローバルで統一の定義があるわけではなく、適宜、文脈に合わせて解釈し、コ

ミュニケーションするのが、ビジネスではよい向き合い方だと考えています。

　技術の進歩によってECビジネスが拡大してきた中で、さまざまなチャネルにおける購買体験をシームレスに連携するという、**オムニチャネル**の考え方（9－5参照）が重要になっています。リアルな店舗で実物を確認した商品の色やサイズ違いをインターネットで購入したり、インターネットで幅広く検索した商品から候補をしぼり込み、リアル店舗で実物を見て購入したりと、顧客が複数のチャネルをうまく組み合わせた購買行動をしています。

　こうした**顧客と商品の接点から、顧客の手元に商品が届くまでを戦略的にデザインすること**が、**これからのロジスティクスにおいて重要**だと筆者は考えています。

　そしてロジスティクスを戦略的に実行していくためには、前線である販売における需要予測が必須です。何がいつ、どれくらい必要かを踏まえ、適切なタイミングに必需品を届けることが可能になるのです。

　そのため、需要予測はロジスティクスの一要素でもあると筆者は考えています。

2-7 SCMが経営に貢献する

★ ☆ ☆ ☆ ☆

■ SCM KPIの財務諸表への影響

　ここまで、調達、生産、物流というSCMを支える重要な機能について概説しましたが、どの機能においても**品質（Quality）・コスト・納期（Delivery）、いわゆるQCD**は重視されています。これに関連して各機能でKPIが設定され、改善を目指して管理されます。ここではサプライチェーンのQCDに関する指標が、経営の成績表である財務諸表にどう影響するのかを説明します。

　調達と生産における品質は、製品の質に直結します。具体的には形や強度、感触、においなどで測定されますが、品質で不合格になれば不良品となって販売できませんし、顧客の要求に満たなければ返品される可能性があります。**物流における品質は、注文があった製品を正しく出荷できたかや、汚したり壊したりすることなく届けられたかで測定されます。**これらはどれも「売上高」に影響すると考えることができます。

　調達と生産に関わるコストは、原材料や部品の仕入れ価格や生産工程に

調達・生産・物流のQCD比較

各種管理領域とQCD

領域	Quality	Cost	Delivery	その他
購買管理	品質条件・仕様への適合	仕入れ価格 価格の安定度合い	納期遵守率 誤配率	技術革新 財務体質（経営の安定度） 法令遵守
生産管理	製品の要求品質	製造原価 （工場の稼働が影響）	納期遵守率	生産現場の安全性 工場の働きがい 生産工程の環境負荷
物流管理	誤出荷率 汚破損率	輸配送費 保管費 荷役・流通加工費 資材費	納期遵守率	物流現場の安全性 受け渡し時の印象 輸配送時の環境負荷

関わるものなどであり、基本的には製品に紐づけることができます。これらは「製造原価」として計上されます。一方、物流コストは製品に紐づけるのに工夫が必要です。在庫を保管する倉庫や輸送するトラックの費用は、製品ごとというより、面積やパレット数、台数などに応じてかかる契約があります。そのため、物流コストは「一般管理費」として計上される場合が多いと言えます。

ただ、ブランド別や事業別のPL（Profit & Loss）管理では、物流コストも各ブランドや事業の製品に配賦する必要があり、後から売上構成比などで分けている企業もあります。物流コストは財務諸表のさまざまな項目に含まれてしまうため、分析がむずかしく、「物流会計」として別の整理で改善が目指されます[43]。

納期は3機能において共通で、遵守率で評価される場合が多いです。3機能の納期はつながっていて、調達が遅れれば生産も遅れ、生産が遅れれば物流も遅れ、結果、顧客との約束や契約に間に合わないといった事態になってしまいます。特に欠品後で重要になり、次にいつ納入できるかの回答を守らないと、顧客からの信頼を失っていきます。これが顧客における製品の取り扱いに影響することもあり、財務諸表では間接的に「売上高」に影響すると考えてよいでしょう。

■ 不要な在庫が各種コストを増加させる

SCMではこのほか、需要予測や需給調整機能がありました。これらの活動はQCDというより、精度で評価されます。4章でくわしく解説しますが、需要予測の精度は、未来の需要に対し、予測がどれだけズレていたかを測定します。在庫計画では、このズレも想定して、欠品や過剰在庫をどれだけ出さなかったかを評価します。

欠品は、短期的には直接、「売上高」の逸失に影響しますが、その後の供給で欠品期間分の発注をもらえる場合も少なくありません。そのため、欠品は明確な影響を定量評価することがむずかしいのですが、欠品期間や頻度が販売機会のロスにつながることも事実です。

過剰在庫は不要な物流コストを発生させます。販売につながらず、工場

と倉庫を移動させるだけの輸送コストやその間の保管コストはムダになりますし、それを廃棄することになった場合は焼却コストなどがかかります。もちろん、その場合の調達・生産コストもムダになります。

　ここまでは財務諸表の中でも主に損益計算書（PLシート）の項目への影響について述べてきましたが、貸借対照表（バランスシート）、特に「棚卸資産」にも影響します。製品在庫だけでなく、原材料・部品、仕掛品なども「棚卸資産」として計上されるためです。これは「売上高」や「営業利益」などには直接影響しないのですが、「棚卸資産」を「売上高」で割って算出される在庫回転日数系の指標で、経営の効率性を評価されます。

　企業に資本を預けている株主や銀行などは、収益性と同様に効率性も重視していて、「棚卸資産」は株価や金利に影響していると考えられます。

　このほか、中長期的に需要予測が実際の需要（実需）よりも高いと、不要な設備投資を行なうリスクがあり、これは「固定資産」を増加させ、不必要に貸借対照表を大きくしてしまいます。

　このようにSCMの各機能の活動は、「売上高」や「製造原価」、「一般管理費」、「棚卸資産」などに広く影響し、企業の業績に大きな影響を与える重要なものなのです。

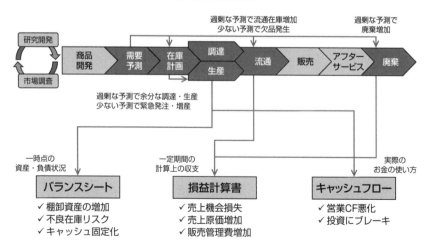

■ SCMが貢献できる経営指標

SCMの活動が影響する「売上高」や「棚卸資産」から計算できる経営指標を紹介します。株主やアナリストは、財務諸表を眺めるだけでなく、いくつかの指標を使って企業の経営状態を分析するため、企業サイドのマネジメント層はそれを理解しています。

SCMの活動がダイレクトに影響するのが**ROA**（Return on Asset）です。これは企業が抱える総資産でどれくらいの利益を創出できているかを示します。この分母の総資産には原材料や最終製品の在庫だけでなく、工場や倉庫なども含まれます。そのため、SCMによる効率化で小さくすることができ、ROAを高めます。分子の利益は、ROAでは経常利益が使われることがありますが、基本的には売上高を上げることで大きくすることができます。そのためにはサービス率を高め、売上の機会損失をできるだけ発生させないことが有効です。

近年ではROAよりも目標として掲げられることが多い**ROE**（Return on Equity）についても簡単に紹介しておきます。これは分母が自己資本のみとなり、分子は事業活動が直接的に影響する営業利益で計算される場合が多い指標です。自己資本の大部分は株主から預かったお金である場合が多く、つまりは株主を意識した指標と解釈でき、預かっている資本でどれだけの利益を創出できているかを表します。

ビジネスの観点では、こうした指標は細かな定義を統一することよりも、計算に使われている項目を理解し、分析の目的に応じて使い分けられるスキルが有効になると言えるでしょう。本節で紹介した小売業のSCM改革の事例では、顧客満足度やサービス率の向上で売上高の拡大に、廃棄ロスの削減で営業利益、経常利益の増加に貢献できると考えられます。その程度によってどれくらいROAやROEといった指標を高めることができるのかも意識しながら、投資の意思決定は行なわれているのです。

サプライチェーンメトリクス

事業戦略

S&OP Sales & Operations Planning
- 予測精度
- 生産・顧客納期遵守率
- 在庫指標
- 生産稼働率

需要予測・計画 Demand Planning
- MAPE
- WAPE
- MSE (Mean Squared Error)
- Forecast Bias
- FVA

調達・生産 Supply Planning
- 受注締切時間
- OTIF% (On Time in Fill)
- 原材料充足率
- 受入拒否・返品率
- 支出分析
- 直接・間接費分析
- サプライヤー評価指標

物流 Logistics
1. 倉庫関連
    - 荷受け〜保管時間
    - 在庫把握の精度
    - オペレーションコスト
    - マテハン稼働率
    - 生産性指標
    - 環境・健康・安全性指標
2. 輸送関連
    - 荷役時間
    - 輸配送リードタイム
    - 積載効率
    - トラック稼働率
3. 供給関連
    - OTIF%
    - 受注締切時間
    - 返品率
    - 顧客満足度指標

財務指標へ Financial Metrics
- C to Cサイクル 総・純運転資本
- 在庫回転率
- 総利益・純利益
- ROA
- ROCE

その他
- リバース物流関連
- レジリエンス関連

Sunil Bharadwaj (2023) を基に筆者作成

2-8 トリプルAの サプライチェーン

★ ★ ★ ☆ ☆

■ Aのスリーカードを揃える

　2章では、古くからSCMが重視されてきたメーカービジネスを例に、オペレーションの流れに沿ってその概要をざっと説明してきました。最後に、これらSCMの各種機能が何を目指すべきなのかを整理します。

　筆者は2018年以降、日本ロジスティクスシステム協会の「需要予測研究会」[44]や所属する企業のコミュニティ[45]で、さまざまな業界のSCMプロフェッショナルと、需要予測を中心にSCMの変革について議論してきました。その中である程度、共通認識になっているのが、企業の目指すSCMの方向性は、この20年で大きくは変わっていないということです。

　2004年に発表された、スタンフォード大学のハウ L.リー教授の論文によると、以下3つのAを揃えた「トリプルAのサプライチェーン」を目指すべきだと整理されています[46]。

【サプライチェーンの3つのA】
① **Agility（俊敏性）**
② **Adaptability（適応力）**
③ **Alignment（利害の一致）**

　SCM実務家の方は、この3つのキーワードを見ただけで、いま取り組んでいる、もしくはこれから取り組もうとしているテーマだと感じたかもしれません。つまり、20年経っても変わらず重要であり、解決されていない課題と言えるのです。

　3つのAというと、1-1で紹介したグローバルビジネス戦略におけるトライアングルのほうが有名かと思いますが、それは戦略としていずれか、または多くても2つを選択するというものだった一方、SCMのトリプルA

63

は3つとも同時に目指していくべきであるという違いがあります。

■ サプライチェーンのAgility

Agilityは、2017年に日本語版が発売されたマイケル・ウェイドIMD[47]教授の『対デジタル・ディスラプター戦略』[48]でも話題になりましたが、COVID-19によるパンデミック後の近年でもたびたび挙げられるキーワードだと感じます。マイケル・ウェイド教授によると、Agilityはさらに3つの要素で構成されています。

① Hyper Awareness
② Informed Decision Making
③ Fast Execution

これをSCMの文脈で解釈していくと、**需要と供給の両サイドにアンテナを張りめぐらし、変化を早期に察知するのがHyper Awareness**です。最終顧客における需要の変化、サプライヤー、さらにそのサプライヤーの供給遅延などをニアタイムに把握するイメージです。

Informed Decision Makingとは、データドリブンの意思決定です。キャンペーンを行なうから需要は前年同月に対して10%程度上がるだろう、欠品を防ぎたいから＋30%の在庫を積み増そう、といった主張がされる場合がありますが、経験や知見に基づいているのでそれなりに有効であるものの、根拠の透明性が低く、妥当性の評価や関係者間での合意には時間を要します。ここに統計分析やAIなどのデータサイエンスを活用することで、議論をその先のアクション検討に持っていくというのが重要になっています。

Fast Executionは、意思決定されたことを素早く実行に移すことです。留意すべきは、ここで得られる市場や顧客からの反応をセンシング（収集）してアクションを改善する、つまりはまたHyper AwarenessにつなげるというサイクルがAgilityを生み出すということです。

■ サプライチェーンのAdaptability

SCMにおけるAdaptabilityとは、**需要と供給、両サイドの環境変化への適応です。**Agilityは環境変化の察知と即時の対応でしたが、そのアクションの方向性の的確さを示すのがAdaptabilityと言えるでしょう。

筆者がここで重視しているのが、ゲマワットのトリプルAトライアングルを掛け合わせ、Aggregationとのバランスを組織として意思決定することです。

SCMのAdaptabilityでは、各ローカル市場のニーズに合わせた製品仕様の多様化や、各事業で過去から行なわれてきたオペレーションに合わせた需給調整システムの設計などが挙げられます。これらは必ずしもすべて対応するのが正解ではなく、Aggregationによって効率性を追求することも必要になるはずです。これは戦略であり、組織ごとに意思決定する必要があるのです。

近年であれば、AgilityはAIやIoTなどの先進的な技術を駆使して、早期に追求する方向で間違いありません。一方でAdaptabilityは、テーマによってはAggregationとのバランスも考慮し、組織として意思決定する必要があるということです。この関係性は需要予測と在庫計画に似ていると思います。需要予測はとにかく冷静に当てることを重視すべきですが、在庫計画は予算や戦略、市場変化の可能性なども考慮し、組織として意思決定する正解がないものだからです。

■ サプライチェーンにおけるAlignment

ここまででも述べてきましたが、サプライチェーンには社内外のさまざまなステークホルダーがいます。SCMにおいてはよく、部分最適ではなく全体最適を目指せと言われますが、これは意思決定する際に気を配るステークホルダーを広く見渡そうということでもあります。

全体最適が"言うは易く行なうは難し"なのは、win-winの関係構築、つまりは利害の一致を同時に考える必要があるからです。サプライチェーンにおけるリーディングカンパニーが全体最適を考えられたとしても、そ

のどこかのステークホルダーの不利益が大きくなっていれば、サプライチェーンの持続可能性は低くなります。

このAlignmentも20年前に重要性が指摘されていたわけですが、事業と共にサプライチェーンもグローバルに拡大してきた中で、ステークホルダーが増え、より重要になってきたと言えるでしょう。

こうして整理すると、SCMが目指すべきトリプルAの方向性は、この先も大きくは変わらないかもしれません。一方で、新しい技術によって入手できる需給データの種類・量が増え、それを管理するデータ基盤や分析能力は強化されています。つまり、SCMの競争力は、目指す方向（Where）を決めることではなく、その実現手段（How）の高度化にあると筆者は考えています。揃えるべきAのスリーカードは意識しつつ、環境変化の中でどう新しい技術を活かしていくかを考える力が、これからのSCMプロフェッショナルには求められるでしょう。

第 3 章

企業の戦略とオペレーション

　SCMの全体像をざっと掴んでいただいたところで、つづいては事業戦略とSCMの関連について学びましょう。欧米ではMBAのコースに「オペレーションズ・マネジメント」というSCMを含むオペレーション全体を管理するという概念を学ぶ講座があり、CEOになるためにこの領域を統括するCOO（Chief Operations Officer）を経験することが重要になっています。一方で日本では部長クラスに昇格してはじめてSCMを学ぶ必要性に気づいたという声を聞きます。

　本書はその一助となる入門書の位置づけですが、できれば担当者のうちに、遅くともマネージャー（課長）クラスに昇格する際には、一度SCMの基礎知識を身につけておくのがよいでしょう。そこで最初に理解すべきは、経営や事業の戦略とSCMの関係性および連動です。

　ここからは内容のレベル感が一段上がりますので、実務経験をお持ちの方はそれを基に解釈を深めていただければ、より有益な示唆が得られるはずです。

3-1 企業の競争力

★ ☆ ☆ ☆ ☆

■ ビジネスモデルを考える３要素

　企業のビジネスモデルは、**顧客に提供する価値、儲けの仕組み、持続的な競争優位性**の３要素で読み解けると言われます。これから就職活動される方は、競合が模倣するのがむずかしい競争優位があるかを考えてみるとよいでしょう。転職を考えている方や、新しいクライアント企業と仕事をすることになった方は、たとえば、自身の専門領域がその企業の儲けの仕組みにおいて、どんな競争優位性を強化できるかを考えるとよいと思います。

　自社の業務改革を担うエースプレイヤーは、担当事業の現状の３要素を整理したうえで、どこを優先的に変革するかを考え、連動してほかの要素の変革を考えるのが有効になります。市場や技術の変化を踏まえ、新たな儲けの仕組みを考えるのであれば、そこでの持続的な競争優位性はどうやって生み出すのか、競合や既存事業と比較してどんな新しい提供価値があるのかを考えていくといったイメージです。

　ビジネス環境は社会構造や購買心理の変化、技術の進歩などによって変化しますが、たとえば**成熟した日本市場では、技術の進歩を踏まえた新しいビジネスモデルを考える**ことが重要になっています。数値解析系のAIの実務活用は多くの業界で広がっていますが、2022年以降は生成AIの中でも特にLLM（Large Language Model：大規模言語モデル）という言語解析系AIのビジネス活用が検討され始めました。

　こうした新しい技術を使って、既存事業の提供価値をどう拡大・深化させるか、それは何年程度で利益を確保できるようになりそうか、またその競争優位性をどう持続させるのか、を考え出せる発想力が求められるのです。

■ Amazonが2種類の顧客に提供している価値

　みなさんにとっても身近で、売上も利益も世界トップレベルの規模、成長率で拡大しているAmazonを例に、ビジネスモデルという概念の理解を深めましょう。

　まずAmazonの顧客は私たちのような生活者と企業の大きく2種類が存在します。これは一般に、to C（Customer, Consumer）とto B（Business）と呼ばれます。学生の方にとってはto C企業のほうが身近である場合が多く、新卒の就職人気ランキングではto C企業が上位に並ぶ傾向は従来から変わっていません。しかし、普段の生活では目立ちにくいto B企業にも高い成長性を維持しているところが多くあります。

　実際、Amazonでも利益の多くを稼いでいるのはto Bの事業です。たとえばAmazon Web Service（AWS）というクラウド環境の提供サービスはメーカーでもITベンダーでも使われていますし、Fulfillment By Amazon（FBA）という在庫の保管・出荷・輸送の代行サービスは小売企業に利用されています。興味深いのは、これらは元々、to Cの小売事業のために自社開発されたものであり、そのオペレーションノウハウを外販し、大きな利益を生み出すようになった[49]という経緯です。

ビジネスモデルを読み解く3要素

Amazonの例

提供価値	儲けのしくみ	競争優位性
To Customer ・なんでも買える ・いつでも買える ・どこでも買える ・探す手間が少ない ・比較しやすい To Business ・自社オペレーションの外販 　（AWS・FBAなど）	・販売の場所代 ・マージン・手数料 ・売れているものを 　自社で作って売る ・倉庫の場所貸し ・物流代行 ・売上データの販売	・多様な商材の需要データ ・膨大な顧客属性データ ・高度な分析ケイパビリティ ・世界の物流拠点 ・物流エコシステム ・物流オペレーション ・販売エコシステム ・知名度 ・資金力

　AWSは使う分だけ環境費を払えばよく、ユーザー企業は大規模な投資

をしないでクラウド環境を利用できます。FBAも同様に、小売業が自社で物流センターやそのための人員を用意する必要なく、ECビジネスを始めることができます。これらは事業の規模や扱うデータ量・荷量がどう変化していくか想定しづらい場合に、特に有効活用できるものです。これが、Amazonが顧客企業に提供している価値です。

一方、私たちのような生活者には、「はじめに」で紹介した通り、どこでもいつでも世界中のさまざまな商品が買えるという利便性を提供しています。実際に店舗を探して回るよりも効率よく機能や価格を比較でき、自宅で受け取ることが可能という価値は大きいですよね。

■ Amazonの利益源

こうしたサービスを通じ、Amazonは売上、利益を上げているわけですが、主には商品を販売することによって得られる売上と、Amazonが提供するサービスを利用する企業からの手数料で成り立っています。特にAmazonは自社で仕入れた商品を販売するだけでなく、販売プラットフォームを広く小売業に開示していて、そこでさまざまな小売業が販売しています。この利用料が収益になります。

また、Amazonは多様なカテゴリの販売データを入手することができ、顧客の属性も把握できるため、需要のトレンドを高度に分析することが可能です。こうしたデータをユーザー企業に販売することもあり、ユーザー企業はプラットフォームの利便性を感じつつも、手数料やデータの所有権などでデメリットがあり、Amazonで販売するかの意思決定は慎重に行なうべきだという指摘もされています[50]。

■ Amazonを追いかけるのはむずかしい

Amazonのビジネスモデルはさまざまなところで語られ、分析されている[51]にもかかわらず、同様のビジネスモデルで対抗馬が出てこないのはなぜでしょうか。

筆者がまず挙げたいのは**ロジスティクスのネットワーク**です。大量の在庫を保管できる大規模な物流拠点とその管理能力、それを世界の顧客に届

70

ける輸送能力です。さらに、このネットワークの効率性を支えるデータドリブンの需要予測や需給調整のノウハウがあります。Amazonよりも歴史の長いメーカーでも、ここまでのSCM競争力を発揮できているところは極めて少ないと言えるでしょう。

　つまり、**大規模に投資してロジスティクスのネットワークを整備できたとしても、それを効率的に運用するプランニングの能力までは一朝一夕には獲得できないということです。**そもそも、こうした大規模な投資を回収するのがむずかしいのは、日本でも類似のビジネスモデルを展開している企業が黒字化に苦戦していることからもわかります。

　Amazonの事業では、「**ネットワークの外部性**」が働いていると考えられます。これは、ユーザーが増えるほどプラットフォームやシステムの利便性が高まり、それらの利便性が高まるとユーザーにとっての魅力も向上し、この好循環に競合が割って入るのがむずかしくなっていくという構造です。メルカリやLINEなどがわかりやすい事例でしょう。

　Amazonの知名度は圧倒的であり、生活者は何かをオンラインで買いたいと思う時、かなりの確率でAmazonのウェブサイトを見にいくはずです。これは小売業にとって大きなメリットであり、Amazonで出品しようという動機になります。この結果、生活者はさらに多くの商品をAmazonで購入できるようになっていきます。

　このように、顧客への提供価値、儲けの仕組み、持続的な競争優位性からビジネスモデルを理解することができ、その中でSCMがどのように貢献していくかを考えることで、さらなる進化のアイデアを生み出すことができるのです。

3-2 代表的な事業戦略と企業例

★ ☆ ☆ ☆ ☆

■ 提供価値と市場による戦略の分類

　前節で説明した通り、企業の利益に直結するプライシングでは、顧客が感じる価値ベースの考え方が重要になりますが、この価値は持続的な競争優位性に影響されます。そしてどのような競争優位性を目指すのかは、戦略として定める必要があります。この戦略を理解するための1つの例として、提供価値と目標市場の掛け合わせによる分類を取り上げます。

　化学メーカーなどで40年以上SCMの領域に携わってきたAlanは、次の2つの軸で企業の戦略を分け、SCMとの連携の重要性を述べています[52]。

- 低コストまたは商品差別化
- マス市場または特定顧客

　低コスト戦略は、製造原価や販売費、一般管理費など、商品を提供するためにかかる費用や、設備や人件費といった固定費を可能な限り低く抑え、それによって販売価格で競争力を得ようとする考え方です。

　一方の**商品差別化戦略**は、製品の機能やサービスの質を高めて競合よりも高い価値を提供することで、競争力を生み出す考え方になります。

　低コストを実現するためには、調達、生産、物流、販売といったオペレーションの生産性を高める必要があり、持続可能性の観点からは各領域におけるパートナーともwin-winの関係性を目指すべきなので、簡単ではありません。機能や品質による差別化も、企業の研究開発目線ではなく、あくまでも顧客目線の評価であり、新規参入や代替商品が次々と現れる中で優位性を維持していくのですから、これもまた簡単ではありません。だからこそ、それらを生み出す仕組みを構築できると競争優位につながると言えます。

マス市場戦略とは、幅広い顧客を対象とする戦略です。

特定顧客戦略とは、後述するように時短ニーズが大きく、ドライブスルーを利用しがちであるといった特定の購買行動を選ぶ傾向があったり、新しい技術を使った新商品を好むといった特定の嗜好を持つ顧客にフォーカスする戦略です。

もちろんこれらは2者択一ではなく、バランスを調整する企業もありますし、一企業の中でも事業によって異なる戦略を採用する場合もあります。また、外部環境の変化や技術の進歩を踏まえ、戦略を変更していくことも重要になっています。

次の図は各種の事業戦略をとっている代表的な企業です。

次の項より、それぞれについて説明します。

事業戦略と代表企業例

	低コスト	商品差別化
マス市場	【ウォルマート】**低価格・施策なし** 高度な計画のための技術投資 主要サプライヤーとの協同	【アップル】**新しい顧客体験** 応答性重視のSCM 主要部品メーカーとの協同
	【ターゲット】**コストパフォーマンス** ミドルファミリー層向け 店舗でオンライン注文に対応	
特定顧客	【チェッカーズ】**低コスト&サービス速度** 事前支払い EC専用ドライブスルーレーン	【テスラ】**イノベーション** SCの垂直統合 サステナビリティのための投資

Alan Milliken（2022）を基に筆者作成

■ マス市場を狙った戦略

マス市場を目標にし、低価格で競争優位を築いている代表例といえば、**ウォルマート**が挙げられます。ウォルマートが掲げた"Everyday Low Price"は日本でも耳にすることがありますね。スーパーマーケットなので、日常的に必要となる食品や生活用品などを販売していますが、幅広い顧客層にとって低価格は魅力であり、それを高度なオペレーションによって実現しているのです。

生鮮食品などは消費期限が短いため、需要予測と在庫補充が特に重要になります。ウォルマートは欠品を抑えつつ、廃棄も減らせるように、高度な予測・計画のための技術投資を行なうとともに、それぞれのサプライヤーと協働しています。これはCPFR（Collaborative Planning, Forecasting & Replenishment）[53]と呼ばれ、サプライチェーンの垂直方向の情報共有と需要予測および在庫補充の協働取り組みとして広く知られているものです。こういった取り組みはデータの連携やコミュニケーションなどの業務負荷が小さくなく、売上規模の大きな商品や取引規模の大きな顧客を選定して行なうのが効率的です。

低コスト戦略は、顧客にとっての魅力を高めるだけでなく、投資原資の確保にも有効です。ウォルマートは自動運転トラックや飛行機型ドローンによる宅配、ネット注文に対応するピックアップタワー、店舗内を回遊する在庫管理ロボットなど、新しい技術に積極的に投資し、PoC（Proof of Concept：概念実証）を継続することによってさらなる効率性を追求しています[54]。

商品差別化戦略で成功しているのがAppleです。Appleの商品差別化戦略はiPhoneを思い浮かべていただければ十分でしょう。

筆者は、iPhoneはマーケットインではなく、プロダクトアウト型の商品開発だと認識していて、そういう新商品が潜在ニーズを刺激し、新しい市場を創ってきたのだと考えています。もちろんどちらの発想が優れているという意味ではなく、マーケットインの考え方で顕在化したニーズを基に

商品改良を行なっていくことも重要です。

　差別化を図る商品は、ニーズが顕在化していない場合も多く、需要予測はむずかしくなります。そこで、**SCMとしてはいかに需要変動に追従していけるかが重要**になります。そのため、その商品に重要な原材料や部品を製造するサプライヤーとは、強固なパートナーシップを構築することが有効になります。iPhoneの大ヒットを支えた1つの要因として、Appleが豊富なキャッシュを使って主要サプライヤーに投資し、自社に優先的に重要部品を供給してもらえる関係性を構築したことが挙げられています[55]。

■ 特定顧客を狙った戦略

　日本においては知名度が低めの企業ですが、**チェッカーズ**はドライブスルーを利用する顧客に向けて低コスト戦略を採用しているファストフードチェーンです。**ドライブスルーを利用するということは時短ニーズが大きいと考え、低コストと同時にサービスの提供速度も重視**しています。そのため、ECで事前に会計まで済ませ、専用レーンで、短時間で受け取れるように店舗を設計しているのです。

　テスラはイノベーションと持続可能性を柱に新技術に積極的に投資している企業ですね。電気自動車の市場ではリーディングカンパニーと言えますが、ソーラーシステムのサプライヤーを買収するなど、サプライチェーンにおける垂直統合で、先進的かつ重要な部品の安定供給によって競争力を高めています。

　ここまでで紹介した4企業の中間に位置づけられるのが、"日々の生活を楽しみたい"すべてのファミリーを顧客とする**ターゲット**という小売チェーンです。高品質、ファッショナブルな品揃えを、比較的安価に提供しています。また、オンラインでの購買および、それを管轄地域に配達する仕組みを整備し、地元顧客の利便性を高めています。

　このように、企業にはとりうる戦略はさまざまですが、それぞれの競争力を高めるSCMが重要になっていると言えます。

3-3 なぜSCMは事業戦略において重要なのか

★ ★ ★ ☆ ☆

■ SCMが戦略に提供する４つの価値

　ここまで５つの企業の戦略とその実現を支えるSCMについて紹介しました。改めて、なぜ事業戦略においてSCMが重要なのかを整理しましょう。ファイザー製薬などの医薬品業界でSCMやオペレーション領域のバイスプレジデントを務め、Kinaxisのソートリーダー（Thought Leader）であるAllen Jacguesが、戦略におけるSCMの役割を４つ挙げています[56]。

① サプライチェーンのエンドtoエンド（原材料・部品のサプライヤーから最終製品を販売する小売業まで）の動向を把握できる
② 各種オペレーションの財務諸表への影響がわかる
③ 自社商材の需要の因果関係を想像できる
④ 事業リスクをヘッジするための在庫計画を立案できる

　２章で概説した通り、SCMは商品の製造や提供のために必要な原材料・部品、設備、機器などのサプライヤーからの調達、自社やOEMでの生産、物流企業や3PL企業と協働した在庫の保管および輸配送、世界や全国への流通を担う卸業者への出荷、小売業による消費者・ユーザーへの販売と、自社商材のサプライチェーン全体の情報が集まります。そのため、市場の需要動向だけでなく、各所における供給のリスクも把握することができ、これを適切に整理、分析することができれば、事業運営に貴重な示唆を提供することが可能です。

　筆者はこれを「需給インテリジェンス」と呼んでいて、これからのS&OPが目指すべきコンセプトだと提唱しています[57]。この詳細は10章で解説します。

　また、これらの調達や生産、物流といった各種オペレーションが財務諸

76

表、つまりは経営の定量的な成果にどう影響するかを理解しているため、改善のための具体的なアクションを考えることができます。2－7で説明した通り、在庫を適切に制御することによって、売上高にも営業利益にも貢献することができます。

さらに、SCMの需要予測はSKU別であり、基本的にはそれぞれで粗利率が異なるため、経営管理部門などのより大きな粒度での売上・利益見通しよりも精度が高くなる傾向があります。

実際、筆者はS&OPプロセスの中で経営管理部門と連携するオペレーションを整備したことがありますが、そこではSKU別の需要予測を使い、事業別の利益見通しの精度向上という成果を出すことができました。

■ 新商品のオペレーションでより大きな価値を生む

3つ目と4つ目に挙げられている役割は、特に新商品のヒットに大きく関わるものです。ここで言うヒットとは、単に売れるだけでなく、大きな利益も確保できるということです。

本書で何度か述べてきたように、SCMの情報のトリガーは需要予測である場合が多く、そこでは扱っている商材の需要の因果関係を徹底的に分析します。また、その精度を適切に管理できていれば、1つの予測値を信じすぎることもなく、冷静に需要変動のリスクも想定することができます。グローバルに事業を展開するメーカーなどでは、SCM部門が需要予測を担う場合が多くあるのですが、売上目標などによるバイアスを受けにくいといった理由が挙げられています[58]。

つまり、高いマーケットシェアや売上予算の目標の影響を受けた販売計画ではなく、データドリブンの需要予測と、そのモデル（ロジック）の過去の精度を踏まえた変動リスクを鑑み、SCM機能は欠品や過剰在庫をできるだけ発生させないためのアクションを主導することができるのです。また、サプライヤーの品質や工場の生産ライン、物流倉庫の逼迫状況、チャネルごとの市場におけるプレゼンスの変化なども把握しているため、供給におけるリスクヘッジ策や適切なアロケーションも考えることができま

す。

　この供給のリスクヘッジ策として代表的なものに戦略的な在庫計画があります。7章で解説しますが、在庫にはオペレーションを回すための「**サイクル在庫**」や、生産の効率性を考慮した「**ロット在庫**」など、複数の種類があります。この中で、未来の需要変動に備え、一時的に過剰になるリスクを負ってでも欠品の可能性をできるだけ少なくし、新商品を早期に市場に浸透させていくことを狙った「**戦略在庫**」という概念があります。

　たとえば化粧品におけるメイク（特にカラーメイクと呼ばれる口紅やアイシャドウなど）は、トレンドの影響が大きく、発売時の欠品は売上・利益に多大な影響を与えると考えられています。発売直後にいかに多く売るかが重要な商材では、戦略在庫を設定することが有効になるのですが、もちろん闇雲に積めばよいわけではありません。これもシナリオを描く高度な需要予測や、過去の予測精度を考慮した在庫計画が実現できるものであり、SCMのプロフェッショナルが活躍するのです。

　こうした需要予測や在庫管理を駆使した戦略実現は、もちろん新商品だけに限りません。定番の既存品でも、売上の大きな主力品や、季節性の大きなシーズン商品においても、利益を確保していくために有効活用できるでしょう。

3-4 SCMの２つの戦略

★｜★｜☆｜☆｜☆

■ トレードオフの効率性と応答性

SCMの戦略は1980〜1990年代に類型化され、いくつかの著名なものが整理されています[59]が、大きく**効率性重視**と**応答性重視**に分類されています。効率性重視とは、２章で紹介したSCMの一連のプロセスにおいて効率性を追求し、サプライチェーンコストを下げていくことを目指すものです。一方、応答性重視とは、卸売業や小売業といった製造業にとっての顧客や、最終消費者・ユーザーの要望にタイムリーに応え、顧客満足度を高めることで売上や市場シェアの拡大を目指します。

たとえば1987年のBowersoxとDaughertyによる整理では、効率性重視のプロセスベースと応答性重視のチャネルベースのほか、顧客サービス重視のマーケットベースという分類も定義していて、必ずしも先述の２分類だけで括れるものではありません。ただ、SCMの戦略の大きな方向性を理解するためには、効率性と応答性という視点は重要です。

そして、この効率性と応答性は基本的にトレードオフの関係にあります。SCMの各機能における具体例を見ていきましょう。

■ 各SCM機能における効率性と応答性

在庫管理における**トレードオフ**は、実務家であれば日々実感するものです。在庫を多めに用意しておけば、顧客からの要望に応えられる確率が高くなります。しかし、あらゆる商品について在庫を多くすれば、１章で紹介した化粧品やアパレル業界の事例で紹介したように、管理コストや廃棄・値下げ販売リスクが上がります。そこで需要予測や顧客からの要望を踏まえながら、効率性と応答性の狭間で在庫計画を立案しているのです。

生産においては、量をまとめることによって工場の稼働を効率化し、生

産コストを下げようとします。たとえば1日の生産で1,000個作れる商品があるとして、その需要が月200個だとします。この場合、まとめて1,000個作ってしまうと、設備を切り替える（段取り替え）回数が少なくなるため、工場の生産性は向上するのですが、5ヵ月分の在庫が生産されてしまいます。未来の5ヵ月で顧客からの要望が変化する可能性は、業界によっては十分にあり、応答性は低くなると解釈することができます。需給調整部門や営業部門は必要な量の生産を求める傾向があり、生産部門はこのトレードオフの中で商品ごとに試行錯誤しています。

　物流については1-6で紹介したZARAの事例がわかりやすいでしょう。輸送コストを下げるために船で運ぶのか、市場ニーズの変化に素早く対応するためにコストの高い航空機で運ぶのかのトレードオフです。

　このほか、倉庫からの出荷単位でも効率性と応答性のトレードオフがあります。小売業や消費者・ユーザーからの要望に合わせると、個単位のバラ出荷で対応することになります。一方、ある程度の数量がまとまったケース単位で出荷できれば、出荷や積み込み作業の効率が上がり、輸送の積載効率も高くなる傾向があり、物流コストは下がります。

　より大きな話では、サプライチェーンデザイン、つまりは生産や物流の拠点配置も効率性と応答性のトレードオフがあります。設備を集約すれば効率性が上がり、コストを下げることができますが、各市場の文化や慣習、ニーズの変化などには分散させるほうが対応しやすいと言えます。

　SCMの2つの戦略、効率性と応答性を理解することが重要なのは、**自身が担当している商品やセグメントがいま、どちら寄りなのかを考え、それが必ずしも常に正解ではなく、環境変化に応じて反対の戦略へ移行するというアイデアを生み出せる**からです。

　そしてこれは個々人で決めることではありません。それでは混乱を生みます。

　組織としてSCMの戦略を決め、実務担当者に周知することが重要なのです。

　さらに、全社一律のSCM戦略を決める必要はありません。1つの企業

の中でも、セグメント（事業やブランド、チャネルなど）別に分けること
は有効であり、場合によっては特定の商品のみ、全体的な戦略とは反対の
方針を採用するという企業もあります。

　重要なのは、戦略自体を不変的に決めることではなく、戦略の選択軸と
見直しのプロセスを決めることだと筆者は考えています。これを推進する
仕組みがS&OPだと解釈していて、KPIによってオペレーションの方向性
を制御することが有効になります。

サプライチェーンにおけるさまざまなトレードオフ

考え方①	業務領域	考え方②
運用負荷の低い時系列モデル	需要予測	シミュレーション可能な因果モデル 高度なデータ管理が必要なAI予測
リーンな在庫計画	在庫管理	ボトルネック対策のバッファ在庫 生産平準化のための積み増し在庫 業務効率向上のためのロット在庫
需要に合わせた細かな調達 仕入れ単価低減のための１社購買	調達・購買	仕入れコストの低減 BCPのための複数社購買
需要に合わせた細かな生産 品質管理重視の自社生産	生産計画	製造原価の低減・設備の稼働率向上 キャパシティ調整のためのOEM
リードタイム優先の航空機輸送 需要に合わせた細かな物流	物流	コスト優先の海運 輸送効率の向上・環境負荷の低減
業務効率優先の工場集約 在庫削減のための物流拠点集約 ブランド価値のための販売チャネル厳選	サプライチェーン デザイン	BCPのための生産拠点分散 サービス向上のための物流拠点分散 顧客接点拡大のための販売チャネル多様化

3-5 商品ポートフォリオ管理

★ ★ ★ ☆ ☆

■ 戦略の不在が生むSKU爆発

効率性と応答性の狭間で方針が決まりにくい対象の一例として、SKU別の**商品ポートフォリオ管理**を取り上げます。SKUとは商品の最小単位であり、色やサイズ、味など、同じ商品でもバリエーションの1つ1つを指します。顧客のニーズに細かく対応しようとすると、基本的にはSKU数は増加します。

たとえばファンデーションは元の肌の色に合ったものや、海外ではなりたい肌の色のものが選ばれますが、これは人それぞれです。しかし、オーダーを受けてから作る受注生産ではない場合、1人1人に合わせて色を調整するのはむずかしく、多くの化粧品ブランドでは、2〜10色程度で展開しています[60]。これは効率性と応答性のバランスを調整した結果と言えます。

SKUのバリエーションが増えるほど需要が分散するため、1品あたりの売上規模は小さくなります。これは原材料・部品の仕入れ単価や生産コスト、輸送コストを上昇させるため、調達や生産、物流といったSCMのさまざまな活動の効率性を低下させます。また、オペレーション上必要な在庫（1回の生産単位や、物流拠点における保管単位など）はSKU数の増加に比例して増えるため、在庫金額や回転率といった指標も悪化します（くわしく知りたい場合はダウンロード特典に説明があります）。こうした指標を管理する経営層やSCM部門は、SKUを減らして効率性を高めたいと思う一方、顧客に近い営業やマーケティング部門は要望に応えるため、バリエーションを増やすことを優先したいと思う傾向があります。

結果、**意図せずSKU数が増加しすぎ、サプライチェーンの効率性が低下している**企業があるのです。

■ 2つの需要予測プロセスが支援するポートフォリオ管理

そこでマッキンゼーでSCM領域をコンサルティングしてきたEva Dawkinsが提唱している[61]のが、**需要予測をベースとした商品ポートフォリオ管理**です。これは次ページの図で示す3つのプロセスで推進されます。

1つ目は新製品の発売（Launch）に向けた需要予測の更新と、それに基づく発売可否の検討です（New Products Introduction）。

企業によって異なるものの、これは需要予測またはマーケティングの施策立案機能（Commercial機能などとも呼ばれます）が主導する場合が多いものです。筆者は化粧品メーカーで、商品開発時からの需要予測を担っていましたが、次のような複数のタイミングで、その時々の最新情報を加味して、需要予測を更新していました。

- 商品開発
- コスト試算
- 原材料・部品の発注
- 生産計画立案
- 生産調整

この情報は研究所や商品開発機能、施策立案機能、営業機能などから収集しますし、これ以外にも新商品が含まれると考えられるカテゴリの市場情報なども考慮します。ここで、たとえば競合から似たような機能を持つ新商品が発売されたことがわかると、発売時期やプロモーションの見せ方を変えるのが有効になるかもしれませんし、場合によっては発売をやめるといった提案がされることもあります。

2つ目は**SKUマネジメント**です。これはすでに販売されている既存品が対象になります。需給調整と並行して、予測精度をモニタリングして、その誤差要因を分析します。この具体的なオペレーションは5-9で解説しますが、それによって需要と供給条件がアンバランスな商品を特定します。

供給条件とは原材料や部品の発注ロット、工場での生産ロット、物流の輸送形態における入数などを指します。週や月の需要規模に対し、これらの供給条件が10倍以上などと大きすぎる場合、もちろんロットの見直しも有効ですが、その商品を売ることを中止する、いわゆる販売終了（Discontinuance）候補となります。

　そしてこの2つのプロセスから整理された、新商品の発売可否と既存品の改廃の提案を、月次や四半期ごとなどで経営層が意思決定していくのが商品ポートフォリオ管理です。

商品ポートフォリオ管理

需要予測

新商品の発売前需要予測（NPI）
- マーケティング（施策）・営業・需要予測の主に3機能で推進
- 発売から半年～1年程度が対象

1. 発売に向かって新情報を収集・整理
2. 新しい情報を反映して需要予測を更新
3. 発売か中止かを提案

SKUマネジメント（SKUM）
- 需要予測と供給計画機能で推進
- 発売後の既存品が対象

1. 予測精度と誤差要因を分析し、需要予測を更新
2. 需要と供給のアンバランスを特定
3. マーケティング・需要予測・生産・調達・供給計画機能のマネージャー層に共有

商品ポートフォリオ管理（PPM）
- マーケティング（施策）を中心にファイナンス・営業・需要予測・SCM機能も関与
- SKU数や新商品発売頻度に応じて月次や四半期ごとに実施
- 需要予測や過去実績、財務状況などを鑑み、トップマネジメントが新商品の発売可否や既存品の改廃を意思決定

Eva Dawkins（2023）を基に筆者作成

■ 商品ポートフォリオ管理を機能させるポイント

　筆者の経験からも、SCM実務家との対話の中でも、この商品ポートフォリオ管理の優先順位は高くなりにくい印象です。業界にもよりますが、製造業は基本的に顧客からの要望への対応を重視しているため、結果的に応答性寄りのSCM戦略を採用しています。そのため、営業部門からの声を踏まえ、明らかな後継品が発売されない限りは、販売終了が決定されに

くいと言えます。そして経営層が増えすぎたSKUに気づいたタイミングで、効率性を意識した販売終了の指示が出るといった事態になります。

　だからこそ重要になるのが、3-2で紹介した事業戦略と、ここで紹介した需要予測ベースの商品ポートフォリオ管理を整合させることなのです。これは戦略とオペレーションの整合であり、S&OPプロセス（詳細は10章参照）に商品ポートフォリオ管理を含めることが推奨されています。

　またEvaは、商品ポートフォリオ管理で成果を創出するために、次の3つのCが重要だと述べています。

- Collaboration
- Communication
- Consistency

　本節で解説した通り、新商品の需要予測やSKUマネジメントにはマーケティングや需要予測だけでなく、購買や生産などのSCM、ファイナンス、営業といったさまざまな機能が持つ情報が必要となり、コラボレーションやコミュニケーションが重要になるのです。また、自社だけでなく競合も新商品を発売していきますし、顧客ニーズも変化するため、商品ポートフォリオ管理のオペレーションを継続することが重要になります。頻度は各社のビジネスモデルに合わせてアレンジすべきですし、議題がない場合は臨機応変にキャンセルしてもよいので、定例オペレーションとして仕組み化することが推奨されています。

3-6 社会と未来を志向する
パーパス

★ ☆ ☆ ☆ ☆

■ 戦略立案と意思決定に軸を通すパーパス

「商品差別化」や「低コスト」といった企業の戦略は、効率性・応答性重視などのSCMの戦略、さらには商品ポートフォリオ管理といったオペレーションとの整合が競争力を生むとお伝えしてきました。しかし戦略は不変のものではなく、環境変化に応じて更新していくべきものです。そしてこれを担うのは必ずしも経営層だけではありません。

SCM機能は需要と供給の両サイドの情報を常にモニタリングしているため、サプライヤーやカスタマー、パートナー企業を含むサプライチェーンの環境変化を察知することができます。そのため、これを踏まえて戦略立案に対して有益なインプットを提供することが可能になります。

しかし、個々人が自身の考えだけに基づいて提言を行なったり、現場で意思決定をしたりすると、企業全体としては統制がとれなくなり、顧客や株主など、各種ステークホルダーの目には場当たり的な対応をしている企業と映ってしまう懸念があります。

ここで重要になるのが、戦略よりもさらに上位の概念となる**パーパス（Purpose）**です。『ビジョナリーカンパニー』シリーズの著者である経営学者Jim Collinsによると、**パーパスとは「存在理由」であり、考え出すというよりはすでに存在するもの**です[62]。また、「常に努力すべき目標であり、完全に達成されることはなく、100年にわたって企業の指針となる」ものと書かれています。

具体例を挙げると、NECでは「NECは、安全・安心・公平・効率という社会価値を創造し、誰もが人間性を十分に発揮できる持続可能な社会の実現を目指します。」というパーパスを掲げています[63]。青山学院大学の竹田教授は、「顧客価値より上位の社会的価値」を強調するものだと述べて

いて[64]、実現を目指す未来の社会を描いているとも言えます。

　パーパスに近い概念として**ビジョン**があり、関連して具体的に何をするかという**ミッション**や、それをどう行なうべきかを規定する**バリュー**があります。これらはWhy、Where、What、Howで考えるとわかりやすいですが、1つの企業で必ずしもすべてを定義すべきものでもありません。重要なのは、**パーパスやビジョンとして戦略の上位概念を定め、それを実現するための活動の際に留意すべき規律に社員が共感していること**です。

　こうしたパーパスがあることで、環境変化を受けた戦略更新への提言や、実務現場におけるアジャイルな意思決定の方向性をそろえることが可能になります。たとえばボイラ大手の三浦工業では、顧客と接する営業担当者が"熱ソムリエ"としてのパーパスを意識していて、顧客とのコミュニケーションの中で、臨機応変に提案をアレンジしています[65]。これが幅広い顧客に対しても統一された三浦工業独自の価値を提供することにつながり、市場での競争力につながっていると考えられます。

■ 未来志向リーダーのマインドセット

　パーパスやバリューが重要なのは、特に不確実性の高い環境下で、コスト削減に偏重するのではなく、未来志向で新しいチャンスを獲得していこうというマインドや活動をドライブするからです。ハーバードビジネススクールのRanjay Gulati教授は、これを主導するリーダーに必要な3つのマインドセットを提唱しています[66]。

①　**危機下におけるセンスメイキング**
②　**ブートストラッピングの倫理**
③　**ステークホルダーとの利害調整**

　「センスメイキング」とは、不透明な状況に立ち向かう「腹落ち感」であり、組織心理学者のKarl E. Weickが意思決定における重要性を指摘したもの[67]です。情報が少ない中でも、大きな目的を目指して慎重に行動を

87

開始し、それによって得られてくる環境（顧客や市場など）からの新たな反応を踏まえ、自身（自社）の活動を更新していくことが競争力を生み、これを進めるのがセンスメイキングだと述べられています。

　ここで言う大きな目的としてわかりやすいのがパーパスであり、行動の起こし方、進み方の指針となるバリューがあることで、関係者はセンスメイキングして動き出せると筆者は解釈しています。組織のリーダーは、危機的な状況でもこうしたセンスメイキングを関係者の間に醸成していくことが必要ということです。

　「ブートストラッピング」には、「ブーツのつまみ革」が転じて"自力で困難を乗り越える"といった意味がありますが、ベンチャー企業のように効率と効果を同時に求めていくスタンスを指します。つまり他者の助けを借りないでなんとかしようというスタンスであり、特にベンチャーや新規事業などは新しい価値創出のために積極的に投資を決断しつつも、ROI（Return On Investment：投資対効果）がマイナスになりそうな取り組みは思い切ってやめていき、倹約も徹底するという動きになります。これは成長スピードが遅くなるリスクがあるものの、自分たちの意向でビジネスを進めやすくなり、センスメイキングとは相性がよいスタンスだと感じます。

　ステークホルダーとの利害調整は、２－８でも「トリプルAのサプライチェーン」の１要素（Alignment）として説明しましたが、不確実性の高い環境下での意思決定でも同様ということです。

　これは一見、２点目のブートストラッピングのスタンスと矛盾するようですが、そうではありません。自力でビジネスを進めたとしても、顧客やサプライヤー、協力会社といったいわゆるサプライチェーンパートナーには何らかの影響を及ぼします。センスメイキングでは、環境からの反応を受け、自身の行動を変えていくことも重要だとされていますが、この過程でサプライチェーンパートナーの利害にも配慮しなければ生き残れないということでしょう。

■ ステークホルダー全体の価値最大化

　これに関連し、中長期的な利害の一致、さらにはステークホルダー全体にとっての価値の拡大を目指すために、「ステークホルダー戦略」を立案することの必要性も指摘されています。ベイン・アンド・カンパニーのパートナーDarrell Rigbyらによると、そこで留意すべきは次の5点です[68]。

① ステークホルダー戦略を受け入れる文化を構築する
② ステークホルダー間の協働を増やす組織構造を設計する
③ ステークホルダーの価値を高める新たなプロセスを設ける
④ 事業プロセスを再設計してステークホルダー戦略を支援する
⑤ 望ましいセグメントを拡大するために率直なコミュニケーションを図る

　まずは文化や組織といった土台づくりが必要です。外部の評価機関の視点も考慮できる人材や、行動科学、イノベーションの専門家などからなるステークホルダー戦略チームが、企業の戦略立案や予算策定に関われるようにしていくということです。

　そして大きな取り組みの提案時には、各ステークホルダーにどんな影響があるのかを予測するプロセスを導入します。ここでトレードオフが発生する可能性があり、SCMにおける意思決定同様、戦略に沿った優先順位づけができることが重要です。同時に、こうしたプロセスを支援することも有効であり、具体的にはステークホルダーのニーズや自社に対する満足度のフィードバックなどを入手できる仕組み、イノベーション創出に向けて協働するプラットフォームの構築などが挙げられています。

　最後はステークホルダーをセグメンテーションした後、自社にとって特に重要なセグメントを特定し、関係性を強化していくためのコミュニケーションです。本書でも8章でサプライヤーとの関係性構築にフォーカスし

ますが、そこでも同様のアプローチが有効だとされます。株主や投資ファンドとの面会、社員の評価基準の見直しなど、ステークホルダーごとの関係性を踏まえたコミュニケーションが推奨されます。

　本節ではSCMからかなり範囲を広げましたが、パーパスという長期で目指す方向性を示し、不確実性が増す環境下でもステークホルダーをリードして、全体的な価値創造を目指す役割が組織のリーダーには求められているのです。

第4章

インテリジェンスを主導する
デマンドプランニング

　ここから9章にかけて、SCMの各種機能を詳細に解説していきます。特に4〜6章は筆者の専門分野である需要予測にフォーカスし、グローバルで整理されている標準的な知見だけでなく、近年重要性が増しているデータサイエンスの実務活用についても取り上げます。中でも需要予測では化粧品、食品、医薬品、精密機械などさまざまな業界でAIの活用が始まっています。本書ではそれを運用する実務家が知っておくべきリテラシーを整理します。

　また、需要予測といってもロジックを説明するのではなく、より広いマネジメントの視野で、精度管理や後工程の意思決定への示唆提供について解説します。ビジネスにおける需要予測は、単に精度を追求するのではなく、高度な意思決定をドライブするインテリジェンスとして、戦略的に活用すべきものなのです。

4-1 精度とは誤差なり

★ ★ ☆ ☆ ☆

■ 意思決定のインプットとしての需要予測

　需要予測はSCMの情報のトリガーです。バリューチェーンでは研究開発や商品開発が先にありますが、これらは一般にサプライチェーンには含まないことが多いものです。しかし、研究開発における実験データや調査結果を需要予測に使う場合もありますし、商品開発時点から需要予測が必要になる業界も多いため、関連するプロセスと言えます。

　SCMでは、需要はSKU別に数量ベースで予測されます。原材料や部品はここから一意に算出できるため、それらの需要は**従属需要**と呼ばれます。一方、商品の需要は別の情報から計算できるものではないため、**独立需要**と呼ばれ、需要予測の対象になります。

　これに需要変動リスクやサービス率の目標などを考慮して立案するのが在庫計画であり、既存の在庫や生産予定、生産の効率や制約を加味して生産計画が立てられることはすでに述べた通りです。これらは売上（見込み）の最大化やコストの最小化を目的とし、各種制約条件がある意思決定問題として整理することができます。

　そのため、適する技術が異なり、需要予測には機械学習が使われますが、在庫計画や生産スケジュールの立案には最適化技術が有効になります。

　需要予測は後工程の意思決定を最適化する1つの重要なインプットと捉えることができます。この考え方はデータサイエンスの実務活用に必須ですし、PoC（概念実証）から運用に移行するための効果試算でも必要になります。

■ 予測精度の測り方

　実務家の方々と需要予測の話をすると、たいてい話題に挙がるのが**予測精度**です。特に近年は需要予測AIのPoCで、予測精度について聞かれるこ

とが増えました。ここで留意すべきなのは予測精度の定義です。

　グローバルでは、**予測精度とは予測誤差を指す場合が多い**です。

　予測と実績がどれくらい乖離しているかを測定し、それを精度として評価します。それにはさまざまな指標が提案されていて、業界によってよく使われるものも異なりますが、代表的なものは誤差率です。

　誤差率は以下の式で計算します。

$$誤差率＝（予測－実績）／実績$$

　細かい話では、分子は実績から予測を引く場合もありますし、分母を予測とする場合もありますが、重要なのは組織として定義を統一することです。その際、指標の意味が微妙に変わることに注意が必要です。

　たとえば、分母が予測の場合、予測を高くしておけば、誤差率は実績を分母にした場合よりも低くなる確率が上がります。そのため、KPI次第では誤差率の定義が需要予測に影響を与える懸念があり、それが事業特性に合うかはよく考える必要があるのです。

　医薬品や医療機器のように、欠品の社会的影響が大きい場合、企業としては予測が多少高くても許容されるという考え方があります。こうした事業特性に合うのは、分母が予測の誤差率かもしれません。

　このように予測精度は事業特性や戦略を踏まえ、定義する必要があるものなのです[69]。

■ さまざまな角度から精度を捉える

　多くの企業では扱っている製品やサービスは1つではなく、また販売エリアやチャネル、事業も複数あります。予測精度はこうしたセグメントごとに評価するのが有効です。

　その際、最もシンプルな集計が**平均**です。ただ、先述の誤差率は正にも負にもなるため、単純に平均するとその程度感が相殺され、正しく評価できません。そこで**絶対値**が計算されます（具体的な計算式は5-8で説明します）。

　誤差率の絶対値の平均は、予測がどの程度はずれているかを可視化できますが、今度はその方向がわからなくなっています。誤差の方向性、つまり実際の需要が予測よりも高いのか低いのかは、SCMの意思決定で重要なため、これもforecast-Bias（f-Bias：予測バイアス）といった指標で測る企業が増えています。

　f-Biasはグローバル標準に近いASCMでは以下の通り定義されています。

$$f\text{-}Bias = 特定期間の需要予測の合計 - 同期間の実績$$

　つまり、これは特定期間における誤差の合計です。実務ではこれを実績で割るなどのアレンジがされますが、有効なアレンジ例は5－8で紹介します。

　ちなみにバイアス（Bias）という概念は需要予測用語ではなく、機械学習や認知科学の分野でも使われます。そのため、文脈に合わせて定義を確認することが必要になります。

■ 予測精度の読み方

　このように、需要予測の精度は複数の角度から捉えることで、はじめて

正しく解釈できるものですが、合わせて考慮すべき前提があります。中でも特に留意すべきなのが、**フォーキャスティングプリンシプル**です。

具体的には、需要予測の次の要素を指します。

- **物的単位**
- **対象セグメント**
- **時間単位・ターゲット期間**

たとえば、洋服の色やサイズ別、店舗別、時間帯別といった細かな単位ほど需要予測はむずかしくなる傾向があります。それは因果関係が複雑になるからです。また、時間的には遠い未来ほど需要予測はむずかしくなります。これは不確実性が増すからです。

つまり予測精度はこうしたフォーキャスティングプリンシプルを踏まえて評価する必要があるのです。特に社内やベンチマークとの比較の際に注意すべきと言えます。

フォーキャスティングプリンシプルに加えて、企業のビジネスモデルや戦略、商品のライフステージも踏まえると、より正しく予測精度を解釈できるようになります。

具体的には、新商品の発売頻度が多く、売上構成比も高ければ、その企業の予測精度は低くなる傾向があります。新商品は因果関係の不確実性が高いためです。

同様に考えると、同じ商品でもライフステージによって需要予測の難易度は変わります。一般には発売前が最もむずかしく、発売直前、直後と精度が上がっていきます。発売からしばらくすると高い精度で安定する商品が多いのですが、1年未満だと季節性が見えないため、まだ需要予測はむずかしい商材が多いでしょう。

予測精度を正しく解釈するには、こうした各種前提とその影響を知っておく必要があるのです。

4-2 整理すべき需要予測の前提

★ ★ ★ ☆ ☆

■ 変革はプリンシプルの整理から

　筆者が人生で最も多く関わってきたプロジェクトのテーマは需要予測の高度化ですが、その際にまず確認するのが、前節で登場した**フォーキャスティングプリンシプル**です。これは自社でもクライアント企業でも同じです。ここではフォーキャスティングプリンシプルについて解説します。

1．Granularity（物的単位）

　商品は階層的なマスタで管理されます。具体的には、事業、ブランド、カテゴリなどがSKUに紐づいていると思います[70]（次ページ図）。このどの階層で需要予測を行なっているかがGranularity（物的単位）です。

　先述の通り、細かな単位ほど因果関係が複雑で需要予測はむずかしいのですが、調達や生産の観点ではSKU別に予測が必要であり、上位階層で予測した場合でもなんらかのロジックで分解する必要があります。

　この分解の際にも誤差が発生するため、どの階層で予測すべきかに正解はありません。IBFによる調査[71]では、ブランド合計などの大きな粒度の予測を分解していく「Top-down」アプローチの平均誤差率が29.48％、SKU別で予測する「Bottom-up」アプローチが27.66％、中間のカテゴリやファミリー計で予測する「Middle-out」アプローチが28.34％でした。筆者もそうでしたが、**実際には「Bottom-up」と「Middle-out」を商品によって使い分けている企業が多い**でしょう。

　筆者はカラーバリエーションのある化粧品の需要予測を長く担当したこともあり、予測スピードの観点で「Middle-out」のアプローチを採用してシステムに実装した経験がありますが、需要予測における物的単位の選択には、精度に加えて業務スピードの観点も踏まえることをおすすめします。

　物的単位の一例を図に示します。業界や企業によって整理は異なるもの

96

の、SKUはサイズやカラーなどのバリエーションでまとめることができます。さらに、それは特定のモデルやブランドに属する場合が多いでしょう。

　この上位に商品ファミリーというくくりが設定される場合があり、特定の事業を構成する商品群となります。企業によってはモデル・ブランドの下位の概念として、商品ファミリーが設定される場合もあります。

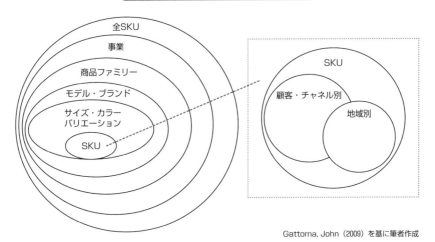

Gattorna, John（2009）を基に筆者作成

2．Segment（地理的範囲）

　業界によっては、SKUよりも細かな単位で需要を予測しています。ただこれは物的単位ではなく、**地理・空間的なセグメント**です。

　たとえば、ドラッグストアやコンビニエンスストアといった販売チャネル別、特定のアカウント（取引先）別、国や地域別といった区切りがあります。

　こうした**セグメント別の需要予測は、SKU別よりもさらに因果関係が複雑になり、また需要規模も小さくなるため、予測精度は低くなる傾向が**あります。

3．Horizon（ターゲット期間）

　予測精度は1ヵ月先ごとに1〜5％程度悪化します。もちろん業界や商材によって異なりますが、筆者が見てきた事例や学術調査の結果は同程度でした。IBFの調査結果[72]では、パンデミック前かつSKU別という物的単位において、1ヵ月先で22％、3ヵ月先で32％、1年後で44％です（2020年以降の数年間ではそれぞれ5％程度悪化しました）。

　予測精度のレベル感もですが、**ターゲット期間もビジネスモデル、特にオペレーションの条件によって変わります**。原材料の調達や生産、顧客に届ける輸配送にかかる時間によって、フォーカスすべきターゲット期間が決まるためです。需要予測や需給調整にシステムを使っている場合は、その管理期間に合わせて18ヵ月先までなどを予測しますが、KPIを設定したり、施策を加味したりして予測値を書き換えたりするのは、ターゲット期間になる場合が多いと言えます。遠い未来ほど環境変化が起こる可能性が高くなりますし、自社のマーケティング活動も更新される場合が多いため、需要予測はむずかしくなります。どこまで精度を追求すべきかはこうした特性を踏まえて議論しなければなりません。

4．Bucket, Interval（時間単位）

　最後は需要予測の**時間単位**です。これもオペレーションの条件、特にサイクルによって変わります。生産や調達が月次サイクルであれば、需要予測も月別でよくなります。一方、コンビニエンスストアのように1日に3回など納品がある場合は、時間帯別の需要予測が必要になります。

　これは一企業の中でも異なる場合があり、物流では日別のトラック手配があるため、日別の需要予測が必要になります。ただし、必ずしもそれぞれで予測する必要はなく、Bucket間での集約や分解ができれば大丈夫です。

　時間単位も細かいほうが需要予測がむずかしくなるのは、因果関係の複雑性です。日別であれば、天気や曜日も考慮する必要があるでしょう。

　以上のように、**需要予測は対象が物理的、空間的、時間的に細かいほどむずかしくなり、かつ遠い未来ほどむずかしくなるという特性があります**。

こうしたフォーキャスティングプリンシプルを整理したうえで、精度を評価し、改善に取り組みます。

需要予測の準備

グラニュラリティ（物的単位）

SKU別
ファミリー単位など

→ ・調達や生産にはSKU別の需要予測が必要
・計画の進捗管理や投資の意思決定はより大きな粒度

セグメント（空間的粒度）

全国計
出荷拠点別など

→ ・調達や生産では合算でよい
・物流ではエリア別も必要

ホライゾン（範囲）
バケット（時間的粒度）

1年半先まで
月別・週別など

→ ・調達、生産、物流、経営管理で必要な範囲は異なる
・調達では期間合計、生産では月別や週別、物流では日別の粒度が必要になる

オペレーションに合わせた需要予測の分解・集計が重要

4-3 オペレーションとプリンシプルの関係

★★★☆☆

■ オペレーションに合わせて必要なプリンシプルは変わる

　前節で説明したフォーキャスティングプリンシプルとSCMの各種オペレーションの関係を整理しましょう。次の図は、需要予測が製品開発と、調達から販売までのサプライチェーンに関わっている全体像のイメージを表現しています。ちなみに製品ではなくサービスの場合は、製品の在庫は基本的になく、サービスの生産と販売が同時に行なわれることが多いため、この図とはイメージが異なります。ここではモノである製品を例に説明していきます。

　まずSCMのオペレーションは、**比較的長い期間を対象とする「計画系」** と、**日々を対象とする「実行系」** に分けられます。調達や生産、在庫の計画などは計画系に分類される場合が多いですが、生産でも工場の日々のオペレーション、日程計画などは実行系に該当します。一方、倉庫の入出庫や輸配送などの物流計画は実行系としてイメージしやすいものです。

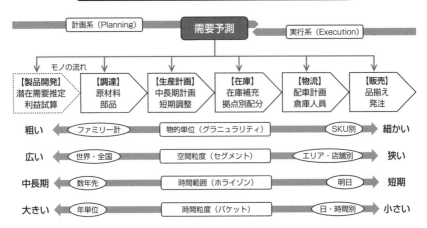

オペレーションに合わせた需要予測プリンシプル

需要予測はこうした各オペレーションに必要なインプット情報になりますが、それぞれで必要なプリンシプルが異なります。

■ 計画系業務のための大きな需要予測

製品開発に必要な期間は商材によって異なりますが、多くの業界では数年以上かかります。製品開発では、需要予測は潜在需要の推定やそれを基にした利益試算に使われます。この時点では、まだ施策や原価、販売価格、正式なデザインなどが決まっていない状態であり、目指す提供価値（機能）やブランド、カテゴリ、想定する販売チャネルや価格帯などを踏まえ、色やサイズなどのバリエーション合計（製品ファミリーなどとも呼ばれるGranularity）、販売エリア全体（Segment）、年単位（Bucket）といった需要の規模を予測するという粗さです。しかし、ここでざっくりとでもいいので需要規模を推定することで、どれくらい原価をかけても利益が出せるかを試算することが可能になります。

これ以降、情報が更新されるのに合わせて需要予測も更新していきます。発売の半年から1年くらい前になると、原材料・部品の発注が行なわれます。そこで改めて、需要予測を行ないます。この時点では製品のデザインや販売価格は決まっていて、施策の大まかな方向性は検討されている場合が多いため、需要予測も精緻になっていきます。原材料や部品は色や味などによって若干異なるため、ここではSKU別の需要予測が必要になります。また、発注はここから毎月など、定期的に行なわれていくので、需要予測もその時間単位に合わせて必要になります。

ここで以前の需要予測と大きく乖離すると、原材料・部品の発注量も当初の想定と大きく異なることになり、仕入れ単価が変わって利益見通しが狂ってしまうといった事態が起こりえます。特に需要予測が下がって仕入れ単価が上がる場合、無理やり需要予測を高くしても実際には売れない確率が高いと言え、結局は廃棄ロスなどが増加するため、早めに判断するのが望ましいでしょう。新製品の発売可否判断はこうしたギャップを確認していくプロセスとも言えます。

既存品も含めてですが、発売や出荷の数ヵ月から半年程度前には、生産

101

計画を立案する必要があります。生産計画の立案サイクルに合わせて、月単位よりも細かな需要予測が必要になる場合もあるでしょう。また、ターゲット期間（Horizon）は近くなり、生産調整可能な数ヵ月から半年程度先の需要予測が重要になります。

■ 実行系業務のための細かな需要予測

　生産された製品は倉庫に保管され、顧客からの発注によって出荷されていきます。顧客から日々発注される業界では、倉庫の人員や輸配送のためのトラックなどの手配も日単位になります。この物量は需要予測から考えることができるため、こうした物流オペレーションでは日次の需要予測が必要です。また、倉庫が管轄するエリア別といった、より細かな地理的範囲での需要予測も必要になります。一方、ターゲット期間はさらに直近になり、数週間から1ヵ月程度先までとなります。

　販売の現場では、品揃えや人員のシフト作成のために需要予測が必要になります。品揃えには納品頻度が影響するため、1日1回であれば1日分の需要予測が必要ですし、より多頻度であれば、もっと細かな時間帯別の需要予測が必要になります。人員のシフトも交代制である場合が多いので、時間帯別の需要予測が役立つでしょう。もちろん、店舗別のオペレーションのため、需要予測の地理的範囲は店舗別と狭くなります。ターゲット期間も最も短くなり、1日から数日先までとなる場合が多いです。

　このように、**モノが流れるオペレーションに沿って、必要な需要予測の物的単位や地理的範囲、時間単位が細かくなっていきます**。この観点では予測はむずかしくなるのですが、一方でターゲット期間が近い未来になっていくため、予測がしやすくなる面もあります。需要予測の担当者は、SCMに限らずさまざまな機能と連携するのですが、必要になるフォーキャスティングプリンシプルと予測精度の関係を把握しながらコミュニケーションする必要があると言えます。

　ASCMに属する企業、244社への調査結果（2020年公表）[73]では、各社のフォーキャスティングプリンシプルは次の図の通りでした。

102

さまざまな企業のフォーキャスティングプリンシプル

	Granularity	Segment	Horizon	Bucket
1位	SKU別	顧客別	12ヵ月	月次（38%）
2位	製品ファミリー計	物流エリア別	6ヵ月	週次（37%）
3位	製品グループ計	国別	3ヵ月	日次（13%）

Enno Siemsen & John Aloysius（2020）を参考に筆者作成

GranularityではSKU別が最も多く、これは生産や調達などのSCM業務に必須な粒度であることが関係していると考えられます。より大きな粒度を分解する際には、その構成比を予測しなければならず、それは簡単ではない業界、商材も多いため、SKU別で予測しているのでしょう。ちなみに製品グループはファミリーよりもさらに大きな括りを意味しています。

Segmentでは顧客別が最多でした。需要予測を営業活動と連動させるためには、顧客別の予測や管理が有効になります。需要予測は物流業務にも活用されるため、物流エリア別での予測、管理も重要です。国別などの大きな範囲で需要予測している企業でも、必要に応じて顧客別、物流エリア別に分解している場合があります。

Horizonは12ヵ月先までの企業が最も多いという結果でした。ただし、扱っているSKU数が多く、需要予測をシステムではなくマニュアルで行なっている企業では、Horizonが長くなるほど業務負荷も大きくなるため、3ヵ月や6ヵ月という管理の場合も少なくありません。

Bucketは月次と週次がツートップでした。すでに述べた通り、より大きなBucketへの集計や、小さなBucketへの分解も適宜行なわれますが、統計的な需要予測がしやすい月次や週次が多くなっているのだと考えられます。

ASCMに属する企業は、SCMの価値を重んじ、人材やシステムなどに積極的に投資している製造業が比較的多いと考えられます。また、業界やビジネスモデル、オペレーションサイクルなどによって適切なプリンシプルは異なりますが、こうした業界横断の調査結果も参考に、自社のフォーキャスティングプリンシプルを確認されるとよいでしょう。

4-4 需要の因果関係

★ ★ ★ ★ ☆

■ すべての予測モデルのベースは因果関係

需要予測のために必要なのは、対象の需要の因果関係を適切に想像することです。

過去の実績を数学的に分解し、トレンドや季節性などの要素を引き延ばすロジックもありますが（時系列モデルの1種）、これはトレンドや季節性が過去から変わらないと想定していることになり、本来はそれらに影響している要素を理解しておく必要があるものです。

需要予測のための因果関係をより正確に表現すると、次の2つです。

- **対象商材の需要と原因要素、さらに要素間の関係性を表現すること**
- **各原因要素が需要にどの程度、影響するかを推定すること**

また、需要の因果関係は、次の3つを軸に考えていくことをおすすめします。

① **商品の属性**
② **自社のマーケティング**
③ **外部環境**

ここでは多くの方になじみのある飲料を例に、需要予測のための因果関係の整理を見ていきましょう。

たとえば炭酸飲料を想像してください。こうした飲料は、スーパーマーケットやコンビニエンスストアなどの店舗で販売されていますし、自動販売機でも売られています。この店舗と自動販売機では因果関係が異なるため、それは分けて考えるのが有効です。こうしたセグメンテーションは、

104

販売チャネル以外にも、顧客属性や販売エリア（国）など、いくつか考えることできます[74]。

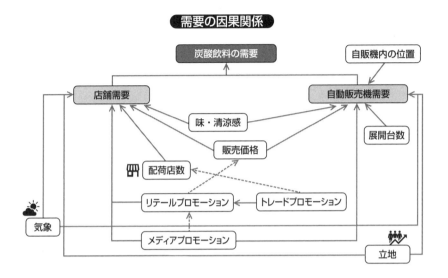

■ 社内情報から因果関係を考える

　商品の属性は、多くの企業でマスタ情報として管理されているものです。機能や提供価値に関連する事業区分やカテゴリ、ブランドのほか、原価や卸価格、希望小売価格などの価格情報、サイズや輸送単位、ロット単位といった大きさやサプライチェーンオペレーションに関する情報などです。

　炭酸飲料であれば、「炭酸」といったカテゴリに分類されるでしょうし、ブランドも重要になるはずです。また、マスタにあるかは企業によると思いますが、味や炭酸の強さなども需要には影響すると考えられます。

　つづいて自社のマーケティング施策です。これは大きく次の3種類に分類されます[75]。

- コンシューマープロモーション（主にメディアプロモーション）
- リテールプロモーション

105

- トレードプロモーション

　コンシューマープロモーションは主にメディア施策になりますが、メーカーが消費者に向けて発信するテレビや雑誌、インターネットでの宣伝広告などがあります。これは店舗での購買にも、自動販売機での購買にも影響すると考えられます。

　リテールプロモーションは小売店で実施されるキャンペーンなどです。これは小売業ごとに検討、実施される場合がほとんどですが、この背景にはメーカーが小売業に対して行なうトレードプロモーションが影響します。

　トレードプロモーションとは、取引に関する施策であり、具体的には仕入れに対するインセンティブなどがあります。これを原資に、店舗でのキャンペーンや大規模な売り場展開が実施されます。また、仕入れ価格は販売価格に影響するため、トレードプロモーションは間接的に需要に影響すると言えます。

　小売店や自動販売機は顧客接点となるため、配荷店数や展開台数が多くなるほど、需要が大きくなると考えられます。トレードプロモーションは、取り扱い店舗数を増加させることにも影響するでしょう。

　このように、自社のマーケティングには複雑な因果関係があり、各要素

マーケティングプロモーション

消費者・ユーザー

コンシューマー
プロモーション

リテール
プロモーション

メーカー

トレード
プロモーション

小売店

は独立していない場合がほとんどだと考えられます。そのため、単純な重回帰分析での影響度の推定はむずかしくなることに注意が必要です。

■ 社外情報にも目を向ける

需要の因果関係を考える際は、社外にも目を向けることが必須です。炭酸飲料であれば、販売時の気象が影響することは想像しやすいでしょう。「特に自販機は非計画的な購買が多そうで、天気の影響を大きく受けるだろう」などと考えることができます。

また、店舗や自動販売機の立地、周辺の環境も需要に影響すると考えられます。休日に人通りが増える場所なのか、炭酸飲料をよく飲む世代が多く住んでいるか、といった条件です。

このほか情報は入手しづらいものの、競合メーカー、ブランドのマーケティング情報も需要に影響するでしょう。新商品や大規模な施策などです。

競合だけでなく自社も含め、市場に流通している商品配置も需要に影響します。似たような機能、価格帯の商品があれば、需要は基本的には分散するからです。自社内の需要の分散はカニバリゼーションとも呼ばれます。

■ 見せかけの関係性に注意

このように需要に影響する多様な要素を洗い出し、関係性を整理したのが因果構造です。ここに関係性の強弱を定量的に推定し、因果関係をモデル化します。ここでは"見せかけの相関関係"に注意する必要があります。

まず、相関関係と因果関係は異なる概念です。因果関係には原因と結果、つまりは順序がありますが、相関関係は結果として、動向に一定の（線形の）関係性が見られることを指します。

たとえば炭酸飲料の売上と水の売上が似たような動きを示したとします。この場合、相関係数は高くなるのですが、因果関係があるとは言えません。共に、夏に需要が上がる傾向があり、それは気温や湿度などが影響していると考えることができるからです。このように背後に共通の原因がある場合、"見せかけの相関関係"が現れます。

107

また、米国メイン州の1人あたりのマーガリンの消費率と離婚率や、アクション俳優ニコラス・ケイジの年間出演本数とプールでの年間の溺死件数などでも相関関係が見られる場合が報告されています[76]。しかし、これらに因果関係はない、つまりは全くの偶然と考えられています。

需要予測では因果関係が重要であり、結果である需要よりも時間的に先に発生する要素を使わなければなりません。そのため、次のポイントに着目して、"見せかけの相関関係"にまどわされないようにしましょう。

- 発生のタイミングに差があるか
- 原因要素の強度を変えるとそれに応じて結果が変わるか
- 人が論理的に考えて因果関係がありそうか

このほかにも、ほかのサンプルでも同様の関係性が見られるかや、これまでに知られていることと矛盾しないか、といった観点での確認もあります。このあたりに関心のある方は、因果分析について専門的な書籍などを調べてみてください。

4-5 予測モデルのための分析フレーム

★ ★ ★ ☆ ☆

■ 3Cで予測モデルのセグメンテーションを考える

前節では炭酸飲料を例に需要の因果関係を整理しましたが、自身が携わる事業で予測モデルを考える際には、経営分析、特にマーケティング領域のフレームワークを有効活用できます。

たとえば、Customer、Competitor、Companyの軸で整理する**3C分析**というものがあります。

商品開発における提供価値の差別化や、施策の有効性を整理する際に使われますが、需要予測ではモデル構築のためのセグメンテーションに活用します。

先述の炭酸飲料の例における販売チャネルはCompany、自社のサプライチェーンに関する軸と整理できます。また、日本人と訪日外国人、百貨店A社とEC事業B社といったCustomer軸での分類もよく見られます。後者は販売チャネルでもありますが、百貨店とEC事業者では、仕入れサイクル、販売促進の手法などが異なるため、需要の因果関係を分けて整理するのが有効になる場合があります。

Competitorは予測モデルのセグメンテーションではあまり使いません。それというのも、競合をデータで定義するのは簡単ではないのです。AIを使う予測モデル構築の際にも、さまざまな企業の方から競合のマーケティングを考慮できるようにしたいと要望をいただきます。しかし、各社、各ブランドなどにおける競合をデータで定義するには、業界特性や入手可能なデータを踏まえた工夫が必要になるのです。

■ 4Pで原因要素を考える

もう1つ、予測モデルを構築する際に有効活用できるのが**マーケティングミックスの4P**です。

- Product
- Price
- Promotion
- Place

これは因果関係における原因要素を考えるのに便利です。たとえば Productを商品の属性と捉えると、提供価値や機能、味や色、分類される カテゴリやブランドといった具体例が挙げられます。

Priceは原価や販売価格、Promotionは前節で説明した３種類のより細か なアクション、Placeは販売チャネルや配荷規模です。

ただ、需要予測では自社のマーケティングだけを考えるわけではないた め、Competitor の軸も掛け合わせたより広い視野での考察が必要になり ます。

たとえば、Productでは同カテゴリに含まれる商品数、Priceでは競合商 品や市場平均などを踏まえた相対的な価格感、Promotion も競合商品を対 象に行なわれる施策、Placeでは競合を含む市場動向が挙げられます。ほ

経営分析のフレームワーク②

３C分析

Consumer Customer	Competitor	Company
顧客、最終消費者にとっての 価値や行動・心理を考える	自社、自ブランドの競合が どんな製品配置なのかや どんなマーケティングを行なうかを 調査、想定する	自社、自ブランドの 戦略実現のために 組織にどんな強みがあるかを考える

４P分析

Product	Place	Promotion	Price
製品やサービス そのものが提供できる 価値、そのための機能 味・香り・色……	顧客接点 販売チャネルとも 呼ばれる	施策 投入量と共に 質的な評価も重要	販売価格 原価、卸価格 最終消費者への販売価格

＊需要予測モデル構築の際は、4Pは最低限考慮したい要素になる

かに、気象、為替レートといった外部環境なども、予測モデルに考慮すべきです。

　3Cや4Pといったフレームワークはマーケティングに関する検討で使われてきたと思いますが、このように他領域でも有効活用することができます。本書ではすでにPEST分析やトリプルAトライアングルなども紹介し、考察例を示してきました。広く知識を持っておいて、ご自身の担当領域にアレンジして使っていくというスタンスが重要だと考えています。

　経営やマーケティングといった過去に使われてきた文脈ではなく、需要予測やS&OPのほか、みなさまの得意領域で使いながら、新しいバージョンに進化させてください。

4-6 世界の予測モデル

★★★☆☆

目安としての大分類

需要予測のモデルはたくさんあり、次の図のように分類できます。

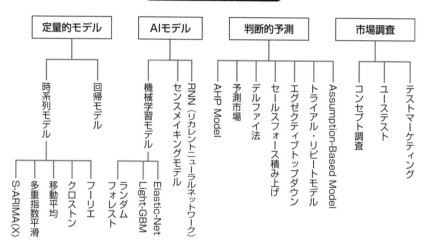

さまざまな予測モデル

海外の書籍ではよく、**定量的な分析に基づく（Quantitative）**モデルと**定性的な判断に基づく（Qualitative）**モデルに分けられます。前者はさらに過去実績を基にする**時系列モデル**と因果関係を基にする**因果モデル**に分けられますが、近年ではこれらを合わせたARIMAXやProphetのようなモデルも出てきていて、境界は曖昧になっています。

近年では**機械学習モデル**も入れるべきでしょう。機械学習モデルは相関関係に基づくため因果モデルに分類できますが、過去実績を学習させる場合もあり、それは実質、時系列モデルの特徴も持つことになります。

ほか、特に新商品の需要予測では、調査をベースとする手法も複数挙げ

られます。しかし一般に調査ベースの予測モデルの精度は低い傾向があり、データの関係でほかにモデルを構築できない場合などで使います。

　こうした予測モデルの分類は技術進歩によって変化するものであり、自社でまだ試していないモデルに高度化のヒントを求めるのがよいでしょう。

■ 分析系モデルの概観

　各モデルの実務で必要なリテラシーは、拙著『新版 需要予測の基本』（日本実業出版社）を併せてご参照いただき、ロジックの数式は、本書では基本的に原著を参考文献として挙げているので、そちらを確認ください。

　定量的モデルの代表、時系列モデルは過去の時系列データから予測します。1960年代に考案されたと言われる指数平滑法を使い、水準やトレンド、季節性などを表現する多重指数平滑系のモデルや、自己回帰と誤差の考慮を組み合わせるARIMA系などが比較的採用されます。

　先述の通り、近年ではここに曜日や施策などの要素を加えるARIMAX系やProphetもオープンソースを使って実装されます。

　因果モデルで代表的なのは、重回帰分析による影響度の推定です。ただこれは、たとえば販売店舗数を増やせば増やすほど需要が増えるといった線形の関係性を前提としていて、それは多くの場合で現実を単純化しすぎることになります。また、複数の原因要素を想定する場合がほとんどですが、それらに関係性がある場合（多重共線性[77]）、重回帰分析によって推定される影響度の信頼性は低くなります。

　多くの要素を取り入れるほど、予測モデルとしては現実を表現できる一方、要素間の多重共線性やサンプルサイズ不足によって影響度の推定精度が低下するというトレードオフが知られています。因果モデルを構築する場合はこれに留意すべきでしょう。

　AI、特に機械学習モデルでは、決定木をベースとするブースティング系の精度が高くなる商材が多いと言われています[78]。これについては6章で実務に必要な基礎知識を説明しますが、重回帰分析よりも多くの要素を考慮できるモデルを作りやすいというメリットがあります。

　グローバルでも多くの企業が使っているわけではないのですが、**要素分**

解（Decomposition）系のモデルは比較的精度が高いという調査結果があります[79]。これは需要をトレンドや季節性などに分け、それぞれを予測していくという考え方であり、時系列モデルに分類されるHolt-Wintersモデルにも通底します。しかし、各要素を時系列分析だけで表現するのではなく、原因要素を加えたり、部分的に機械学習を使ったりすることもできるため、従来よりもモデルバリエーションが増えている領域と言えます。

■ 判断的モデルの概観

判断的モデルと呼ばれるものは種類が豊富で、実際に多くの業界で使われています。トップダウンの掛け声的な決め方や、全国各地の営業担当者の見込みの積み上げなども含まれ、属人的ではあるものの、データが集まりにくい条件では精度が比較的高くなる場合もあります。

単に個人の判断にゆだねるのではなく、集合知としてもう少し科学的に集計するモデルも試されています。海外では**デルファイ法**という、匿名で予測値と根拠を公開するサイクルを回す手法が使われるようですが、筆者はオペレーションズリサーチの**AHP（Analytic Hierarchy Process：階層化意思決定法）**をアレンジしたモデルを提唱しました[80]。これは複数の判断軸と選択肢があると人は意思決定しづらいが、一対比較なら得意である

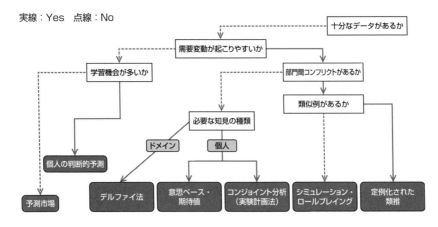

予測モデルのセレクションツリー①

という認知的な特性を活かし、暗黙知を数値化する手法です。

たとえばパッケージデザインのかわいさや、味と季節の相性、ウェブコミュニケーションやテレビCM、小売店でのキャンペーンといった様々な施策の統合的なインパクトなどは、簡単に数値で表現することがむずかしい一方で、有識者であれば過去との比較をある程度、妥当に評価することが可能です。これを新商品の需要予測に応用するという筆者のアイデアでは、予測者のセンス、言い換えると顧客や競合、市場の適切な理解が重要になります。そこで、このセンスを定量的に評価して、予測者を選別するという指標も定義しています。

これらは有識者の暗黙知を組み合わせるプロセスを合理化したものですが、予測値をはじくプロセスの合理化を目指すモデルもあります。

それが**トライアル・リピートモデル**や**Assumption-BasedModel**といったものです。前者は小売業の視座から、初期配荷とその後のリピート発注に分けて需要を予測し、後者は消費者・ユーザーの認知プロセスに沿って、潜在ニーズからどれだけの購買行動へつなげられるかを考えていきます。

ただ、何店舗に配荷されるか、潜在ニーズを持つターゲット層のうちの何％が商品を認知するかなどは、データドリブンというより、過去実績や調査結果を参考に人が判断するため、ここでは判断的モデルに分類してい

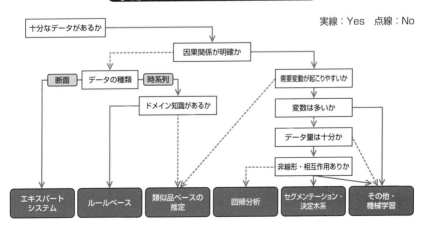

J. Scott A & Kesten C. G (2017) を基に筆者作成

ます。

　これらの予測モデルも今後はビッグデータと機械学習によって属人性が排除され、判断的モデルと因果モデルの境界も曖昧になっていく可能性があります。

　最後に、予測モデルの選び方の一例を掲載します。各社の商材の需要特性や、活用可能な予測モデルを考慮し、これをアレンジすると有効活用できると思います。

　4章では需要予測の基礎知識を広く解説したため、各モデルのよりくわしい使い方については、データ分析にフォーカスする次章で改めて取り上げることとします。

4-7 新商品の需要予測

★★★★☆

■ 新商品の需要は予測できない？

　実務で需要予測の高度化に取り組む際は、新商品と既存品を分けるべきだと筆者は考えています。なぜなら、考え方が大きく異なるからです。過去の販売実績がある既存品では、それを使わないということは基本的にありません。一方で新商品には過去の販売実績がなく、類似性判断や因果関係の分析が必要になり、予測モデルが別物になります。

　ニュージャージー州にあるモンマス大学のMyerson教授は、書籍の中でライフステージごとに適切な予測モデルは変わっていくと指摘しています[81]。発売時は過去の販売実績の少なさが理由で、定性的なモデルが主になります。その後、販売実績以外にも商品に関する顧客評価などのデータが集まってくるため、定量的なモデルが活用できるようになっていきます。しかし、終売時には、チャネルや店舗ごとに終売時期が異なる場合、エリア別の残在庫数などの影響があり、再び定性的なモデルでの予測が必要になります。

　こうしたモデルの制約もあり、新商品は需要予測がむずかしく、さまざまな業界の平均的には、予測誤差率が既存品の数倍になると言われます[82]。これは筆者が見てきた事例でも同様です。だからこそ、需要予測の専門家であるデマンドプランナーと先進技術を駆使できるデータサイエンティストがもっと活躍できるとも感じています。本書では新商品の予測モデルについての議論[83]よりも、マネジメント目線で需要予測やSCMがどう新商品の成功に貢献できるかを整理します。

　新商品の役割は、過去にない新しい価値を顧客に提供し、需要を創造していくことだと認識しています。そのため、過去データをどんなに高度な技術で分析しても、予測精度を追求することには限界があるはずです。

　むしろ売上や利益、市場シェアなど、企業としての目標があり、それを

117

達成する確率を高めることが最も重視されると言えるでしょう。需要予測は、この目的のための活用法を考えるべきなのです。

■ 新商品の需要予測の意義

新商品の目的を達成するためには次の2点が重要です。

1. 発売後の実績と目標のギャップの要因を因果関係から考えられる
2. アジャイルなネクストアクションのために利益を確保する

新商品は目標設定が高い場合が多いため、過半数が計画を割れる業界が多いと言われます。こうしたギャップは発売後、比較的短期で掴むことができるはずです。このとき、SCM機能が行なうべきなのは、必ずしも減産だけではありません。

需要予測を専門的に担うチームがあれば、カテゴリや地域・チャネルごとの因果関係を分析しているはずであり、それをベースとした予測モデルに沿って目標と実績の乖離要因を推察することができます。

これが自社で手を打てるもの、たとえばマーケティングの情報発信や配荷店数などであれば、発売後でも挽回を目指したネクストアクションが可能になります。一方、市場環境や競合の新商品といった外部要因だった場合は、減産が正しい判断になるかもしれません。

ここで効果的なネクストアクションを考えられるかは、需要の因果関係を適切に想定できているかに依存すると言えます。

また、ネクストアクションには費用がかかる場合もあり、原資を確保しておく必要があります。新商品は売れれば利益が出せるわけではなく、その過程でムダを発生させないことが重要です。

たとえ目標まで売れたとしても、欠品を過度に恐れて大量の過剰在庫を抱えた場合は、短期的には保管コストや輸配送コストが増加しますし、中長期的には廃棄ロスも発生します。そもそも不要不急のキャッシュを使っているので、投資のための原資を確実に減らしていると言えるわけです。

つまり、新商品の需要予測には、次の点に貢献する価値が見出せます。

- 需要の因果関係を想定するため、目標と実績のギャップの要因分析に活用できる
- 予測と目標の差を踏まえて、利益を確保するためのサプライチェーンアクションを促せる

■ 新商品オペレーションにおけるSCMの役割

　後者についてもう少し説明します。在庫管理や調達、生産、物流といったSCMの各種計画は、需要予測を基に立案されますが、その数字は必ずしも1つでなくてよいのです。特に新商品や主力品などは目標が高く、積極的なマーケティングを実施することから、ある程度の幅を持たせた予測（Range-forecast）が効果的になります。

　不確実性の高い原因要素については複数のシナリオを描き、それぞれで需要を予測すると、その幅を需要変動の想定と解釈することができます。この幅と目標の比較を踏まえ、売上や利益を最大化するためのSCMを考えるのが有効です。具体的には、目標が幅を持った予測の間にあれば、その上限まで原材料・部品を予備確保しておき、下限と目標の差分を仕掛品として在庫金額を抑えつつ、すぐに製品化できるようにしておく、といったリスクヘッジ策を考えることができます。

　目標が予測の上限よりも大きかった場合は、いまの市場環境やマーケティング計画、営業活動では目標を達成できない確率が高いと解釈できます。マーケティング計画や営業活動を考え直すのも一案ですし、投資の一部をほかの新商品や既存の主力品に転用することで、事業全体として売上や利益の拡大を目指すというのも一案になります。こうした新しい計画を実行するには、サプライチェーンを合わせて動かす必要があります。

　新商品は、商品ごとに売上や利益といった目標が高く設定されている場合が多く、その達成が重要です。しかし未来の市場環境で新しいマーケティング、営業活動を実施するため、過去データで予測精度を高めることに注力しすぎるのではなく、需要予測でリスクを可視化し、SCMが利益の最大化を主導するというスタンスが有効になります。

4-8 センスメイキング需要予測

★ ★ ★ ★ ★

■ センスメイキング需要予測とは

前節では新商品にフォーカスして、需要予測は過去のデータ（調査結果なども含め）を基に精度を追求し、SCMの各種計画立案に使うためのものだけではないことをお伝えしました。**より広いステークホルダーの意思決定を支援することで、企業の目標達成をドライブするという活用法が重要なのです。**

しかし需要予測が属人的であったり、根拠がブラックボックスであったりした場合、その先の意思決定にスムーズに進めるでしょうか。

ここで必要になるのが需要予測に対する納得性や腹落ち感、いわゆる**センスメイキング（Sensemaking）**だと筆者は考えました。

もともと、因果関係の不確実性が高い新商品だけでなく、市場がグローバル化して海外企業の新規参入が増え、また技術の進歩もあって代替商品が登場する中、既存の主力品の需要予測もむずかしくなっています。こうしたVUCAな環境下では、センスメイキングによって関係者のアクションを促し、市場や顧客との対話から事業成長のヒントを積極的に得ていくことが競争力を生み出すと提唱されているのでしたね。

筆者が考える、需要予測によるセンスメイキングに必要な要素は、次の通りです。

- 予測根拠の透明性と納得感
- 予測パフォーマンスの再現性

需要予測の根拠が明確で納得できるものであれば、予測値の妥当性につ

いての議論ではなく、その先の目標達成に向けた検討に時間を使うことが可能になります。また、こうしたアクションの検討には、マーケティングや営業、ファイナンス、SCMなど多くの部門が関わりますが、迅速な協働のためには、関係者が需要予測の担当チームを信頼していることが必要です。これは継続的な需要予測のパフォーマンスとコミュニケーションによって醸成されるものであり、つまりはチームとしての再現性が重要になると考えています。

　従来の需要予測は、アルゴリズムを高度化し、予測に使うデータを工夫することで、短期的な予測精度の向上を目指す場合がほとんどでした。これに対し筆者は、その後工程である、新しい需要を創り出すための意思決定への貢献を目的とし、予測根拠の透明性や納得感、パフォーマンスの再現性を高めようとする考え方を「センスメイキング需要予測」として提唱しました[84]。

センスメイキング需要予測

新商品・主力品の需要予測〜アクションの流れ

需要予測	計画合意	アクション検討

従来の需要予測 の関心領域	センスメイキング需要予測 の関心領域

✓ アルゴリズムの優劣 ✓ 特徴量の工夫 ✓ 短期的な予測精度重視	✓ 因果関係の納得感（透明性） ✓ 属人性の排除（再現性） ✓ 中長期の市場シェア拡大

AIでも時系列予測や従来ロジックに 精度で上回るのが困難	因果分析やシナリオ分析は 人手では困難

■ 先進技術による暗黙知のアルゴリズム化

　需要予測の根拠を明確に示すのは意外とむずかしいと言えます。古くから使われてきた時系列モデルは、予測値の算出過程は理解しやすいものの、因果関係に関してはブラックボックスです。過去の条件を引き延ばしているのですが、「過去の条件とはなんでしょうか？」という質問には回答できません。

　重回帰分析を使った因果モデルでは、現実の因果関係を簡略化しすぎてしまう傾向があります。そうしないと、多重共線性やデータ収集の問題でモデル化できないからです。また、ビジネスにおける需要予測ではデータ量が十分ではない場合が多く、影響度（各説明変数の係数）の信頼性は高くなりにくいというのもあります。

　判断的モデルは、基本的にはプロフェッショナルの暗黙知に頼るものなので、属人性が高く、根拠の説明も口頭や文章による定性的なものになりがちです。 また、人は体調や感情、持っている情報の不十分さ、過去の経験による認知バイアスなどの影響があり、常に合理的な判断ができるわけではありません（Bounded Rationality[85]）。そのため、組織として需要予測のパフォーマンスレベルを再現、維持することはむずかしいと言えます。

　近年、活用が本格化している機械学習モデルは、非線形の（直線的ではない）関係性も扱えるため、従来の因果モデルよりも複雑な因果関係に対応できます。しかし、その分、根拠の不透明性も増していて、**SHAP値（Shapley Value）** を使った説明変数（特徴量）の評価といった手法も開発されています[86]が、まだ実務家にとってわかりやすいとは言えません。

　そこで筆者は、デマンドプランナーの思考プロセスに沿って不確実性の高い条件下における需要予測に必要なアクションを定義しました。次の2つです。

① ベンチマーク商品や施策を評価する類似性判断
② それらと予測対象の各種条件の差を需要予測に考慮するための因果分析

そして、この２つを先進技術で支援することが有効だと考えました[87]。

新商品は多くの業界で、機能や味、価格帯や販売チャネル、投入する施策規模や外部環境など、さまざまな条件が類似するベンチマーク商品の実績を参考に、需要を予測します。既存品における新しい施策でも同様でしょう。過去に実施した施策と、対象や規模、内容などが類似するものを選び、比較することで効果を想定するはずです。

また、新商品や未来の施策では、必ず過去とは異なる新しい条件があるはずです。よって、その差がどの程度、需要に影響するかを分析することが必要になります。

しかし、こうしたベンチマーク商品の選定や因果関係の分析は、担当者の記憶やスキルに依存してしまうため、ノウハウを持ったプロフェッショナルの暗黙知を表出化し、組織として活用できるようにしなければなりません。これを解決する１つの手段が、先進技術によるアルゴリズム化だと考えたわけです。

■ センスメイキングで新たな需要創造を目指す

センスメイキング需要予測の特徴を改めて整理すると、次の通りになります。

- 短期的な精度追求よりも、後工程の意思決定への貢献を重視する
- 予測のアルゴリズムは特定せず、予測根拠の透明性と予測パフォーマンスの再現性を高めることでセンスメイキングの醸成を目指す
- 需要予測プロフェッショナルの暗黙知を表出化することが重要であり、１つの実現方法として、類似性判断と因果分析を先進技術でアルゴリズム化するといったものがある

不確実性の高い条件下でも、需要予測の考え方と根拠の透明性が高く、かつそれが信頼のあるプロフェッショナルの暗黙知が反映されたものであれば、予測値を踏まえた需要創造のためのアクション検討に進みやすくな

ります。また、暗黙知をアルゴリズム化する仕組みが整備されることになるので、未来の市場変化の中で予測モデルが更新されていきます。

　つまり、**短期的にはセンスメイキング需要予測によってステークホルダー間のコミュニケーションの質とスピードが上がります**し、**中長期的にはベースとなる予測精度の向上が期待できるとともに、担当者が変わった場合でもそのパフォーマンスを再現しやすくなるというメリットがあるの**です。

　センスメイキング需要予測の概念は、米国の需要予測の専門誌に掲載されたため、学術的にもビジネス的にも新規性があり、有効性が期待されるものと評価されたと言えますが、あくまでもVUCAな環境に対する1つの需要予測の考え方です。これからも技術進歩がある中で、SCMがより大きな競争力を創出できるような需要予測を考えていくことが重要になるでしょう。そのために、本章で紹介したような基礎知識を広く理解しておくことが有効になると考えています。

第5章

意思決定を高度化する
データサイエンス

　これからのSCMでは、従来よりも積極的なデータ分析の活用が求められます。IoTなどによって収集できるデータの量が増え、生成AIなどによって解析ケイパビリティも向上し、それらを支えるデータ基盤や計算能力も増強されているからです。膨大なデータから迅速に有益な示唆を抽出できる能力が競争優位を生み出していくでしょう。

　しかしこうしたケイパビリティはツールに投資すれば実現できるわけではありません。データ分析でどんなビジネス課題を解くかはユーザー企業が考える必要があり、そのためのデータを想像し、分析結果を適切に解釈できる知識やスキルが重要になります。

　本章では、SCMにおいてデータ分析を有効活用するために必要なデータサイエンスの基礎リテラシーを解説しつつ、予測モデルの実務活用や、予測精度分析からの示唆抽出について紹介していきます。こうした具体例を通じて、データ分析の目的設定や解釈の仕方などを含めたデータリテラシーのイメージを掴んでいただければと思います。

5-1 リテラシー①：データを読む

★ ☆ ☆ ☆ ☆

■ データサイエンスについて学ぶ方法

NECのデータサイエンティストによる書籍では、実務家が身につけるべきデータリテラシーが6つ提唱されています[88]。

① データを読む力
② データを説明する力
③ データを扱う力
④ データを分類する力
⑤ データから法則を見つける力
⑥ データから予測する力

筆者は、これらはさらに大きく2種類に分類できると捉えていて、①と②は本書で「データ分析のデザイン力」と呼んできたものの一部に該当します。ビジネス課題を設定し、必要な情報を集め、そこからポイントを読み取れる力と、関係者に分析方針（どんな分析で何に関する示唆を得たいか）や分析結果を説明できる力です。③から⑥は実際にデータを分析して、なんらかの結果を出す力です。「データのハンドリング力」というイメージです。ビッグデータを扱う近年では、これにプログラミングスキルが必須になっていると整理できます。

現実のビジネスにおいては、データ分析の目的は課題解決です。ただ分析結果を提示すればよいわけではありません。そのため、こうした複数のリテラシーを身につける必要があるのです。本書では特に①と②を含む、「データ分析のデザイン力」について解説します。

③から⑥についても学習方法を簡単に述べておきます。ビジネスパーソンであれば、実際のプロジェクトの中で、プログラミングの参考書や企業

が提供する教育資料などを読みながら、データを使って試しつつ学ぶのがよいです。なぜなら、解くべきビジネス課題が与えられ、分析用のデータもプロジェクトの中で集まってくるからです。

　一方で学生の方は、こうした分析のための準備が1人ではむずかしいので、オープン型のコンテストに参加するのがおすすめです。コンテストでは目標やデータが与えられるため、分析に集中することができるからです。

　このほか、筆者の周りのデータサイエンティストは、企業によるデータ分析系のインターンに参加するという経験もしていました。ここでもお題が与えられるため、ビジネス知識や分析デザイン力がなくても、プログラミングを学ぶことができます。

　その際に参考にするのは専門書に限らず、近年ではYouTubeでの解説もあります。実際のプロジェクトでもコンテストでも、よりスキルの高いプログラマーの書いたコードから学ぶことが成長への近道になります。

　プログラミングを使うデータのハンドリングは、実際に手を動かして身につくものなので、興味のある方はぜひこうした機会をご活用ください。

■ 現実のデータを読んでみる

　それでは、「データを読む力」について解説していきましょう。ニュースや書籍、論文などにはさまざまなデータが掲載されています。それらから**正しく情報を得るためには、基礎統計量と呼ばれる指標を把握するのが有効**です。

　最もわかりやすい例としては「**平均**」が挙げられます。これは説明するまでもないと思いますが、同時に必ず確認すべきは「**分散**」や「**標準偏差**」といったバラつきの程度です。

　次ページの図をご覧ください。

　これはある企業2社の6年間の営業利益の比較です[89]。平均値は同程度である一方、バラつきを示す標準偏差には大きな差があることがわかります。この計算式はインターネットで調べればすぐにわかるので記載しませんが、グラフを比較すると直感的にその意味を掴むことができるでしょう。

127

2つの企業の営業利益比較

営業利益	化粧品メーカー	精密機器メーカー
平均	684億円	692億円
標準偏差	358億円	215億円

営業利益の比較（単位：億円）

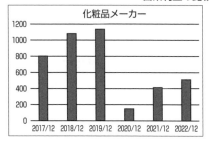
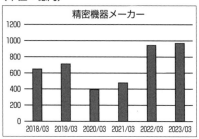

公開データを基に筆者作成

　ここからたとえば、次のような解釈をすることが可能です。

　上図の左は化粧品メーカー、右は精密機器メーカーです。ともに2020年は営業利益が下降していて、パンデミックの影響があったと考えることができます。

　一方で、その前後の動向には大きな違いが見られます。化粧品メーカーは2017年から2019年にかけて営業利益が大きく伸長していますが、2022年でも大きく回復せず、パンデミックの影響が長引いているか、もしくは別の新たな要因で苦戦していることが見て取れます。精密機器メーカーは比較的早期にパンデミックの影響を脱し、2022年以降は2019年よりも高い営業利益となっていることから、新たなチャンスを掴んだのかもしれません。

　もちろん、より具体的で正確な考察を行なうには、決算短信やそのほかの財務情報を読み込む必要がありますが、業績のバラつきにはたとえばこうした背景があり、平均を見るだけよりも深い想像をすることができるのです。

　このほか、「平均値」とともに確認すべき指標として**「中央値」**があります。有名な例ですが、日本の年収の平均値と中央値には乖離があります

（2022年の調査結果では、平均値は545万円、中央値は423万円でした）[90]。

　中央値は、大きさの順に並べた時に、真ん中に位置する値です。平均値は極端に大きな値や小さな値の影響を受けやすく、平均値と中央値が大きく乖離している場合は、分布が偏っていると想像することができます。

　このほかにも「最大値」や「最頻値」といった指標もありますが、本格的なデータ分析に入る前に、こうした基礎情報を把握しておくことは、分析手法の選択に影響する場合があり[91]、重要です。経営学系の論文でも、定量的な分析を使う場合がありますが、基礎統計量を整理した表が掲載されていて、アンケート調査や実験結果でも、そこからデータの概要を把握することができます。

　ビジネスの現場でも同様です。「基礎データ観察」などと言いますが、まずは関係者でデータの特徴を理解します。その際にここで挙げたような各種指標を計算する場合もあれば、プロットや棒グラフ、折れ線グラフなどで関係や傾向をざっと把握する場合もあります。

　レベル感の目安としては、ビジネスデータを読むのであれば、統計検定で3級、高校数学の知識を習得すれば基本的には問題ありません。しかし、データサイエンティストと一緒に分析を行なうなど、データを使った説明も担うのであれば、同2級、大学の一般教養レベルの知識は持っておいたほうがよいでしょう。もちろん、データサイエンティストの中でもデータのハンドリングを担ったり、データ分析を主導したりする職種であれば、より上位のレベルが必要です。

5-2 データの ビジュアライゼーション

★☆☆☆☆

■ データビジュアライゼーションの魔力

データの整理や分析をわかりやすく見せるために、**ビジュアライゼーション**は大変有効です。SCM部門内ですら全員がデータリテラシーを備えているわけではないので、**直感的に理解してもらうことが重要**なのです。

一方で、ビジュアライゼーションは細かい点に留意しないと、解釈をミスリードしてしまうこともあり、それは分析者の責任として配慮すべきものです。逆に自分の主張を通したいために、見せ方で工夫できてしまうこともあるのですが、これはデータ分析に対する適切な向き合い方ではありません。データはあくまでも客観的に解釈し、自身の主張とは分けて伝えるという倫理観も求められると言えるでしょう。

■ ミスリードしない見せ方

次ページのグラフは何が問題でしょうか?

次ページ上の図左の棒グラフは縦軸のスケールに問題があります。これにより差があるようにもないようにも見せることができます。ここでは化粧品におけるメイクカテゴリとボディカテゴリの架空の新製品の予測誤差率を示していますが、差があるように見えていても、よく見ると3%程度です。これが実務上、大きな意味を持つかは業界や場面によっても異なりますが、**相手に正確に読みとってもらうことが議論や意思決定の土台に**なります。

次ページ上の図右の円グラフは立体感が無意味です。スキンケアカテゴリ新製品の架空の誤差率を整理したものですが、立体的に表現したことで大小関係を見にくくしています。これはどの程度の誤差率のものがどれくらいあるのかを共有するという目的なので、平面的な円グラフでもよいですが、ヒストグラムでの可視化も有効になります。

グラフによるミスリード

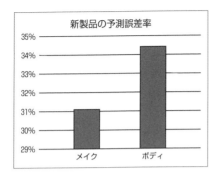
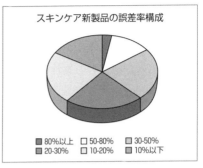

＊筆者の経験を基にした架空の新製品誤差率をグラフ化

また、次の図のように前提を明記しない場合も解釈をミスリードします。

前提がわからない調査結果

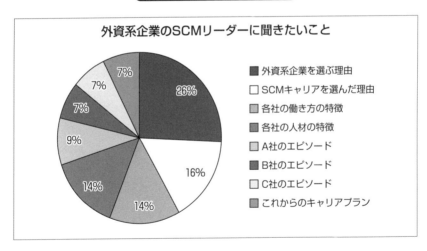

　上の円グラフは「複数の外資系企業でSCMのリーダーを担ってきた方に聞きたいこと」というアンケート調査の結果なのですが、各社のエピソードやその方の今後のキャリアプランなどよりも、なぜ外資系企業を選んだかや、SCMキャリアへ進んだ理由への関心が高くなっています。

勘の鋭い方はお察しかと思いますが、これは大学生を対象にしたアンケートでした。そのため、この結果をビジネスパーソンの関心だと認識すると、実態と合っていない情報になってしまいます。こうした調査結果は、回答者の属性や人数、調査時期、聞き方なども公開する必要があります。
　調査結果が回答者の属性によって偏ることはよくあり、それを踏まえて解釈しないと、それに基づく意思決定がミスリードされてしまうのです。情報量は多すぎても見づらくなってしまうのですが、必要な前提条件は相手にストレスなく見られるようにしなければなりません。

■ グラフの選び方

　次の図は化粧品メーカーの売上高を示しています[92]。

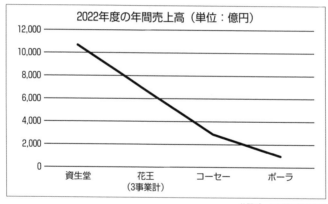

公開データを基に筆者作成

　特にビジネスパーソンの方は見づらいと感じるのではないでしょうか。なぜかと言うと、多くの方が折れ線には時間的な推移が表れると思っているからです。しかし、このグラフの折れ線は時間的推移を表していません。

　人はアクセスしやすい情報を使いがちだという**「利用可能性ヒューリスティクス」**を紹介しましたが、考え方についても同様です。折れ線グラフ

を見れば時間的な推移、円グラフであればなんらかの構成を表現していると瞬時に想定するはずです。それは、過去にそうしたグラフを大量に見てきているからです。ヒューリスティクスは認知的なリソースを節約できるので、作業を効率化できる一方、視野を狭める懸念もあることに留意すべきです。また、コミュニケーションの際には相手のヒューリスティクスを考慮することが、正確な情報共有のためには必要になります。

ハーバード・ビジネス・レビューのシニアエディターであるScott Berinatoによって目的に応じたグラフの選び方が整理されています[93]。次の図は、SCMのデータ分析でよく使うものを筆者が抜粋したものです。

グラフの目的は大きく次の4つで整理されています。

- 複数のデータを比較する
- データの分布を可視化する
- データ内の構成を整理する
- 複数のデータの関係性を可視化する

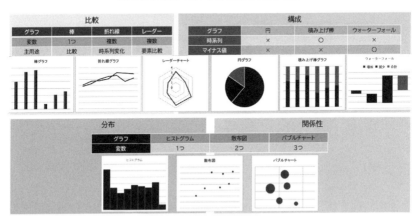

5-3 目的別のビジュアライゼーション例
★★★☆

■ 比較のためのグラフ

複数のデータを比較する際には、縦棒グラフがよく使われます。たとえば、化粧品メーカーの売上高の比較といった場合です[94]（下図）。また、時系列での比較には折れ線グラフが見慣れているでしょう。ただ、対象となる時系列が1つであれば、縦棒グラフでの表現も使われます。

ちなみに、次の図の右のグラフでは1つの企業における売上高と営業利益という2つの対象を同じ折れ線グラフで描いていますが、規模が大きく異なるため、左右に軸を分けています。こうした場合、軸の明記も必須となります。軸の見方はややむずかしくなるのですが、これによって規模感の異なる2つの対象の動向の違いも把握することができます。

横並びの比較と時系列での比較

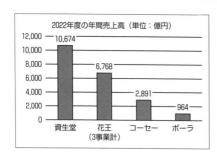
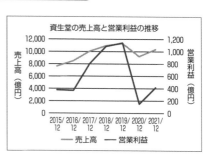

公開データを基に筆者作成

上図の例では、2019年にかけて売上高とともに営業利益も急伸長しましたが、2020年に落ち込んだ後、売上高は回復したものの、営業利益は以前の水準までもどっていないことがわかります。そうであるならば、営業利益を回復できない別の原因があるのではないかなどと、分析を進めること

ができるのです。次節で整理しますが、ビジュアライゼーションの1つの役割は、こうした考察を支援することと言えます。

筆者は、比較には次の2種類があると捉えています。

① 横並びの比較
② 時間的な比較

データ分析では、これらを組み合わせることが有効です。横並びの比較とは、企業間やブランド間、地域間などの同時点、同期間におけるものです。時間的な比較とは、1企業など1つの対象について過去と比べるものです。

分布や関係性を可視化するグラフ

データの分布は、ヒストグラムや散布図で可視化するのが有効です。

たとえば5－1で例に挙げた年収など、1つの対象を扱うのであればヒストグラムが見やすく、売上高と営業利益など、2つの対象を扱うのであれば、散布図を使う場合が多いです。

次の散布図は、資生堂の年ごとの売上高と総資産回転率をプロットした

関係性を把握する

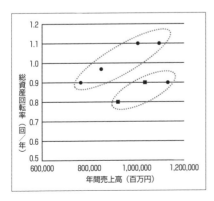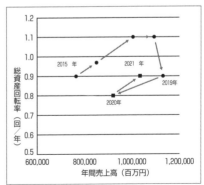

資生堂の財務データから筆者作成

ものです。左の点線で囲っているプロットからは、次のことを読み取れます。

- 基本的には売上規模が大きくなるほど総資産回転率（経営の効率）は上がる
- 2015年から2021年の間では大きく2つのフェーズがあることがわかる

　これは相関係数の算出だけではわかりません。

　総資産には工場などの大きな固定資産も含まれるため、総資産に対する売上の規模である総資産回転率は、売上が高くなるほど上がります。重要なのは、それが1企業の中でも2つのレベル感に分かれていることです。

　前ページ図の右のグラフは年ごとの推移を矢印で追加したものですが、売上高がこの期間で最高を記録した2019年に総資産回転率が悪化していることがわかります。売上規模の増加に合わせて、工場や在庫拠点などを増やしたのかもしれませんし、販売目標ほどは売れず、最終製品や原材料の在庫が増えすぎてしまったのかもしれません。本書の射程からはずれるため、ここではこれ以上の分析はしませんが、「棚卸資産」や「固定資産」といった数字や、決算短信、ニュースリリースなどを読むことで、実際には考察を進めていきます。

　また、2020年はCOVID-19の影響などで売上高が落ち込んだと考えられ、総資産回転率も下降しています。しかし、2021年は1－3で紹介したような需要予測、SCMの取り組みが奏功したこともあり、総資産回転率は2019年レベルまで改善したと想像することもできるでしょう。

　これらは公開情報だけからの考察であり、あくまでも仮説ですが、**グラフによるビジュアライゼーションを使うことで、考えをわかりやすく伝えることができる**のです。

　このように散布図は、2つの対象の関係性を把握することができます。さらに対象を増やすのであれば、プロットの面積にも意味を持たせるバブルチャートなどが使われますが、**1つのグラフに多くの情報を入れすぎると見づらくなるというデメリットがあることにも注意が必要**です。

■ 構成を理解するためのグラフ

つづいてはAmazonの財務データをグラフ化してみましょう。

次の図の左の円グラフは、Amazonの2022年度のセグメント別のNet Sales（純売上高）の構成を示したもの[95]です。

構成を理解する

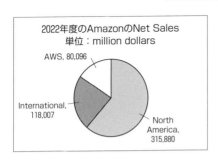

Amazonの財務データから筆者作成

円グラフはこのように、一時点の内訳を可視化するのに適しています。たとえばこの時系列での推移などを整理したい場合は、積み上げの棒グラフが使われます。

売上高であれば、基本的にはどんなセグメンテーションでもプラスの値なので、こうした表現が可能です。一方で、利益系の指標の場合、セグメントによってはマイナスになる場合があります。これは円グラフや積み上げ棒グラフでは表現しづらいものです。

そこで使われるのが上図の右のような**ウォーターフォールグラフ**です。これは同年度のAmazonのセグメント別のOperating Profit、つまりは営業利益を表したものです。**ウォーターフォールグラフは、どの構成要素がどの程度、全体に貢献しているかを理解するのに有効です。**

ここで示したグラフ以外にも、レーダーチャートや積み上げ面グラフ、横棒グラフといったさまざまな種類があり、ビジネスの場面やデータの種類、数などによって使い分けられます。実際には実務の中で使いやすいも

のを考え、自分なりのフレームワークを整理できるとよいでしょう。

　また、本節では簡単な考察も示しましたが、それには業界や企業、マーケティングやSCMといったドメイン知識が必須になることを感じていただけたと思います。データ分析はあくまでも、具体的なビジネス課題を解くためのツールであり、ビジュアライゼーションは分析を効率化するための方法と位置づけることができます。つづいては、ビジュアライゼーションの用途について、SCMの具体例を説明します。

5-4 リテラシー②:データで語る

★★★★☆

■ ビジュアライゼーションが役立つ4つの場面

5-2でも紹介したScott Berinatoは、データビジュアライゼーションの用途を2軸で整理しています。

宣言型 ⇔ 探究型

概念的 ⇔ データ主導

宣言型というのはプレゼンテーションのイメージで、何かを報告したり、提案したりするものです。一方の探求型というのは、分析やブレインストーミングのためのもので、考えや議論を深めるために使うビジュアライゼーションです。

横軸の概念的というのが、頭にある考えを絵的に表現するようなもので、データ主導とは名称通り、数値・調査データなどを可視化するものになります。5-2や3で示してきた例はデータ主導に該当するものでしたが、

サプライチェーンデータのビジュアライゼーション

宣言型

アイデアの説明
- SCM戦略の説明
- 在庫方針の説明
- アロケーション方針の説明
⇒戦略の理解浸透

日々のデータビズ
- 需要予測の説明
- 在庫計画の説明
- 生産計画の説明
⇒定例オペレーションの効率化

概念的 ← → データ主導

アイデアの創出
- 需給リスクヘッジ策の検討
- S&OPにおける意思決定
- 新しい予測モデルの開発
⇒知の融合によるイノベーション

視覚的発見
- 新商品需要予測の議論
- 予測精度の分析
- 過剰在庫の要因分析
⇒課題解決への示唆

探究型

これらの軸にSCMの実務におけるデータ活用例をプロットした前ページの図は概念的のほうに含まれます。左上から時計回りに見ていきましょう。

【宣言型×概念的】

これはアイデアをわかりやすく伝えるという目的のビジュアライゼーションであり、SCM部長が部員に戦略を説明したり、S&OPマネージャーが事業本部長に在庫方針を提案したりする場合に使われます。企画系の担当者や各グループのマネージャー、プロジェクト提案者などもよく利用するでしょう。もちろん、根拠として数値データを使う場合も多いですが、基本的には説明するアイデアは新しいものであり、具体的な内容はどんなものか、なぜそのアイデアがよいと思うのか、といったことを絵的に相手に伝えます。

つまり、このタイプのビジュアライゼーションであれば、**明確かつ簡潔にアイデアの構造整理を心がけることが重要**になります。本書では図を多用していますが、5章以外の図のほとんどがこれに該当します。

【宣言型×データドリブン】

データ分析結果の説明がこれに該当します。"日々のデータビズ"と表現している書籍もあり、データ分析を担うデータサイエンティストやデマンドプランナー、アナリストなどは日常的に使うビジュアライゼーションです。

筆者が5-1〜3で示してきたグラフが具体例で、企業の売上や利益の状況、企業間や時系列での比較、SCM目線での資産効率運用の解釈などを効率的に説明することができます。

需要予測や在庫計画などは基本的に数値で表現されます。調達や生産といった業務では1つ1つの数値が使われますが、ブランド別の需要予測の変化や精度、拠点別の在庫状況などは、折れ線グラフや棒グラフなどで表現した方が効率的になります。

日々のデータビズにおいては、5-2で説明したような、目的に応じて適切なグラフを選べるスキルが重要です。**グラフを説明する必要はなく、**

見るだけで内容が伝わり、それを踏まえた議論にスムーズに移行できるのが理想です。

【探究型×データドリブン】

　宣言型と探究型の大きな違いが、後者は提示対象に自分が含まれるということです。議論できる仲間がいる場合もありますが、提案者と承認者といった立ち位置の違いはなく、同じサイドで一緒に考えるためのビジュアライゼーションです。

　探究型の中でもデータドリブンのものの代表例としては、SCMの文脈では数字の背景の要因分析が挙げられます。需要予測の誤差や在庫の増減、サービス率などは数値で表されますが、これらのグラフ化はその要因を分析し、KPIの達成を目指したアクションにつなげることが重要なものです。

　この分析を的確に行なうためには、さまざまな角度からビジュアライゼーションを行なうことが有効になります。予測精度であれば、ブランドや地域、販売チャネルなどで切ることによって、悪化の主要因を特定できるかもしれません。在庫もカテゴリや物流拠点別でグラフ化することで、対処方法が変わることが想定できます。

　課題を特定し、その解決策を得るためのビジュアライゼーションと言えるでしょう。そのため、ここでは**見やすさ（デザイン）よりもスピードが優先される傾向があります**。プロトタイプのグラフを見ながら、試行錯誤の中でまたグラフを変えていくといったことも行なわれます。

　また、ここはデータサイエンティストが活躍しやすい領域でもあります。企業ごとに独自のデータで工夫が進んでいて[96]、次のようにそれぞれの事業に活かされています。

- 協調フィルタリングを使いさまざまなサービスのデータを紐づけて、レコメンドを出すためのAmazonの購買グラフ
- 1日10億人以上の検索データを基に商品をレコメンドするためのGoogleのショッピンググラフ
- 人間関係のつながりを可視化するフェイスブック（現メタ）のデジタル

ソーシャルグラフ

【探索型×概念的】

　これはホワイトボードでのブレインストーミングに近いイメージです。参加者がアイデアを共有し、議論のかぶりや抜け漏れを防ぐためにもビジュアライゼーションが有効になります。ビジュアライゼーションは必ずしもパソコン上でなくても構わないものですが、近年ではオンラインでも画面上に自由に描けるツールがあるので、後での保管や共有、更新を考えると、電子媒体のほうがよいと考えられます。

　前掲図右上の"日々のデータビズ"はBIなどで定型化し、ビジュアライゼーションを効率化するとよい一方、ここで説明した【探究型×概念的】に当たる同図左下の"アイデアの創出"は定型化がむずかしく、暗黙知を引き出して知の融合を図るものと言えるでしょう。

■ データ分析でビジネス価値を生む2つのポイント

　大阪ガスでデータ分析を主導し、滋賀大学でデータサイエンス学部を立ち上げた河本教授は、データ分析から得られる示唆とビジネス価値の創出の間にはギャップがあり、それを埋めるのは意思決定支援であるという主張をされています[97]。

　本書でも需要予測は後工程の意思決定の質とスピードを高めるために使うべきだと述べてきましたが、需要予測とデータ分析はこの意味で似ていると言えるでしょう。

　データ分析を意思決定に活用するポイントは次の2点だと述べられています。

① 　データ分析の問題を定義する
② 　結果の解釈性を重視する

　たとえば需要予測では、「予測精度を高める」ことを目的に分析が行なわれることがあります。需要予測にAIを使おうとする取り組みも多くは

これに該当します。しかしこれではPoC（概念実証）から先には進めません。PoCによって経営的な価値を試算できないからです。

　問題の定義は企業や状況によって異なりますが、よりスコープ（範囲）を具体化する必要があり、「新製品の過剰在庫が問題になっていて、これを改善するために生産計画立案時点における、発売から1ヵ月間の出荷計画の誤差率を30％未満にする」といった問題定義が必要なのです。この30％というのは、過去の誤差率や生産のリードタイム、商材のライフサイクルなど、ビジネスの文脈を踏まえて論理的に設定するものです。

　こうして**具体的に問題を定義する**ことで、データ分析の結果を踏まえた**意思決定ができる**ようになります。

　また、特に機械学習などのAIを使ったデータ分析では、予測や分類の根拠が基本的にはブラックボックスになります。予測精度がほぼ100％などであれば、根拠はあまり気にならないかもしれませんが、データが十分に集まりにくいビジネスでは、多くの場合で誤差が発生します。

　需要予測では高度な分析技術を駆使しても、平均的に20〜30％程度の誤差が発生します。この場合、予測根拠の解釈性が重要になるのです。たとえば、AIに学習させたデータや、アルゴリズムの特徴、過去の予測精度などを鑑み、予測がどちらの方向にどれくらいはずれる可能性が高いかを考え、在庫計画でリスクヘッジすることができます。また、4−8で述べた通り、因果関係がわかれば予測誤差の要因を考えられ、目標達成に向けた的確なアクションの意思決定ができる可能性が高くなります。

　データ分析はビジネス課題を解決することが目的であり、それは意思決定を支援することでもあります。さまざまな分析手法を使えるスキルも重要ですが、データを適切に読み、分析結果をわかりやすく説明できるリテラシーも同様に身につけるべきと言えます。

5-5 時系列モデルによる オペレーション効率化

★ ★ ★ ☆ ☆

■ ロジックの明快さと予測根拠は別物

　ここからはデータハンドリング力の具体例として、3つの需要予測モデルの特徴と実務における使い方を解説していきます。これが5－1で挙げたデータリテラシー⑥「データから予測する力」に該当します。データから未来を予測するには、データの中に法則を見つける必要がありますし（リテラシー⑤）、その前に4－4で説明したようなセグメンテーション（分類）が必要になります（リテラシー④）。また、データを適切に扱えてこそ（リテラシー③）、こうした分類、法則の発見、予測ができるので、「予測する力」を説明することでこれらを全体的に掴んでいただければと思います。

　まずは多くの企業で採用されている時系列モデルです。商品ごとの過去の需要データから予測をするもので、実務においては、次のようなメリットがあります。

・データ収集、整備の負荷が比較的小さい
・ロジックの理解が比較的容易

　扱っている商品の種類が多い企業ほど、こうした予測モデルを使った業務効率化のメリットは大きいと言えます。
　しかし、ロジックのわかりやすさと予測根拠の明確さは別です。

　さまざまな時系列モデルのベースになっているのが、以下の式で表される指数平滑法（Exponential Smoothing）[98]です。

$$\hat{y}_t = \alpha y_{t-1} + \alpha (1-\alpha) y_{t-2} + \alpha (1-\alpha)^2 y_{t-3} + \cdots \quad \text{(式5-5-1)}$$

$$\hat{y}_t：時点 t の予測値 \quad y_t：時点 t の実績 \quad \alpha：重み係数$$

このαは0から1の間の数字であり、直近までの実績に重みをつけて足したものを予測値とするロジックです。ちなみにこれらの重みづけを同一にしたものが**単純移動平均（Simple Moving Average）**です。

この式はよく見るものだと思いますが、実は変形後のものです。指数平滑法を理解するには、次の変形前の式を理解するのがよいでしょう。

$$\hat{y}_t = \hat{y}_{t-1} + \alpha\,(y_{t-1} - \hat{y}_{t-1})$$

時点 t の予測値 $\hat{y}_t$ に対し、実績 y_t が確定して、誤差 $(y_t - \hat{y}_t)$ を若干（α）考慮して次の予測値を更新する、という考え方を式にしたものなのです。

これを変形していくと、次の式5-5-2を経由して、式5-5-1になります。

$$\hat{y}_t = \alpha\,y_{t-1} + (1 - \alpha)\,\hat{y}_{t-1} \quad \textbf{（式5-5-2）}$$

大抵の場合、思ったよりも売れていれば未来の予測を高くしようと思うはずであり、指数平滑法はこの思考をアルゴリズム化したものと解釈できるでしょう。本書はできるだけ数式は使わず、直感的な理解を目指していますが、指数平滑法は需要予測ロジックのベースとなってきた重要なものなので、実務家でも本書レベルでは理解されるとよいと思います。

さて、この指数平滑法は、ディープラーニングなどに使われるニューラルネットワークなどと比較するとかなりシンプルなロジックです。しかし、予測の根拠は可視化されません。

指数平滑法を使う予測モデルでは、次の検討ポイントがあります。

① **どこまで過去を遡って初期値とするか**
② **重みづけ係数αはいくつにするか**

これは基本的には過去の需要を精度高く説明できる値を、分析から設定します。つまり、あくまでも**ある初期値とαで過去を精度高く説明できた**

から、未来もその前提で予測するという考え方であり、どんな要素が需要に影響しているかは全くわかりません。外部環境や自社のマーケティングアクションが過去と同じであれば、この考え方でも問題ないと思いますが、多くの業界、企業において、そうではない商品があるでしょう。

　もちろん、実際にはこうした時系列モデルが有効活用できる商品もあり、実務での使いやすさと根拠の透明性のバランスを考慮して、予測モデルを選択できる力が重要になります。

■ 時系列モデルのバリエーション

　需要予測の実務でよく使われている時系列モデルには大きく以下の2系統があります。

- Decomposition系
- ARMA系（Box-Jenkins[99]系）

　このほか、海外の論文などでは**計量経済モデル（Econometrics）**、**状態空間（State Space）モデル**[100]などが挙げられますが、たとえば計量経済モデルはマクロ予測に近いツーリズム業界など、特定の業界に限られた使われ方になっています。

　Decomposition系モデルは需要を要素に分解するロジックで、中でも指数平滑法を組み合わせるものでは**Brownモデル**や**Holt-Wintersモデル**[101]などが有名です。これらは需要を次の3要素（またはこれに循環性を加えた4つ）に分解して、それぞれを指数平滑法で表現し、組み合わせます。

- 水準
- トレンド
- 季節性

　たとえば、Holt-Wintersモデルの季節性は以下の式で表現されます。

$$F_t = \alpha \frac{y_t}{\tilde{y}_t} + (1 - \alpha) F_{t-L}$$

ここでF_tは時点tにおける季節指数を表していて、Lは季節性の周期です。日次の需要予測であればLは7日間、月次の単位であれば12ヵ月間などがよく使われます。また、$\tilde{y}_t$は$\hat{y}_t$ではなく、実績から季節性を除去したもの[102]です。

つまりこの式は、周期L前の季節指数と直近の季節指数の重みづけ平均を表しているわけです。このαと$(1 - \alpha)$を使った式は指数平滑法の説明で紹介した式5-5-2と同じ形ですね。水準やトレンドも同様に表現され、それらを以下のような式で組み合わせます。

$$\hat{y}_{t,T} = (y_t + TR_t) F_{t-L+T}$$

Tは予測の対象期間であり、時点tから期間Tの間の需要を表現する式です。R_tは季節指数同様に指数平滑法で算出する時点tにおけるトレンド指数です。F_{t-L+T}は周期Lだけ過去、つまり季節指数が最も近いと考えられる時期の季節指数を使っていると解釈できます。

ちなみにこのHolt-Wintersのモデルの季節指数は掛け算で表されていますが(Multiplicative)、足し算で表すモデル(Additive)もあります。Wintersは、季節性が需要の規模に連動するのであれば掛け算のほうが適切であり、実際、そのような対象のほうが多いと述べています。

数式が出てきたので少しややこしくなりましたが、需要予測の実務家にとって重要なのは、モデル式から次のことを理解することです。

・どんな要素でモデルが作られているか
・各要素の関係性はどう表現されているか

これらの式を覚えたり、細部について議論したりすることは、実務ではあまり意味がありません。

もう一方のARMAモデルは、自己回帰(Auto-Regressive)と誤差の移

動平均（Moving-Average）をそれぞれ指数平滑法で表現して足し合わせます。

$$ARモデル : \hat{y}_t = \phi_1 y_{t-1} + \phi_2 y_{t-2} + \cdots + \phi_{t-p} y_p + a_t$$
$$MAモデル : \hat{y}_t = a_t - \theta_1 a_{t-1} - \theta_2 a_{t-2} - \cdots - \theta_{t-p} a_p$$

ϕ_tやθ_tは回帰係数です。ARモデルは過去の実績を説明変数とするロジックです。

ARMAモデルが指数平滑法よりも工夫されているのは、ランダムな（平均が0）ノイズともいう誤差a_tが発生する前提でモデルが表現されている点です。MAモデルがあえて引き算の式で書かれる場合が多いのは、主に誤差を表現するモデルだからだと解釈しています。

これらを組み合わせたARMAモデルで、需要そのものではなく、その変化（階差）を表現したのがARIMA（AR-Integrated-MA）モデルです[103]。ARMAモデルは"定常"と呼ばれる安定的な状態を予測するものであり、需要の水準変化（トレンド）やトレンド自体が変化するフェーズでは有効になりにくいという特徴があります。そこで、水準の変化（1次の階差）やトレンドの変化（2次の階差）を予測対象とするなど、"定常"と考えることができる対象を被説明変数としてモデル化することで、最終的に需要を予測するのがARIMAモデルです[104]。

$$ARIMAモデル : \Delta y_t = y_t - y_{t-1} = ARMA\ model$$

また、季節成分を同様にARIMAモデルで表現し、組み合わせたものがSeasonal-ARIMA（SARIMA）モデルです。

以上から、時系列モデルは水準やトレンド、季節性のそれぞれを、指数平滑法や、それを応用した自己回帰と誤差の移動平均で表現し、組み合わせているものが主流と言えます。

これに施策などの原因要素Xを組み合わせたものが、SARIMAXモデル[105]やProphetモデル[106]などとして、Pythonなどで実装されています。

$$Prophetモデル : \hat{y}_t = g(t) + s(t) + h(t) + \in_t$$

148

$g(t)$ は時系列 t におけるトレンド、$s(t)$ が季節性を表現する関数です。$\in_t$ はランダムな誤差を表現するものです。

特徴的なのはこれに $h(t)$ という holiday（休日）を表す関数が加えられていることです。フェイスブック（現メタ）の Taylor らによると、世界各国で休日に人の行動に大きく影響するイベントがある場合が多く、それは1ヵ月ごとや1年ごとではなく、特定の月や曜日に行なわれ、周期性では捉えづらいものです。そこで、**予測者がカレンダーに沿ってイベント情報をインプットすることで時系列を作成し、それを変数とするというモデル**が Prophet です。$h(t)$ は実務家にとって解釈が容易であり、また環境変化などに合わせて新たな変数を加えることもしやすくなっています。

■ 時系列モデルの有効活用

各モデルのより詳細な定義式はそれぞれ参考文献に挙げた原著を確認いただくとして、ここでは実務でより重要な使い方のポイントを整理します。

こうした時系列モデルを有効活用するには、次の2つが必要です。

・**高精度になるセグメントの特定**
・**過去データの継続的なメンテナンス**

過去データが数年分以上などと十分にあり、かつ水準やトレンド、季節性が大きく変化しない商品を見極める必要があります。これは実績を見て判断するというより、5-8で解説する複数の予測精度メトリクスを使って、時系列モデルの有効性検証で明らかにする場合が多いです。

参考として1つのシミュレーション結果[107]を紹介すると、需要予測に使用する過去実績の期間が予測精度に影響する程度は次ページの図の通りです。

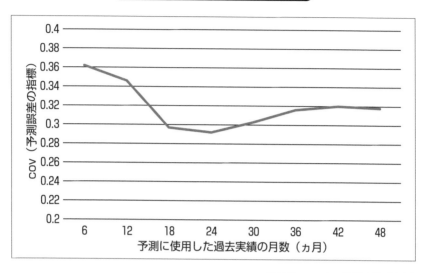

N. T. Thomopoulos（2015）を基に筆者作成

　縦軸の定義は巻末の注釈を参照いただくとして、この指標は予測誤差の程度を表すもので、値が大きいほど精度が低いという意味になります。もちろん業界や商材によって異なるものの、ここからは、過去実績は2年程度以上あればよいと読み取ることができます。

　加えて、業界によっては、3年以上などとやや古いデータまで使うと、当時とは市場環境やトレンドが変化し、少し精度が悪化する傾向があるとも読み取れるかもしれません。

　また、たとえば一時的かつ不定期の販売促進や欠品などによって異常値になった場合などは、適切な補正が必要です。既製のプランニングパッケージを使う場合でも、基本的には数値の背景を知る担当者が補正をします。過去実績の標準偏差を用いて、異常値を知らせるアラート機能が実装されている場合もありますが、それが本当に異常値であるかは数値の背景を理解していないと判断ができません。また、異常値だったとしても、周期的にくり返すイベントに起因するものでれば、補正しないほうがよいかもしれません。

これを属人的な判断にしないよう、組織としてガイドラインを決めるこ
とが有効ですし、できるだけシステム化して、パフォーマンスレベルを維
持できるように工夫することも重要です。ちなみに、このような異常値は
outlierと呼ばれますが、それを取り除くことで予測誤差が約半分になるこ
とがシミュレーションによって示されています[108]。

　アルゴリズムの選択や、初期値や重みづけといったパラメータの調整も
重要でないとは言いませんが、それはプログラムを使ったデータ分析であ
る程度、自動化できます。

　一方で、有効セグメントの見極めと過去データの適切な補正の自動化が
むずかしく、需要予測担当者のスキル育成と組織としての知見の蓄積が重
要になると言えるでしょう。

5-6 因果モデルによる シナリオ分析

★ ☆ ☆ ☆ ☆

■ SCMのシナリオ分析

前節で解説した時系列モデルは、基本的には過去の需要パターンを分解してそれを延長するものでした。つまり、大きな環境変化があると有効になりにくいモデルです。半年以上先の気象や為替レート、地政学的なリスク、自然災害などは未来を予測することがむずかしく、またビジネス環境を大きく変える可能性があるものです。こうした不確実性に対してはシナリオ分析が有効になります。

シナリオ分析とは具体的に、事業に影響するリスクの想定および発生確率と影響度の評価、対応アクションの検討を指します。たとえば、ある国で自然災害があった場合、自社の拠点がある場合はもちろんですが、次のような事態の発生が想定されます。

- その国にあるサプライヤーの工場の稼働停止
- 物流の停滞
- 販売店の営業停止
- 消費者、ユーザーの需要の変化

起こりうるイベントの種類や場所、程度などによってサプライチェーン、ひいては事業への影響は異なると言えます。これを整理して事前に対策を検討、実施しておくのがシナリオ分析です。

オックスフォード大学のプログラムディレクターであるAngela Wilkinsonらは、古くからシナリオ分析（シナリオプランニング）を有効活用しているロイヤル・ダッチ・シェルへのインタビューから、シナリオ分析の目的を次の通りに整理しています[109]（筆者の解釈含む）。

- 未来予測を目的とせず、「別の未来」の可能性を示す
- 環境変化に気づく組織ケイパビリティを高める
- 組織が環境変化を解釈して対応できるケイパビリティを高める
- さまざまなステークホルダーの思考の幅を広げ、アクションを支援する
- 組織のナレッジマネジメントを促す

　環境変化の解釈とは、筆者が述べた、事業に影響するリスクの発生確率と影響度の評価に該当すると考えています。サプライチェーンへの影響度の試算には需要予測が必要になる場合があります。中長期の気象や為替レート、競合のマーケティングなどの外部環境要素に加え、自社のマーケティング計画や営業活動といった内部要素にも不確実性があるはずです。

　4-7でも簡単に触れましたが、これらの条件を変えて幅を持たせた需要予測はRange-forecastと呼ばれます[110]。これによって販売機会の損失リスクや、過剰在庫による廃棄リスクなどを定量的に評価することができます。それに対し、SCMで次のようなリスクヘッジ策を主導することで、売上や利益の最大化を目指すことが可能になるのです。

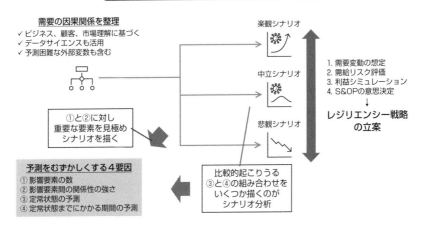

山口雄大『需要予測の戦略的活用』（日本評論社）を基に筆者作成

- 予備の原材料・部品を確保する
- 緊急増産に備えて生産キャパシティを確認しておく
- 過剰在庫が発生した場合の転用策を検討しておく

シナリオの納得感にはストーリーと数字の組み合わせが重要であり、サプライチェーンのシナリオ分析のためにはRange-forecastが有効です。このためには需要の因果関係を整理した因果モデルの整備が必要になります。

各シナリオにおける需要予測と在庫・生産計画から、欠品や過剰在庫といった需給リスクを想定することができます。ここで売上や、特に利益を考慮し、組織として意思決定していくしくみがS&OPです。

このようなプロアクティブな意思決定は、不確実性の高い要素に対して、ビジネスのレジリエンスを高める戦略の立案に貢献できます。

■ 因果関係を定量評価する回帰分析

機械学習モデルの活用が広がる中、因果関係をモデル化するアルゴリズムは複数ありますが、本書では時系列モデルにおける指数平滑法同様、最も一般的で基礎となる**回帰分析**を中心に解説します。

ちなみに、回帰分析も機械学習も、因果関係を可視化することはできません。**原因と結果という関係性は人が定義し、それらの要素間の相関関係を定量的に評価する方法である**というのが正しい認識です。

因果モデルでは、原因要素の数値を変化させると、アウトプットの結果も変化します。ただし、これが真の因果関係にあるかは、時間的な順序や論理性などを考えて、人が判断すべきものなのです[111]。

さて、原因と結果だと考えられる2つの要素間の関係性、つまり原因要素を変化させるとどれくらい結果が変わるのかを推定する代表的な方法が回帰分析です。たとえば、ある企業の売上高と総資産を見てみましょう。

因果関係の仮説としては、シンプルに「売上規模が大きくなるほど、事業運営に必要な在庫や設備（総資産）は増加する」と考えるとします。

このとき、売上規模の拡大に伴ってどれくらい総資産は増えるのかを推

回帰分析の考え方と使い方

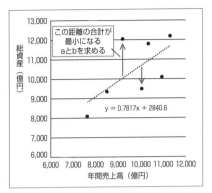
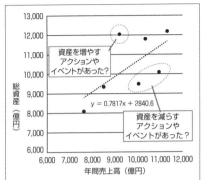

公開データを基に筆者作成

定するのが回帰分析です。この例のように1つの変数による分析は特に単回帰、複数の変数を扱う場合は重回帰と呼ばれます。

回帰分析ではグラフ中の点線（回帰直線と呼びます）のような線形の関係性を想定します。

式は以下の形で表現されます。

$$y = ax + b$$

この点線と各プロットの距離が最小になるaとbを推定するのが単回帰分析というわけです（上図の左グラフ）。これには**最小二乗法**[112]という計算法が使われますし、エクセルでもslope関数や回帰分析コマンドなどで簡単に計算することができます。

ここでの例では、$a=0.7817$、$b=2840.6$と推定されました。

aは売上高の変化に伴って変動する総資産の程度であり、少なくともこのプロットの範囲においては、売上高が1億円増加すると、総資産は7,817万円増加するという意味になります。

ここで留意すべきは、**回帰分析は線形の関係性を前提としている**ということです。プロットが明らかに線形でない場合は、二乗項を導入する、場合分けで考えるなどの工夫が必要です。これは分析ではまずデータ観察が

必要であると述べたことと重なります。

　ビジネスでは、飲料の売上と気温、化粧品の売上とメディア宣伝の投資額など、多くの因果関係が線形とは言い難いものです。一方で、特定の気温の幅や宣伝投資額の幅の中では、線形に近似しても問題ない関係性が見られる場合もあります。

　実際に回帰分析が有効な場面は多いので、条件を見極める力が重要です。

■ 因果モデルで思考を広げる

　回帰分析によって得られた式により、売上高の見込みから総資産を予測することが可能です。

　あまりこういう予測はしませんが、例として予測モデルの活用をイメージすると、来期の売上高目標から総資産の見込みを立て、それよりも増やさないように対策を考えて、経営効率の向上を目指すといった具合です。

　一方で、このモデル式からはずれているプロットからビジネスのヒントを得ることができるかもしれません。前ページ図の右グラフの点線で囲んだプロットは、点線の直線から大きく乖離しています。直線よりも高い年は2020年なので、パンデミックによって売上が大きく下降し、在庫が過剰になった商品が多くなったのかもしれません。ほかにも、新しい工場を建てるなど、大型の設備投資を行なった可能性があります。

　逆に直線を大幅に下回ったプロットは、想定外に需要が拡大し、品薄になった商品が多くなったのかもしれませんし、物流拠点の統廃合を実施したという場合もあるでしょう。

　このように、モデル式からはずれている値には特有の背景がある場合が多く、そこにはビジネスのヒントが隠されているかもしれません。

　ここでは因果モデルの考え方と使い方を説明するために、最も基礎的と言える単回帰分析を紹介しました。因果モデルを整備することによって、不確実な要素に対してRange-forecastを行ない、サプライチェーンのシナリオ分析をすることが可能になりますし、モデル式との乖離からビジネスやマーケティングのヒントが得られるかもしれません。みなさんも自社や担当業務で有意義なモデル活用を考えてみてください。

5-7 判断的モデルによる暗黙知の活用

★ ★ ★ ★ ☆

■ 人の判断が有効な場合もある

　時系列モデルと同等かそれ以上に実務で使われているのが**判断的予測**です。ここでは判断的モデルのメリットとデメリット、さらに実務で有効活用するためのポイントについて整理しましょう。人的判断もデータであり、適切に扱うスキルが重要になるのです。

　統計学やAIを使った予測モデルで実務を行なったことがある方は想像しやすいと思いますが、**人による判断的な需要予測のメリットは、不十分な量の不完全な情報でも考慮できること**です。ビジネスでは、コンテストなどと異なり、需要予測のためのデータがきれいに大量に揃っていることはまずありません（ECに特化したビジネスモデルは別です）。

　たとえば、調査の対象や質問の仕方は変わっていきますし、入手できるPOSデータのカバー率が100％ということは滅多にありません。施策の投入量はGRP（Gross Rating Point）数や投資金額で定量評価できるかもしれませんが、質的な評価を客観的なデータとして継続的に収集、管理できている企業は多くない印象です。また、商品マスタに登録できるカテゴリが必ずしも消費者やユーザーの目線に合ったものとは言えず、従来のカテゴリ分類の隙間に位置するような新商品も次々と発売になります。

　こうした現実的な条件下でも需要予測は行なう必要があり、人による判断的な予測が有効になる場合も多いのです。しかし、4章で紹介したような認知バイアスの影響があり、かつ需要予測で有効になるのは限られた有識者の判断であることには留意が必要です。需要予測の有識者とは、次の知識・スキルを備えた人材だと筆者は考えています。

● 予測対象の業界や商材、消費者・ユーザーに関する知識を有している

157

- 統計学や機械学習などの基本的な知識を備えている
- メタ認知能力が高く、認知バイアスについて感覚的にわかっている

筆者が入山章栄教授の指導の下、経営理論を使って考案したAHPを使う予測モデルでは、予測者のセンスを定量的に評価し、選別するプロセスを提唱しています[113]。ペンシルバニア大学のTetlock教授らの調査、考察でも予測者の選抜は重視されていて、判断的モデルの有効活用の1つのポイントは人選であると言えます。

■ 古典的な判断的モデル

営業担当者からの報告を積み上げるロジックはSales Force Composite（SFC）と呼ばれます。営業担当者には担当顧客があり、日々接していることから、ニーズを把握しやすいと考えられます。また、売上予算や販売目標があり、それを考慮して商談を組み立てているため、ある程度、需要をコントロールすることもできます。特に新製品、新サービスのニーズを過去データの分析から予測することはむずかしく、多くの企業において、新商品の需要予測にはSFCが使われています。

しかし、売上予算を達成することがKPIであり、そのためには欠品は避けたいという思いから、生産や発注につながる需要予測をあえて高めに提示するという動機が働きます。これはゲームプレイングの1つとして知られている現象でした。この名称は日本ではほとんど聞きませんが、SCMの実務家は体感としてわかっていて、SFCの数値を鵜呑みにせず、その7〜8掛けなどで生産や発注を行なっている企業もあります。

エグゼクティブ・トップダウン（ET）は比較的、規模の小さな企業で使われています。企業や事業、ブランドなどのトップが目標数値を掲げ、それをマーケティングや営業で売ろうとするものです。組織のリーダーは基本的に、その業界や業務領域で活躍してきた方々であり、ETによる目標設定の精度は悪くない場合も多いと言えます。また、リーダーの掛け声は4-8で解説したセンスメイキングを醸成しやすいため、目標達成に向

けた関係者の活動をドライブする効果も期待できるでしょう。

　ただ、ETにもデメリットはあります。すべてのリーダーの予測センスがよいわけではありませんし、自身が管轄する事業を大きくしたい、開発を主導した商品には新しい価値があるに違いない、といった認知バイアス、期待も無視できません。また、リーダーが替わると予測が大きく変わってしまうといったことも実際にあり、属人性、パフォーマンスの再現性という観点ではデメリットが大きい方法です。

　こうした人的判断に基づく需要予測は現在でも多くの企業で使われているものの、統計学やAIによって、もっとデータドリブンな予測をしたいと考えている企業は多いと言えます。しかし筆者は、判断的モデルの進化の方向性が、必ずしもデータを使った自動化だけとは考えていません。

■ 判断プロセスの合理化

　判断的モデルは、次のメリット・デメリットがあると整理できます。

- 人選が適切であれば、データが不十分でも実務で使えるレベルの需要予測ができる
- 属人性が高く、パフォーマンスの再現性や継続性が低い

　そこで、人的判断をより適切に扱うためのプロセスが重要になると考えています。

　古くから知られているのが「デルファイ（Delphi）法」と呼ばれるモデルです。ある商品に関わるデマンドプランナーやマーケター、営業担当者などを集め、それぞれに需要を予測させ、同時に根拠も記載してもらいます。これを代表者が集め、1つの資料にまとめた後、全員に共有します。この時、各予測と根拠の情報は匿名になっていることが重要です。

　他者の予測と根拠を参考に、各予測者は自身の予測を更新することができます。このサイクルを何度かくり返し、予測値の幅を見定めていくのがデルファイ法です[114]。

　このモデルは、さまざまなバックグラウンドを持つ他者の考え方を参考

にできるため、認知バイアスを抑制することができます。また、このプロセスを定着させることで、メンバーの入れ替えは起こるものの、組織として知見を蓄積しやすいというメリットもあります。それでもあまり活用している企業を見かけないのは、そもそもこのモデルの認知度が低いことと、意外と実行負荷が大きいことだと筆者は考えています。

　実際、筆者も過去に新商品の需要予測でデルファイ法を何度か試したことがあります。デマンドプランナーが新商品に関する情報を収集、整理し、それをマーケターや営業担当者などに配信して、期限を決めて予測を提示してもらいました。ここで、次の問題点に気づきました。

- 新商品は情報の機密性が高く、参加できる予測者は極めて限られる（人選はほとんどできない）
- マーケターや営業担当者などはそれぞれの業務が忙しく、需要予測に多くの時間を割くことはむずかしい（独自で追加情報を入手したり、それを分析したりすることが本来は有効）
- 各参加者の予測ロジックは非常に属人的
- エクセルを使ったメールベースのやりとりになり、ミスや漏れが発生する
- くり返すサイクルはせいぜい2回が現実的であり、あまり収束しない予測値をどう参考にするかがデマンドプランナーのスキルに依存する

　機械学習モデルも同様なのですが、PoCでの精度が高かったとしても、半永久的につづく実務の中でスムーズに活用しつづけられるかの観点は極めて重要です。5 - 4で紹介した、河本教授のデータ分析の活用ポイントに付け加えるとしたら、実務での継続のしやすさへの配慮が挙げられるでしょう。

　デルファイ法のような集合知を活用するモデルであれば、次のような環境整備が必須になると考えています。

- 使用場面を、新商品の中でも戦略上、特に重要なものに限る

- システムに実装して、参加者の業務負荷をできるだけ少なくする
- 結果を参加者にフィードバックし、モチベーションを維持する

　これは複数名による需要予測のプロセスを合理化する例と言えます。これ以外に、判断的な需要予測のロジックを合理化する例を紹介します。

■ 判断ロジックの合理化

　人的判断による需要予測の属人性を低くする1つの方法として、ロジックを固定するというものがあります。需要予測の考え方を整理し、それに沿って有識者が判断を行なっていきます。ここでは海外で比較的知られている**トライアル&リピートモデル**を例に説明します[115]。

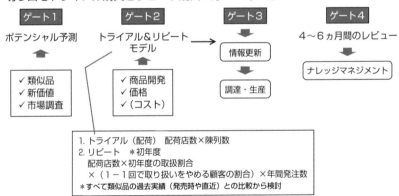

Rich Gordon（2022）を基に筆者作成

　食品サプリメント企業の分析マネージャーのGordonが、新商品の需要予測におけるトライアル&リピートモデルの活用を整理しています[116]。
　需要予測は発売前から重要であり、企画段階から発売が近づくにつれ、意匠や価格、施策などについての意思決定がされ、情報が更新されていき

ます。この各タイミングは企業によって**ゲート**などとも呼ばれますが、そこで需要予測を更新し、発売の可否について検討します。

　Gordonの整理におけるゲート2では、商品開発が始まり、想定コストや販売価格などの案が整理されます。このタイミングでトライアル＆リピートモデルの活用も始まります。このモデルでは顧客目線で、大きく次の2つのプロセスに沿って需要を予測します。

① 　発売時にどれくらい並べるか
② 　発売後どれくらいの店舗がいくつ再（リピート）発注するか

　発売時の展開、つまりトライアル分は配荷店数と1店あたりの平均陳列数に分解して予測します。発売後のリピート分はまず、配荷店数に、そのうちで初年度から展開する割合（消費財や食品ではほぼ100％の場合が多い）、さらにトライアル分が売れた後に補充発注する割合を掛けて継続的に取り扱う店舗数を試算します。それに初年度における1店あたりの平均発注数を掛け、リピート分を算出します。これらを足し合わせて、発売からの特定期間の出荷を予測するのがトライアル＆リピートモデルの考え方です。

　各要素は人が想定しますが、このときに参考にするのが過去に発売された商品の実績です。各商品発売時の背景（外部環境やマーケティング計画など）を思い出し、条件が類似するものを重視して、判断を行なうのです。

　つまり**トライアル＆リピートモデルの精度は、その考え方ではなく、各要素における人的判断が大きく影響する**と言えます。これはトライアル＆リピートモデルに限りませんが、新商品の需要予測では、次の3つが重要になると筆者は整理しています。

• **参考にする情報の整理**
• **過去の情報を、背景を含めて適切に解釈できるスキル**
• **過去と未来の条件の差を分析できるスキル**

ここで紹介したトライアル＆リピートモデルや、筆者が提唱した消費者目線のマーケティング要素比較モデル[117]などは、プロフェッショナルの判断的需要予測のロジックを整理するものです。マーケティング要素比較モデルでは、商品の機能や販売チャネル、価格帯といったマーケティング条件が類似する過去発売品の実績をベースに、市場トレンドの変化や各種マーケティング要素の差を、人的判断に基づいて加味する予測ロジックです。これらは需要予測をするうえでの考慮の抜け漏れを防ぎ、またモデルに沿った知見を継続的に蓄積できるというメリットがあります。しかし、予測精度は人的判断に依存するため、過去の知見をいかに有効活用できるかが重要になると言えます。

　過去の知見を有効活用するためには、次のナレッジマネジメントが重要です。

①　予測の根拠を明確に記録しておく
②　実績確定後に誤差要因を振り返る
③　得られた知見を整理して蓄積する

　これを行なわなければ、判断的予測だけでなく、AI予測でも精度は向上していきません。

　本節では判断的モデルを解説してきましたが、データが不十分なビジネスにおいては有効になる一方、営業担当者からの報告やトップダウンの掛け声をそのまま使う方法のデメリットは無視できないものです。そこで、デルファイ法やAHPを使った判断プロセスの合理化や、トライアル＆リピートモデルやマーケティング要素比較モデルを使った判断ロジックの合理化が有効になります。その中での各種判断を支援する環境を整備することが重要だと言えるでしょう。

163

5-8 予測精度メトリクスの計算方法

★★★☆☆

■ 需要予測で必須の3種のメトリクス

データを分類し、法則を見つけ、予測ができても、ビジネスは完結しません。その結果を関係者に説明する力があってこそ、関係者をデータドリブンで動かすことができ、成果創出を目指せます。SCMではさまざまなモデルを駆使して需要を予測しますが、精度を定量的に評価しなければ、関係者に正しく説明することはできません。

予測精度を評価するメトリクス（指標）はたくさんありますが、ここではグローバルのデマンドプランナーがよく使う3つを取り上げ、計算方法を解説します。

① WAPE（Weighted meanAbsolute Percentage Error）
② f-Bias
③ Forecast Value Added（FVA）

本書でたびたび参照しているInstitute of Business Forecasting & Planningの調査でも、基本的には売上で加重平均された**絶対誤差率（WAPE）**が使われますが、これは商品ごとの絶対誤差率を売上で加重平均したものです。売上で重みづけすることで、経営上重要な商品の誤差率を重視したメトリクスになります。

f-Biasは誤差の方向性を評価するメトリクスです。米国では特に、これをTracking-Signalという指標に変換して、需要変動の察知に活用されます。

FVAは予測付加価値と訳せるもので、ナイーブ予測という単純な予測に比べ、どれくらいの金額的な価値を創出できているかを評価するものです。これがマイナスであれば、費用や時間、労力をかけて高度な予測モデルを導入したり、多くの関係者を巻き込むプロセスを整備したりしても、

164

その分の効果を創出できていないと言えます。

これらをモニタリングすることで、市場の変化や自社マーケティングの成否を早期に捉えることができますし、それを踏まえて予測モデルやプロセスを見直すといった改善アクションにつなげることが可能になります。

■ 誤差の程度を測る

MAPE（Mean Absolute Percentage Error：平均絶対誤差率）の定義は次の通りです。

$$MAPE = \frac{1}{n} \sum_{1}^{n} \left(\frac{|\hat{y}_i - y_i|}{y_i} \right) \times 100$$

$\hat{y}_i$はある商品iの予測値であり、y_iは実績です。シグマの中の分子は誤差の絶対値であり、n種の商品ごとの絶対誤差率を計算し、その平均をとったものがMAPEです。このままで精度評価に使う企業もありますが、一般的にはさらに売上で重みづけをします[118]。これにより、商品ごとの売上規模を考慮したメトリクスとして活用するのです。

$$WAPE = \sum_{1}^{n} \frac{y_i}{\sum_{1}^{n} y_i} \left(\frac{|\hat{y}_i - y_i|}{y_i} \right) \times 100$$

$\dfrac{y_i}{\sum_{1}^{n} y_i}$は特定のセグメント内（$n$種の商品内）における売上構成比を表しますが、数量ベースではなく、金額ベースで算出する場合もあり、企業ごとに定義を決める必要があるものです。本書で紹介してきた予測精度の調査結果は、この式で算出されたものです。

WAPEでは誤差は絶対値に変換されているため、すべて正の値になります。そのため、予測と実績がどれくらい乖離しているかを評価することができますが、正負どちらの方向にズレているかはわかりません。

■ 誤差の傾向をモニタリングする

そこでWAPEと併せてモニタリングすべきなのがf-Biasです。改めて数

式で表現すると以下になります。

$$f\text{-}Bias = \Sigma_1^m (\hat{y}_t - y_t) \quad （式5\text{-}8\text{-}1）$$

　ここではyの下つき文字をtとしていますが、これは時間的なタイミングを表しています。1ヵ月や1週間といった単位です。くり返しになりますが、f-Biasはある特定の商品の一定期間の合計誤差のことなのです。

　実務では、これをアレンジして使う場合がほとんどです。たとえば、実績で割ることによって、需要規模が異なる商品間のf-Bias比較がしやすくなります。筆者はこれをf-Bias率と呼んでいます。

　海外で比較的使われるのは、**f-BiasをMAD（Mean Absolute Deviation）で割ったTracking-Signal**です[119]。定義式は次の通りです。

$$Tracking_{Signal} = \frac{f\text{-}Bias}{\dfrac{1}{m}\Sigma_1^m |\hat{y}_t - y_t|}$$

　Deviationの日本語訳は「偏差」であり、これは平均値との差のことなのですが、SCMや需要予測の文脈では、海外の論文や書籍を確認しても、単に予測と実績の差を指す場合が多いです。つまり、Tracking-Signalを計算する際は、MAE（Mean Absolute Error：平均絶対誤差）と同じ意味だと認識して問題ありません（予測誤差の平均は、理想的には"0"というニュアンスかもしれません）。

　f-Biasは期間計で正負が相殺されるので、誤差が正負にバラつくと、値は小さくなります。そのため、Tracking-Signalが大きくなるということは、誤差が同じ方向に発生しつづけているという意味になります。

　f-Biasの計算で予測から実績を引いている場合で、f-Biasが正の値で大きければ、予測が高い傾向がつづいているということであり、過剰在庫のリスクが高まっているというアラートと解釈することができます。ちなみに実績よりも大きい予測を**over-forecast**、小さい予測を**under-forecast**と呼びます。

　ほかに、上記とは逆に単月や1週間における複数商品の誤差を合計するメトリクスも有効活用できます。

$$\text{商品計} \quad \textit{f-Bias} = \Sigma_1^n (\hat{y}_i - y_i)$$

筆者は式5-8-1を期間計f-Biasと呼ぶことでこちらと区別しています。商品計f-Biasを実績で割った商品計f-Bias率は、WAPEと合わせてセグメンテーションすることで、誤差の程度と傾向を同時に解釈することが可能になり、需要予測をマネジメントするうえでは非常に有効です。これについては次節でくわしく説明します。

■ 現ロジック・プロセスの付加価値を試算する

3つ目のメトリクスは最も使われていないものです。直近の実績をそのまま未来の予測とするものを**ナイーブ予測（Naïve-forecast）**と呼びますが、このような単純なロジックと精度を比較し、現在のロジックやプロセスの生み出している付加価値を計算するのがFVAです。定義式は次の通りです。

$$FVA = P_i (|\hat{N}_i - y_i| - |\hat{y}_i - y_i|)$$

ここで、P_iは商品iの小売価格や卸価格、$\hat{N}_i$はナイーブ予測値を表します。つまり、現在のロジック・プロセスにおける予測誤差と、ナイーブ予測の誤差を比較し、その差を単価で金額換算したものがFVAになります。

比較対象は必ずしもナイーブ予測でなくてよく、たとえば季節性が大きな商材を扱っている企業であれば、少なくとも前年同期間実績は思いつくだろうと考え、これとの差で計算している場合もあります。ほかにも、単純移動平均が比較対象になる場合もありますし、機械学習モデルの導入を検討する際は、統計的な時系列モデルとの差をAI予測のFVAとして算出する場合もあります。

つまり、**何に対する需要予測の価値を算出したいかを考え、それに合わせた定義にすること**が重要なのです。

FVAは現行の需要予測ロジックやプロセスを見直すために算出するほか、セグメントごとの需要予測の難易度を踏まえた評価を行なう際にも有効活用できます。たとえば建設のための工具などを扱う海外企業のHiltiでは、世界各地域の成長性の違いを考慮して予測精度を評価するためにFVAを

活用しています[120]。

　新商品と既存品、リアル店舗とEC、定番カテゴリと流行系カテゴリなど、需要予測の難易度が大きく異なると考えられるセグメントを精度だけで比較すると、現行ロジックやプロセスの価値を見誤る場合があります。FVAにはそれを補正する役割も期待できると言えるでしょう。

　このような特徴の違う複数のメトリクスを同時に解釈することで、早期に市場変化やマーケティングの成否に気づくことができます。これをアラートとして活用することで、アジャイルに需要予測を更新することが可能になり、SCMの市場への適応力を高めると考えられます。これらの予測精度メトリクスについては動画でも解説しているので、必要に応じてご参照ください。

需要予測入門② 海外の研究から見る
新製品の予測モデルや予測精度の評価メトリクス

　　　・3種類の予測モデル
　　　・新製品の需要予測ロジック
　　　・予測精度を測るメトリクス
　　　・予測精度向上を目指すフレームワーク

5-9 両利きの需要予測マネジメント

★ ★ ★ ★ ★

■ 市場・顧客の変化は予測精度に表れる

データを使った予測を関係者に説明する力の具体例として、メトリクスを使った精度評価を説明しました。分類や予測といったデータ分析でビジネス価値を生み出すためには、この精度評価を深掘りする必要があります。具体的には、次の2方向の具体的なアクションを促すことで価値創出を目指すのがよいと筆者は考えています。

① 市場・顧客の変化の分析
② Machine Learning Operations（MLOps）

1つ目は前節で解説した3つの予測精度メトリクスを駆使した市場・顧客の変化の解釈です。

需要予測には「予測」と「計画」の2種類があり、その差は期待や目標、データにない要素などを考慮する意思入れです。これらを区別して予測精度をモニタリングすることが出発点となります。

統計学や機械学習を使った需要予測モデルは基本的に、過去データの分析に基づくものです。そのため、この「予測」で大きな誤差が発生した場合は、市場や顧客の心理・行動に変化が発生した可能性が高いと考えることができます。カテゴリやブランド、アカウント、地域などさまざまなセグメンテーションで予測精度を分析することで、市場にどんな変化が起こっているかを調べる突破口を見出すことができます。

データドリブンの「予測」に意思入れをした「計画」で大きな誤差が発生している場合は、意思入れに問題があると考えられます。マーケティング施策の効果を過大評価したのか、計画ほど配荷が進まなかったのかなど、意思入れの根拠と実態の乖離を分析する必要に気づくでしょう。

こうした市場・顧客分析の目的の1つは、需要予測を更新することです。早期に変化を掴み、需要予測を更新することで、たとえば欠品や過剰在庫などの未来の需給リスクを可視化することが可能になります。これを踏まえ、SCMとしては増減産や物流手段の変更などを行ないますし、場合によってはマーケティング計画や投資配分、営業活動方針の再考などを促すことになります。

つまり、トリプルAのSCMで重要なアクションのAgilityと市場へのAdaptabilityは、予測精度分析がベースになると言っても過言ではないのです。

ちなみに市場・顧客分析の他の目的としては、次の2つがあります。

- **商品セグメント別の在庫・調達方針の立案**
- **S&OPを介したステークホルダーや経営層への示唆提供**

■ 予測精度を基にAIを鍛えなおす

一方で、筆者が100名以上のデータサイエンティストと仕事をするようになって気づいた、もう1つの精度評価のアクションは**MLOps**です。データサイエンティストは「精度管理」というと、MLOpsのことだと思うようですが、これはデマンドプランナーにはない感覚です。

機械学習モデルは、需要の因果関係に関するデータを学習させるため、時間の経過とともにそれが変化していくと、精度が劣化していくことがわかっています。そこで、継続的に予測精度をモニタリングし、早期にこの兆候に気づいて、特徴量やパラメータ、場合によってはアルゴリズムを見直すことを検討するのです。これがMLOpsという、機械学習モデルのマネジメントオペレーションです[121]。

MLOpsはその名の通り、機械学習を使うデータ分析の領域から生まれた言葉です。しかし、需要予測の文脈で解釈してみると、実は時系列モデルや因果モデルにおいても適用すべきものだと考えることができます。

時系列モデルは、大きな環境変化によって需要の水準やトレンドが変化すると、一気に精度が悪化します。具体的には、消費財や食品が主力の取

引先で棚落ちしたり、別の業界でも競合企業が新商品を発売したりすることで、水準の下降やトレンドの変化が発生します。こうした場合、初期値やパラメータを大きく変更する必要がありますし、場合によっては一時的に判断的予測に切り替えるのが有効になります。

SARIMAXやProphetなどのモデルは別として、重回帰分析を使う因果モデルは、時系列データのある既存品にはあまり使いません。しかし、パンデミック以前と以降、ECビジネスの拡大の前後など、需要の因果関係に大きな変化があった場合は、因果モデルも精度が悪化するため、説明変数やパラメータ（係数）を見直す必要があるのです。

このように、予測モデルは精度の変化をモニタリングすることで、モデル更新の適切なタイミングを見極めることが重要になります。

SCM、特に需要予測におけるデータ分析の活用では、ここで提唱した2方向の両利きでマネジメントしていくことが、ビジネス価値創出を目指す意思決定を支援すると言えるでしょう。

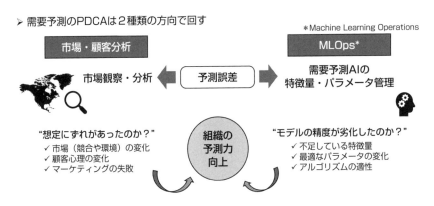

5-10 需給インテリジェンスの オペレーション

★ ★ ★ ★ ★

■ 未来予測をむずかしくする４条件

本章で解説してきたデータリテラシーの６つの力を駆使しても、VUCA な環境下では常に精度高く未来を予測できるわけではありません。予測精度を両利きでマネジメントし、環境変化への適応力を高めることは有効ですが、数字の背景を適切に解釈するスキルも重要になります。５章の最後では、このための市場サーベイランス（Surveillance：監視）の具体的な運用について述べたいと思います。

ベイン・アンド・カンパニーのパートナーであるMichael Mankinsらによると、予測不可能性を高める要素は次の４つだと整理されています[122]。

① 変数の数
② 変数間の関係性
③ 定常状態の特定
④ 定常状態になるまでにかかる期間

変数とは、本書では原因要素と表現してきたものですが、予測したい未来のさまざまな結果に影響する要素のことです。この種類が多いほど予測が困難になります。４－２でフォーキャスティングプリンシプルについて説明しましたが、物的単位や時間単位が小さいほど需要予測がむずかしいのは、ここで言う変数の種類が多くなるからでもあります。

また、原因となる変数間の関係性が複雑な場合、モデル化するのが困難になります。需要予測では、影響の大きな変数にしぼったり、特定範囲において線形の関係性に近似したりと、条件をシンプルにしてモデル化をする場合が多くありますが、その分、精度は低くなる傾向があります。

ここでは変化が安定した状態を「定常」と表現していますが、たとえば

2024年現在、COVID-19の感染は定常状態に入ったと言えるでしょうか。何をもって定常状態とするかがむずかしく、それまでにかかる時間は事象によってバラつきます。こうした要素が未来予測をむずかしくするのです。

■ データサイエンスによる需要変動のリスク管理

筆者はこうした未来予測のむずかしさに対し、1つの予測値（Point-forecast）でサプライチェーンを動かすのはリスクが大きすぎると考えています。代わりに本書でもすでに何度か述べてきたシナリオ分析を含む一連の需要変動リスクの管理オペレーションを、データサイエンスを駆使して整備するのが有効だと考えているのです。具体的には以下のプロセスになります。

① データを扱い、分類する力によって需要に影響が大きな変数を管理可能な範囲にしぼり込む
② 法則性を見つける力によって、因果関係をモデル化する
③ 不確実性の高い変数について、需要変動のシナリオを描く
④ サプライチェーンを動かすべき需要変動の基準（トリガーポイント）と、SCMの戦略オプションを関係者で合意する
⑤ 需要変動に関係する変数についてのサインポスト（道しるべ）を設定し、モニタリングする

需要変動リスクの管理オペレーションの3つ目までは、ここまででも述べてきた因果モデルの構築が該当します。さらに、これは非線形の関係性を扱えるほうが望ましく、基本的にはAIを活用することを想定しています。

そしてシナリオ別に需要を予測するとRange-forecastが得られ、欠品や在庫リスクを評価することができるため、基本シナリオからどの程度、需要が変動したらサプライチェーンを動かすべきかというトリガーポイントを検討することが可能になります。

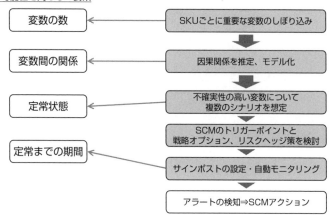

マイケル・マンキンズ & マーク・ゴットフレッドソン（2023）を基に筆者作成

　ここで、SCMとしては調達や生産、在庫、物流などにおける具体的な対策（戦略オプション）を考えておきます。同時に、それらのオプション実行時に発生が見込まれる需給リスクやコストについても想定しておくことが有効になるでしょう。たとえば予備の原材料在庫を確保しておくのであれば、その廃棄リスクの試算や転用策の検討も行なうというイメージです。

　そして、時間の経過とともにどのシナリオに近づいているのか、もしくは想定外のシナリオが発生し始めているのか、などを察知するために、シナリオの中心になっている変数のサインポストを設定しておくことも重要になります。来年の夏の気象が重要なのであれば、それに影響する可能性のある、直前の冬の気象はどうなったかや、訪日外国人数であれば、中国や韓国、欧米などの日本への渡航規制に変化はあったか、などがサインポストの候補になるでしょう。これらのサインポストをモニタリングしておくことで、大きな需要変動が発生する前に、その兆しを掴んでサプライチェーンを動かすことが可能になるという考えです。

　この一連の需要変動リスクの管理オペレーションにおいて、サインポス

トの動きに合わせて戦略オプションをアジャイルに変更していくことは、サーベイランスと呼ばれます。

・**多様な変数の分類や集約によるしぼり込み**
・**因果モデルの構築**
・**シナリオ別のサプライチェーンへの影響シミュレーション**
・**重要変数のサインポストの効率的な探索**
・**サインポストのモニタリングの自動化・効率化**
・**戦略オプションの効果・コスト試算**

などはこのサーベイランスにおいて、データサイエンスによって支援できる可能性が高く、本章で説明したデータリテラシーを駆使して、各業界、業務領域のプロフェッショナルが課題設定を主導していくべきものだと考えています。

本章の具体例からSCMにおけるデータ分析と、ビジネス価値創出のための意思決定支援について、重要なポイントを理解できたのではないでしょうか。つづいては、これをより高度に実現するためのAI活用についてフォーカスしていきましょう。

第6章

Advanced-Analyticsの実践

　高度な分析技術はこれまでもSCMを担う実務家に使われてきましたが、近年ではその代表としてAIが挙げられます。しかし、多くの業界でAIの実務活用が本格化する一方で、PoC止まり、もしくはその前で足踏みになってしまう事例も少なくありません。この1つの要因は、AIには現実的にどんな役割を期待でき、人がどのように関わってビジネス価値を創出していくかの想像が不十分なことだと感じています。

　AIの特徴量や学習データの質と量が不十分であるという原因もありますが、これは時間が解決するものではありません。早期にAI活用に取り組み、自社ビジネスで価値を生み出すためのデータマネジメントを始めた企業が競争優位を築いていると言えるでしょう。こうした企業は、PoCの中で上記の想像が具体的かつ的確になっていったと考えられます。

　ここではSCMの中でもAI活用をイメージしやすい需要予測を中心に、基礎リテラシーの解説や実務担当者の新たな役割の整理を行ないます。データサイエンティストではない実務家でも知っておくべきAI知識を得て、自社における競争力の創出について考えてみてください。Advanced-Analyticsを使ってSCMで目指すのは、①戦略的プランニングの改善、②競争優位性の獲得、③プロセスの最適化です[123]。

6-1 AI需要予測のモデル

★ ★ ☆ ☆ ☆

■ ビッグデータから法則性を見出す

　AIは各業務領域のプロフェッショナルを代替するものではない業界が多そうであるものの、プロフェッショナルのリソースをより付加価値の高い業務に振り向けていくことが期待できます。ただしそのためには、データサイエンティストでなくてもAIに関する基礎的なリテラシーは身につけておく必要があります。どんな技術で何ができるのかを把握しているからこそ、自身の業務領域での有効活用を考えられるからです。

　需要予測などの数値解析系のデータ分析で主に使われるのは機械学習です。機械学習はAIのサブセットであり、明確なルール（ロジック）を決めなくても、インプットされたデータと、分析結果を踏まえた再調整から法則性を学び、分類や予測を行なうアルゴリズムまたは技術・手法です[124]。4－4で飲料を例に需要の因果関係を想定しましたが、実際にはより多くの変数が影響しています。また、たとえばコンシューマープロモーションにも、テレビCMやSNSでの宣伝、ブランド会員へのポイント還元や年間の購買金額に応じたプレゼントなど、多くの種類があります。筆者自身の経験やデータサイエンティストとの会話から、需要予測では30〜50種類程度の変数を用意することになる場合が多い[125]ですが、それらの関係性を丁寧に整理するのは、人力ではかなり大変になると想像できるでしょう。

　こうした多くのデータから法則性を見つけ、分類や予測を行なうのが機械学習です。機械学習のさまざまなロジックについては、必要に応じて専門書をご参照いただければと思いますが、ここでは代表的な**決定木（Decision Tree）モデル**について少し説明していきます。

■ 多様な条件分岐で分類する

次の図は決定木と呼ばれるモデルのイメージです。

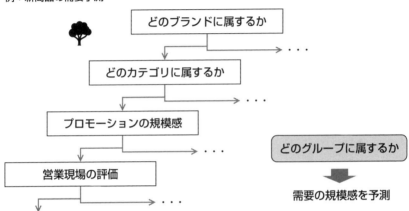

決定木モデルは、データに関する属性の値を基に決定が下される、分類や回帰の方法の1つです[126]。たとえばある新商品の発売から一定期間の需要を予測する際には、以下のような変数を挙げることができます。

- 商品の機能（カテゴリ）
- 販売価格
- 配荷チャネル・店舗数
- コンシューマープロモーション
- リテールプロモーション
- 発売時の外部環境（気象や景気、人流など）
- 自社の商品配置
- 競合の商品配置
- 競合の新商品発売の有無

- 競合のマーケティングプロモーション
- 営業担当者や販売員、バイヤーによる商品評価
- 取引規模の大きな顧客との商談状況

　これでもおおざっぱに挙げていて、需要予測に使うためのデータとしては、これよりも細かな粒度で整理する必要があります。

　決定木モデルでは、こうした大量の変数について、1つ1つ分岐を作り、商品をグルーピングしていきます。この枝分かれ構造が木を逆さにしたイメージなので、"木"という名前がつけられているようです。

　販売価格でもどの価格帯で区切るかなど、分岐にも工夫が必要ですが、そもそもどういう変数の順番で分岐させるかでもグルーピングの結果は変わります。ここで挙げているのは新商品の需要予測での例なので、売上規模によってできるだけきれいにグルーピングされるのが望ましい結果です[127]。これを目指し、パラメータと呼ばれる分岐のルールが再調整されます。

　ここから想像できるように、1つの予測対象においても、決定木は無数に作ることができます。それぞれで属性の考慮の仕方、程度が異なるため、それらを組み合わせるというモデルが有効になります。複数のモデルを組み合わせたものはアンサンブルモデルと呼ばれますが、実際、需要予測に限らず予測精度を競うコンテストでは、決定木をベースとしたアンサンブルモデルが高い勝率を誇っていたそうです。

　そしてこの決定木のアンサンブルには大きく2種類あり、次節で解説します。プログラムを書けなくても、実務家は大まかな考え方を把握しておくべきです。決定木モデルのアンサンブルについても、いずれ5章で解説した指数平滑法や回帰分析同様に、実務家の基礎リテラシーの1つになると思います。

6-2 組み合わせとくり返しの アンサンブル学習

★ ★ ★ ☆ ☆

■ ランダムなバリエーションの組み合わせ

ここでは機械学習モデルのアンサンブルの方法について、代表的な2種類を概説します。本書のスコープはSCMであることから、データサイエンティストではない実務家が入門として知っておくべき内容です。詳細を学びたい方はYouTubeや専門書などをご参照ください。

1つ目は**バギング**と呼ばれている方法です。これはBootstrap Aggregatingの略ですが、機械学習のためのデータからサンプリングを行ない、複数の学習データセットを用意します。これにより多種類の決定木を作ることができます。

1セットの学習データだけで予測モデルを構築すると、そのデータセットにだけ過剰に適合したモデルが作られる、「過学習」が起こる懸念があります。この場合、未来のデータに対しての予測精度が悪くなることが指摘されています。これを防ぐために、学習データを複数に分ける工夫が有効になります。

そこでバギングによって多種類の決定木を作り、その結果を組み合わせることで分類や予測の精度向上を目指します。この多種類の決定木を使うモデルは、ランダムなサンプリングによって多数の木を作るため、**ランダムフォレスト**と呼ばれます。

ランダムフォレストでは、予測対象、需要予測であれば商品になることが多いですが、それが複数のグループに分類される場合がほとんどです。そこで、多数決や確率を使ってグルーピングし、各グループの需要の平均などを使ってグルーピングから予測値を算出します。

ランダムフォレストは決定木でできているので、回帰分析とは異なり、非線形の関係性に対応できます。たとえばですが、日焼け止めは気温の上昇とともに需要が増加する傾向はありますが、「冬でも気温が高ければ売

れる」「猛暑になればなるほど売れる」というわけではなさそうです。

　季節の影響があり、需要の上限や下限も想定できるため、日焼け止めの需要と気温には線形というより非線形の関係性がありそうだと考えられます。日焼け止め以外にも炭酸飲料や扇風機、気温以外にもメディア宣伝や配荷店数など、さまざまな因果関係は非線形のほうが近いかもしれません。

■ 誤差から学習を繰り返す

　もう1つのアンサンブルが**ブースティング**と呼ばれる方法です。これは一旦作った予測モデルの誤差を学習し、パラメータを調整していきます。そのため、一時期の予測精度コンテストではブースティング系のモデルが上位を独占したくらい精度は高くなる傾向がありますが、学習に時間がかかるというデメリットもあります。

　しかし、学習のさせ方も進化していて、勾配ブースティング系といわれるLight-GBM（Gradient Boosting Model）やXG-Boost（Extreme Gradient）などは学習時間が比較的短く、実務でも使いやすいモデルです。筆者はデータサイエンティストとともにさまざまな業界を対象に、需要予測AIの有効性検証を行なっていますが、これらのモデルを使う場合が多

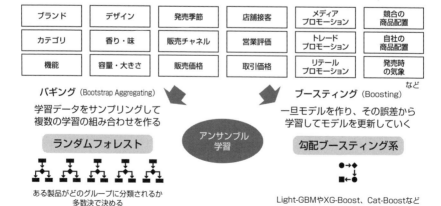

いと感じています。

AIを使う需要予測モデルではほかにも、**ニューラルネットワーク系**
（**Artificial Neural Networks**）があります。これは、生物の神経ネットワ
ークの構造と機能を基にした、教師ありのパターンマッチング手法で
す[128]。Input Layer、Hidden Layer、Output Layerという層を情報が伝播
していく構造で、Output Layerからのフィードバックで各層におけるパ
ラメータが調整されます。ここで間にあるHidden Layerが多層になるの
がディープラーニングです。

ニューラルネットワークでは、古典的な統計学のモデルなどで使われる
明らかな原因要素だけでなく、因果関係が曖昧な要素も含めた複雑な関係
性をモデル化できるというメリットがあります。そのため、原因要素に関
する制約（多重共税性の考慮）が基本的にはありません。また、並列プロ
セスであり、多くの試行錯誤が可能だと言われています。

しかしニューラルネットワークモデルによる需要予測は、学術論文では
見かけるものの、実務で使っている企業にはほとんど出会ったことがあり
ません。データサイエンティストや実務家との議論から、これは次の理由
によるものだと考えています。

- ほかのモデルと比較してより多くのデータ量が必要になる
- 計算機のパワーがより多く必要になる
- 根拠の解釈が機械学習モデルよりもさらに困難

ビジネスにおける需要予測では、コンテストと異なり、自分たちで必要
なデータを収集、処理する必要があります。これは必要になるデータが多
くなるほど大変です。

また、実務においては計算時間も重要であり、使える計算機のパワーも
考慮する必要があります。

予測根拠の解釈については、非線形の機械学習モデルも容易とは言えま
せんが、ディープラーニングなどのニューラルネット系ではより難易度が
上がると言えます。ロジックを読み解くというより、入力を変化させた結

果から推測するといったイメージです。ただこれは技術の進歩で変わる可能性がありますし、AIの活用がもっと広がれば、そういうものだという心理的な変化もあるかもしれません。

　また、公表バイアス（Publishing Bias）にも注意が必要です。論文で発表されるのは、基本的には成果が出た事例です。そのため、それ以外に失敗事例がある可能性は想定すべきと言えます。

　需要予測に限らないと思いますが、AIの活用で成果を創出できるかは、アルゴリズムやそれが実装されたツールだけでは決まりません。特徴量のマネジメントの仕組みや、AIの学習や結果の解釈といった業務のケイパビリティも考慮し、導入を検討する必要があると言えます。

6-3 SCMで活躍中のAI

★ ★ ★ ★ ☆

■ 流通・製造ビジネスにおけるAI活用

　ここまでは筆者が事業会社サイドでもテクノロジーベンダーサイドでも関わってきた需要予測におけるAI活用を具体例に解説してきましたが、ここでSCMの他領域における活用事例を紹介します。アルゴリズムで知っておくべきことや実務における有効活用のポイントは基本的に同じです。どんな場面で使うことができるかを知ることで、自社における展開を想像しやすくなるはずです。

　さまざまな業界のAI導入を支援してきたNECのデータサイエンティスト、本橋洋介氏の著書[129]を参考に、流通、製造、そのほかの軸でSCMにおけるAI活用を整理したのが次の図です。

　ここで流通とは、小売業や卸売業のほか、物流企業や3PLなどのビジネスモデルをイメージしていただくとよいでしょう。製造はそうした企業を顧客やパートナーとする製造業が主に該当します。

AI活用が進んでいる業界・業務領域

	流通	製造	その他
SCM領域	来店客数予測 トラック配車・輸送ルート最適化 倉庫業務自動化 ドライバーシェアリング 不在時刻予測	品質検査 部品発注最適化 設備劣化予測・異常検知 需要予測 輸送時間予測 危険検知	購買・解約予測（金融） ローン審査（金融） 不正検知（金融） AIコンシェルジュ（サービス） 顔認証入場（サービス） 災害避難支援（インフラ） 体調管理（ヘルスケア） 不審者検知（公共） 犯罪兆候検知（公共） 爆弾処理ロボット（公共） 行方不明者捜索（公共） 自動問診（ヘルスケア） 病床最適化（ヘルスケア） 赤潮予測（その他）
SCM以外	価格最適化 クーポン設定戦略 商品レコメンド シフト最適化 棚割り最適化 空調管理 フロアレイアウト最適化	チャットボット顧客対応 ターゲティング広告 Webマーケティング 採用支援 トレンド予測 アンケート分析 官能・栄養評価	

『業界別！AI活用地図』（翔泳社）を参考に筆者作成

185

■ 流通業を救うAI

　小売業や外食などのサービス業では、販売の現場で来店客数の予測にAIが使われています。この予測は店舗スタッフのスケジュール作成に有効活用できますし、売上、利益を拡大するマーケティングを考える際にも参考にできます。来店客数の予測は、商品別の需要予測と比較すると、因果関係が比較的シンプルであり、難易度は低めになる傾向があります。

　2021年2月には食品スーパーのライフコーポレーションがAIを活用した需要予測に基づく自動発注システムを全278店舗（当時）に導入しました[130]。日配品の発注業務に1店あたり3、4人時かけていたそうですが、人手不足によるサービスレベル低下への対応を目的に導入を決めたようです。

　ドライバー不足が深刻化していくことが予想されている国内物流においては、物流の効率を高めるためのAI活用が望まれています。配車計画や配送ルートの最適化、荷主企業同士のマッチングなどは、積載の効率を高めるために有効だと考えられています。

　また、to Cの宅配便などについては、受け手の不在時刻予測によって再配達を減らそうという取り組みもあります。社会インフラでもある物流の維持は、業界や企業を越えた重要課題になっているのです。

■ 製造業の知を継承するAI

　製造業では品質検査における異常検知にAIが使われています。異物混入や不良品などは、人の目で判断されてきましたが、こうした業務はディープラーニングの精度が高くなったことで、AIに代替され始めています。

　需要予測と大きく異なるのが、予測の根拠があまり重要ではない点です。品質不良を適切に見抜くという結果が圧倒的に重要なため、解釈性よりも精度を重視したアルゴリズム選定が行なわれます。そのため、ニューラルネットワーク系のモデルの活用が進んでいます。

　製品の品質だけでなく、設備の異常も温度や気圧、音などの変化から調べられます。トラブルが発生する前に検知することで、稼働率の向上が目

指されているのです。

　設備のトラブルは一般に、発生後の修理よりも予防の処置のほうが費用や時間が少なくなり、オペレーションへの影響を最小限にすることができます。また、設備によっては高温や有毒な場所もあり、人よりも機械のほうがよい場合もあります。さらにAIであれば、夜間でも休日でも監視しつづけられるというメリットもあります。

　設備機器や機械などを製造・販売している企業では、リペアパーツ（保守部品）の需要予測や発注の最適化にAIを活用しています。これは最終製品の需要予測とは別で、すでに出荷済みの台数や稼働状況、過去の故障率や耐久期間などを説明変数とした予測モデルを構築します。

　機械本体の需要予測は販売目標もあって、AIを活用しづらいといった企業でも、リペアパーツであれば取り組みやすいといった話も聞きます。リペアパーツは、品種の多さや需要の断続性（間欠需要）などから需要予測（時系列予測）はむずかしいと言えます。そこで従来は次の要素などを考慮したグルーピングによって、需要予測に注力する重要なカテゴリをしぼり込むといった対応が有効と考えられてきました[131]。

- **製品本体における重要性（その部品がないと正常に機能しないなど）**
- **需要規模**
- **売上金額や利益**
- **販売終了時期が近いか**
- **顧客とのサービスレベルに関する契約条件**

　ここでは機械学習による予測の改善効果を期待しやすいと言えます。また、7－6で紹介する、トレードオフがある条件下における最適化技術の併用も有効になるでしょう。

　ほかに、製造の現場における危険予知にもAIが使われます。その日の気象や人員体制、作業内容や作業量などを考慮して、現場ごとに注意すべき危険をあらかじめ把握できれば、事故を減らすことができるでしょう。

　2018年にサントリーロジスティクスは、フォークリフトにドライブレコ

ーダーを導入しました[132]。ここから得られる画像データをAIが解析し、フォークリフトの走行やオペレーターの乗車状態、爪の昇降位置の組み合わせから危険を検知して警告を出します。従来は人の目によるチェックだったため、負荷が大きく、集中力の限界もあり、改善に乗り出したというわけでした。

■ マーケティング領域におけるAI活用

セント・ジョーンズ大学で過去に教鞭を取っていたChaman L. Jainは、需要拡大と需要管理のための需要予測におけるAI活用について整理しています[133]。マーケティングや営業の領域では、事業の成長のために、需要を創造、拡大していくことを目指します。そこでは、AIは次の4つのテーマで有効活用できると述べられています。

① ターゲットマーケティング
② マーケティング施策の効果向上
③ 商品とマーケティング活動の関係性可視化
④ 新しい販売チャネルの発見

顧客情報をデータとして管理しやすいECビジネスを中心に、それらを学習したAIによるマーケティング最適化が図られています。ダイナミックプライシングによる価格最適化はこの一例ですし、個客に応じたキャンペーンの提示、商品レコメンドなどもこれに該当します。

ECビジネスのほかにも、音楽や映画の配信サービスなど、技術の進歩によって新しい販売チャネルが登場しています。9章で顧客接点の変化を取り上げますが、商品によって適する販売チャネルは異なります。実物を試して購入したい商品にECは向かないでしょう。販売チャネル別のトレンドや、各チャネルにおけるカテゴリ別の需要トレンドなどもAIによってより高度に分析することが可能です。

一方、SCMが主導する需要管理領域では次の4つのテーマが挙げられています。

188

① 顧客との関係性維持
② 需要と供給のバランス調整
③ 商品ポートフォリオの最適化
④ 品揃えの最適化

　①はマーケティング、営業も関わるCRMに関するものです。1人の顧客から長期的に得られる収益、顧客生涯価値（Life Time Value：LTV）は商品を使ってもらえる期間が長くなるほど大きくなります。LTVを高めるためには顧客との関係性を維持していくことが重要であり、AIを使ってそれぞれに合わせた適切なコミュニケーションを行なうのが有効だということです。

　商品ポートフォリオ管理においてもAIが有効活用できます。AIによって市場トレンドを分析し、ROIの最大化を目指します。品揃えも同様で、店舗や自動販売機であれば商圏、季節や気候、市場のトレンドなどをAIで分析することで、売上や利益の最大化が目指されています。

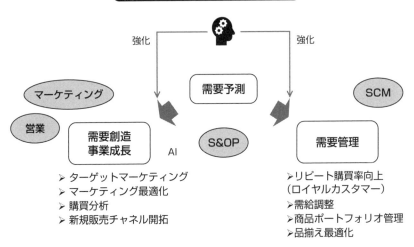

Chaman L, Jain（2021）を基に筆者作成

②に挙げられているAIを使った需要と供給のバランス調整については本書のメインテーマでもあるため、本章後半でよりくわしく解説します。

■ 先進技術の浸透ステップ

2章で概説した通り、サプライチェーンには需要予測を起点とした、調達や生産、物流、販売といったモノと情報の流れがあり、その各領域において、オペレーションの効率化や付加価値の向上を目指したAI活用が始まっています。

また、**ブロックチェーン技術**もSCM進化への貢献が期待されます。ブロックチェーンは次の5つの特徴を持つ仕組みです。

① 関係者が過去の履歴にアクセスできる分散型のデータベース

② メガプラットフォーマーのような単独の管理者がいなく、対等な相手とのコミュニケーションで成り立つ

③ 利用者は匿名にするかを選べ、他者のも含めてすべての取引を確認できる

④ アップデートされた取引は変更ができないという不可逆性が担保されている

⑤ デジタル台帳であり、プログラムで取引を動かせる

ハーバードビジネススクールのMarco Iansiti教授によると、AIやブロックチェーンなどの先進的な技術は、斬新さも複雑さも低い単体利用から始まり、限られた利用者での局地的利用、利用者の幅を広げる代替的利用、経済や社会のシステムを大きく変える変革的利用の4段階を数十年などの長い時間をかけて進むと述べられています[134]。

サプライチェーンにおいては、一部の主要サプライヤーとの局地的な関係性において、すでにブロックチェーンの活用が検討され始めています。マイクロソフトのクラウドソリューションアーキテクトであるVinit Sharmaが整理しているところによると、**ブロックチェーンはサプライチェーンにおけるトレーサビリティや透明性、情報の不変性を高めます**[135]。

くわしくは8章で取り上げますが、企業は自社だけでなく、サプライチェーン全体における人権保護、労働環境、セキュリティ、倫理観、コンプライアンスなどに気を配る必要性が高まっていて、ブロックチェーンはこの把握にも有効活用できると考えられています。

　しかし、商取引における支払いや資産の譲渡などが、契約条件に合わせて自動で行なわれるという「スマートコントラクト」といった大きな変革までは、気の遠くなるような数のステークホルダーとの細かな調整が発生するため、まだ何十年も先だと予想されています。

　こうした先進的な技術はまず、自部門内で試してみることが有効だと感じています。自社内でも、新しい取り組みは既存業務と合わない部分があることが多く、関係者とのコンフリクトを生んでしまう懸念があります。オペレーションの変革にコンフリクトはつきものとは言え、ステークホルダーの心情などにも配慮しながら、少しずつ対象を拡大していくのがよいでしょう。

6-4 戦略を深化させるAI需要予測

★ ★ ★ ★ ★

■ AIで新たな価値創出を目指す4種の需要予測

SCMにおけるAI活用でも、特に筆者がビジネスとアカデミアの両方で携わっている需要予測にフォーカスしていきます。需要予測AIの価値は、ここまでで事例を紹介した精度向上や業務効率化だけに貢献するわけではないと考えています。筆者は海外の需要予測・S&OPの研究・教育団体であるIBFを通じて、需要予測AIで目指すべき4つの方向性を提唱しました[136]。概要は以下の通りです。

- Edge-forecasting：因果関係が複雑なより狭いセグメントにおける需要予測。主にロジスティクスに有効活用できる。
- Reverse-forecasting：非線形のモデルも含むAIによる予測結果の解釈プロセスとスキルの重要性。根拠から予測するのではなく、予測から根拠を解釈し、ネクストアクションをファシリテートするケイパビリティが重要になる。
- Range-forecasting：不確実性の高い要素に対する需要のシナリオ分析。需要変動の幅を定量的に評価することで、SCMのリスクヘッジを主導する。
- Agile-forecasting：環境変化を早期に捉え、需要予測をリバイスし、SCMを動かしていくことがレジリエンスを高める。

3つ目のRange-forecasting以外は筆者の造語ですが、AIによってこうした新しい需要予測を実現することが、SCMの市場への適応力を高め、事業のレジリエンス強化に貢献すると考えているのです。

■ 需要予測の２方向の目的

特に、Range-forecastingとAgile-forecastingは１つの数字で短期的な精度を追求するという、従来の需要予測とは根本的に考え方が異なるものです。これを理解するために役立つ、IBFのシニアコンサルタントであるMark Lawlessによる整理[137]を共有します。

需要予測には大きく２方向の目的があります。

- **在庫管理や調達、生産、物流、販売などの各種オペレーションのための短期的な需要予測**
- **事業計画や戦略を深化、発展させるための、因果関係に基づく需要シミュレーション**

前者は多くの業界で認識されている需要予測であり、後工程のオペレーションにおける意思決定に使われるため、精度が重視されます。最も長いHorizonでも半年からもう少し先までの業界が多く、大きな環境変化が比較的起こりにくいため、時系列モデルが有効になりやすい需要予測と言えます。その分、AIを導入してもメリットを実感しづらく、むしろAIの特徴量のマネジメントにかかる負荷で尻込みしてしまう企業が少なくありません。

後者は予算サイクルの来期までなど、１年以上先までを対象とする需要予測です。そのため、市場トレンドや競合のマーケティングなどの影響を考慮できるとよく、これくらいの対象期間だと地政学リスクや規制の変化が発生する可能性も比較的高くなります。つまり、予測精度を期待するのがむずかしい業界が多く、さまざまな前提条件を踏まえたシミュレーションとしての活用が主目的になります。

ここで重要になるのが需要の因果関係です。これをモデル化した因果モデルが必要になりますが、ある程度適切なモデルを整備できると、外部環境の変化やマーケティング計画の変更などの影響をシミュレーションすることが可能になります。

直近の市況や自社の計画を前提とした1つの数字だけで意思決定するのは、VUCAな環境下ではハイリスクです。さまざまな前提条件を明確にしたRange-forecastingと、環境変化が発生した場合に俊敏に更新できるAgile-forecastingを実現することで、意思決定の質とスピードを高めることができると考えています。

　この意思決定にはオペレーションのマネジメントだけでなく、事業計画や投資配分の見直し、場合によっては事業戦略のブラッシュアップも含まれます。この需要予測が需給リスク想定のトリガーとなり、事業のレジリエンスを意識した戦略の強化を検討できるため、原著の"Development"を「深化」と訳しました。

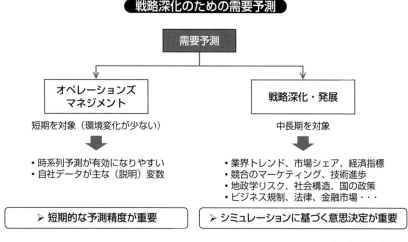

Mark Lawless（2023）を基に筆者作成

■ シミュレーションのための因果モデル構築方法

　では、こうした中長期のシミュレーションを担う需要予測モデルはどのように構築し、運用すればよいのでしょうか。Mark Lawlessの整理を踏まえると、基本的には次の手順になります。

① その業界や商材を熟知したシニアマネジメントによるドライビングフォースの選定
② 因果モデルの構築
③ 前提条件のモニタリング
④ 定期的なマネジメントレビュー

　まずは因果モデルの構築にあたり、需要に影響しそうな要素を整理します。これはその業界や商材を、顧客や競合なども含めて深く理解していないとむずかしいと言えます。現実には多様な変数があるでしょう。ここで重要なのが、特に影響の大きなドライビングフォースとも呼べる要素をしぼり込むことです。

　AIモデルでは多種類の変数を扱うことができますが、それでは解釈性が低くなる傾向があります。中長期の需要予測では解釈性が極めて重要であり、そうしたモデルは有効になりにくいのです。ただし、ドライビングフォースを見極めるためにAIなどのデータサイエンスの力を借りることは有効です。また、この後で取り上げますが、解釈性が低いAIモデルでも、たとえば時系列モデルなど、複数を併用することでReverse-forecastingを行なうといった工夫も有効です。

　ドライビングフォースを見極め、エンジニアリングが得意なデータサイエンティストにも支援してもらい、予測モデルを構築します。

　運用で重要になるのが、前提条件のモニタリングです。因果モデルを使った需要予測では、たとえば気象や訪日外国人数、為替レート、市場規模などの外部環境の推移について仮定を置きます。これが想定の幅を超えていきそうかは常にモニタリングしておく必要があるのです。ここでは5－10で解説したサインポストの設定が重要になると考えています。

　そして、前提条件の変化や予測精度をマネジメント層で継続的にレビューします。これは10章で解説するS&OPのデマンドレビューで行なうのが筆者のおすすめです。

　このレビューでは5－9で提案した両利きの予測精度管理を行なうのがよいですが、その後のアクションとしてはMLOpsの観点で特徴量を更新

したり、パラメータを見直したりしますし、パンデミックのような大きな環境変化で顧客の行動が劇的に変化した場合は、ドライビングフォースを再検討して予測モデル自体を再構築することもあるでしょう。

　こうした需要予測の高度化は、オペレーションの変革や担当者のスキル育成を伴い、場合によっては組織改変にも影響するため、簡単にはできません。しかし、AIといった先進的な技術を本格的に実務活用するのであれば、ここで説明したような新たな活用法を追求してこそ意味があると考えています。

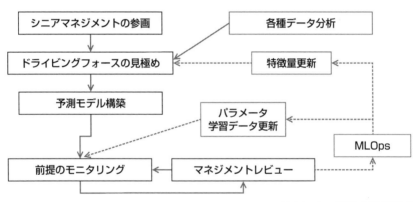

Mark Lawless（2023）を基に筆者作成

6-5 需要予測のレベル別AI活用

★ ★ ★ ★ ☆

■ 需要予測でリープフロッグは起こらない

　前節では需要予測AIで目指す価値創出の方向性とそのための予測モデルの運用について説明しました。しかし、需要予測の経験がある実務家にとってもやや高度に思われたかと思います。実際、さまざまな業界の複数の企業にこうした話をすると、「こういうことができたらよいが、ウチにはまだちょっと早い気がする」「まずは統計的な予測の導入から始めたい」といった反応をいただきます。

　これらはその通りで、需要予測はスマートフォンの活用などと異なり、リープフロッグ的な進化がむずかしいと言えます。なぜなら、需要予測AIで高度な価値を追求するには、本書で整理しているような需要予測やデータサイエンスの標準知識に加え、各業界の商材に適した予測モデルの理解やその運用ノウハウも必要になるためです。

　AI需要予測は人的リソースや時間という観点も含め、コストは安くありません。時系列モデルや統計的な因果モデル、判断的モデルを適宜併用するほうがパフォーマンスは高い場合が多いと言えますし、自社においてはどのセグメントにAI需要予測を使うべきかの適切な判断が重要になります。この判断には各社におけるさまざまな予測モデルの実務活用経験が必須になります。

■ 貴社で目指す需要予測AIのメリットとは

　筆者は需要予測におけるAI活用で享受できる3つのメリットを定義し、企業の需要予測の状況別に、短期的に目指すべきルートを整理しました（次ページ図参照）。

　企業の需要予測の状態はまず、**予測システムを使っているか**で分かれます。ここで言うシステムとはアルゴリズムとほぼ同義であり、属人的では

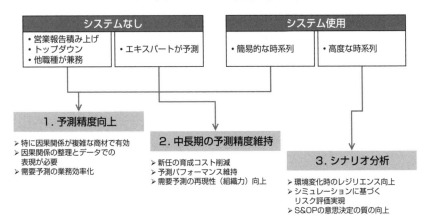

　ない、AIも含む広い意味での統計的な予測ロジックを活用しているということです。

　つづいて、システムのありなしそれぞれの中で、2つのレベルに分かれます。**属人的な予測でも、需要予測の専門チームがあるかどうかでパフォーマンスのレベル感が異なります。**システムを導入していても、移動平均などの簡易的な予測モデルしか使えていないのであれば、需要予測に注力していない企業同様に、AIの導入によって精度の向上や安定を期待することができるでしょう。

　AIの導入に踏み切りにくいのが、システムは未導入であるものの、専門家や有識者が需要予測を担っている企業です。こうした企業ではAIを導入しても、短期的には精度は上がりにくいと言えます。なぜなら、プロフェッショナルはデータになっていない重要な情報も加味して予測しているからです。

　しかし、そうしたプロフェッショナルも未来永劫、その企業で需要予測を担うことはありません。マネージャー以上であるなら、組織としてのパフォーマンスを意識して、中長期的な予測精度の維持、向上を目指したAIの活用を検討すべきです。

　システムで高度な統計モデルを活用している企業は、前節で述べたよう

な、シナリオ分析による意思決定の高度化を目指し、AIの導入を考えると
よいでしょう。実際、このレベルの企業には需要予測のノウハウがあり、
需要予測の価値を重んじていて投資もしやすいため、AIの活用にも積極
的な印象があります。需要予測AIの活用による成果創出でメディアに登
場している企業の多くはこのパターンで、元々、比較的高度な需要予測を
行なっていたと言えそうです。

■ 予測AIの実務活用における３つの留意点

AIの実務活用に向けて留意しておくべきポイントは、少なくとも３つ
挙げられます。これは需要予測がどの状態の企業においても同じです。

① 少なくとも現状と同程度以上の予測精度
② 予測根拠の説明性（解釈のしやすさ）
③ 予測計算にかかる負荷（時間）

まずは**予測精度**です。多くの場合でAIのアルゴリズムではなく、特徴
量の質と量の不足が問題になり、期待する精度が出せません。現状の保有
データでどの程度の精度が出せるかだけでなく、今後データの整備と管理
にリソースを投入できるかも考え、本格的な投資に舵を切るのがよいです。

PoCはその後の運用が前提ではなく、こうしたROIを見極めるための位
置づけです。現在の保有データで、現状オペレーションと同程度の精度が
出せたのであれば、その後の継続的なデータ管理で一般的には精度は向上
していくため、予測精度でも成果を期待することができます。また、現状
オペレーションの精度を若干下回っても、不足しているデータを明確にす
ることができれば、少なくとも同程度の精度は期待できるので、組織パフ
ォーマンスの維持を目的に、実務運用に移行してもよいでしょう。

ボストンコンサルティングのマネージングディレクターであるFrançois
Candelonらによると、AIが社会の信頼を得ていくために、次の３つの問
題への対処を考えるべきだと述べられています[138]。

1．バイアスのあるデータを学習し、不公平な結果を提示する可能性
2．不公平、危険なAI判断に対し、どこで間違ったかを説明できる透明性
3．継続的な学習による、過去の判断からの変化

　SCMや需要予測の文脈で解釈すると、1つ目は商品供給のアロケーション（予算配分）における不公平さのリスクが思い浮かびます。在庫が少なくなった場合、どの取引先に優先的に配分するかが問題になりますが、AI導入前は声の大きな営業担当者の取引先が優先されていた企業があるとします。この実績を学習させると、AIを使っても同様の考慮がされてしまうリスクがあるということです。どんなデータを学習させ、どのアルゴリズムで予測しているかを理解していないと、AIによる予測に関して責任者が説明できません。これは根拠を不透明にするため、ステークホルダーからの信頼は得られないでしょう。

　同様に、AI予測の精度を維持、向上させていくためには継続的な学習が必要ですが、この結果、過去と現在、未来では結果が矛盾する可能性に留意すべきです。筆者は、過去と判断や予測が変わることは、環境変化や戦略の変更があるため、ビジネスにおいてはむしろ正しい場合が多いと考えています。AIを使う責任者はこの根拠も説明できなければならないのです。

　AIをどの業務領域に活用するかによって程度感は異なりますが、需要予測においては根拠の説明性に留意して、導入する必要があると言えます。

　非線形など、難解な予測モデルほど精度が高くなる傾向についてはお伝えしましたが、その際の計算負荷も導入前に確認しておくべきものです。大量のデータを扱うほど、計算量は多くなる傾向があり、自社で使えるシステムの計算能力とセットで評価する必要があります。このとき、需要予測などのオペレーションを担う方々に、実務を考慮した許容時間をヒアリングする場合が多いです。

　AI導入のためのPoCでは予測精度に着目しがちですが、ここで挙げた3つの観点に留意し、導入後も成果創出を目指せる体制を整えることが重要です。

6-6 Dual-forecastingによる変動分析の深化

★ ★ ★ ★ ☆

■ AIと時系列モデルの併用

　需要予測の実務におけるAI活用では、精度と解釈性のトレードオフの中で、次のような対処が行なわれています。

- ある程度の精度で解釈性の比較的高いモデルを選ぶ
- 特徴量との因果関係やSHAP値などの指標を用いて予測結果を解釈する

　もう1つの対処法がAIモデルと時系列モデルの併用です。

　ここまででも、AI予測が有効になるセグメントを見極めて、運用負荷が比較的低い時系列予測と併用することは提唱してきました。たとえば、新商品や主力品と、過去の需要データ（出荷や販売、欠品、バックオーダーなど）が数年分以上あり、マーケティングプロモーションの対象になりにくいカテゴリといった分類です。ここではさらに1つの予測対象について2つのモデルで予測し、比較から解釈を深めるというアイデアを説明します。

　ファストフードチェーンのマクドナルドの需給・物流オペレーションを担うHAVIのOlga Gerasymchukは、機械学習モデルと時系列モデルの併用の価値を整理しています[139]。同じ商品に対して予測値に大きな差が発生するということは、次のような可能性が考えられます。

- どちらか（または両方の）予測モデルに不備がある
- 特徴量に漏れがある

　時系列モデルの精度が悪いのであれば、直近で需要の水準やトレンドが過去から大きく変化した可能性があり（季節性が変化する例はあまり見ま

201

せん）、初期値や重みづけの再調整が必要になるかもしれません。SARIMAXやProphet系であれば、変数として使っている時系列の予測が実態と乖離していたり、より影響度の大きな変数を見落としていたりする可能性が示唆されます。

AIモデルの精度が悪いのであれば、需要の水準やトレンド、季節性、周期性を適切に表現する変数を学習させられていない可能性を検討することができます。

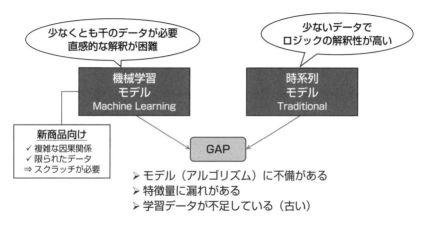

Olga Gerasymchuk（2023）を基に筆者作成

■ 多面的予測が分析を高度化する

1つの予測モデルの精度分析からもこうした要因を考えることは不可能ではないのですが、比較対象があることで分析が深まるというのは、需要予測に限らずよくあることです。

筆者も過去の著書の中で、複数の流通段階における需要予測を併用し、比較するオペレーションをDual-forecastingと名づけて解説しています[140]。既製の需要予測パッケージは、メーカーからの出荷のみを予測する仕様のものばかりですが、最終消費者・ユーザーの需要や中間に位置する卸業者

からの出荷も予測することで、その差から市場や取引先の在庫増減を推定することが可能になります。特に季節性が大きな商材や新商品はこうした在庫の水準が大きく変動する傾向があり、メーカーからの出荷を予測するためには、本来、考慮すべき要素だと言えます。

このように複数のモデルや流通段階の視点で多面的に需要を予測するオペレーション（Dual-forecasting）は、変動要因の分析を深め、予測精度の向上に寄与するはずです。実際、最終消費とも言えるPOSデータを使った需要予測の精度は、さまざまな業界の平均として、出荷データのみによる精度よりも高いという調査結果があります[141]。

POSデータを需要予測に使うと聞くと、説明変数の1つとして学習させるのをイメージしやすいかもしれませんが、そうではなく、それぞれ予測することで間に存在する在庫の増減を可視化するという使い方もあることは、一案として覚えておかれるとよいと思います。

Dual-forecastingは複数の予測モデルや流通段階を取り扱うため、必要なスキルは高く、人や時間といったリソースも多くなります。しかし、VUCAな環境の影響を受けやすい企業であれば、もはや1つの需要予測で深い分析を主導し、競争力を生み出していくことは困難だと言えます。筆者はここで有効になる需要予測をMAPフレームとして提唱しました[142]。

- Multi-sided：Dual-forecastingのような多面的な需要予測
- Agility：Range-forecastingやAgile-forecastingを駆使して市場変化に追従していく需要予測
- Plausibility：Sensemaking-forecastingのように後工程の意思決定に勇気を与える需要予測

これを提唱してから5年以上が経ちましたが、AIの実務活用がさまざまな業界のSCMで広がる中で、MAPフレームの有効性がより高まっていると感じています。これが需要予測におけるAI活用の大きな方向性だと考えていますが、同時にプロフェッショナルの暗黙知をどう引き出し、継承していくかも重要性を増しています。

6-7 AI需要予測への意思入れ

★ ★ ★ ★ ☆

■ 過去とは異なる変化を意思入れする

ビジネスにおける需要予測では、需要予測のプロフェッショナルによる予測値の上書きは有効です。これは多くの業界で"意思入れ"と呼ばれています。

これは統計的な予測に次の要素などを加味するものです。

- 過去と異なる時期の施策や大型商談
- 過去と内容が大きく異なる施策
- 新規店舗や販売チャネルでの取り扱い
- 棚落ち
- カニバリゼーションが想定される自社新商品や期間限定販売品の発売

これらは必ずしも上乗せではなく、理由次第では予測値を下げます。

統計的な需要予測は過去の水準やトレンド、季節性、周期性、外的要因の影響(期間や程度)を前提とするため、それらが異なると想定される場合は、プロフェッショナルの知見に基づいて予測値を上書きする意思入れが有効になるのです。

AIによる需要予測に対しても基本的には同じです。特徴量として学習させられていない情報があり、それが需要に大きく影響しそうであれば、予測値に意思入れするのが有効になる場合があります。

しかし、意思入れはある程度のデータ分析を伴ったとしても、人的判断に基づくものになるため、これまでにも紹介したようなゲームプレイングといった認知バイアスに注意しなければなりません。

海外には統計的な需要予測と意思入れのコラボレーションに関する研究もあり、ここではそれを引用しつつ、意思入れを効果的に機能させるプロ

セスについて考えてみましょう。

需要予測への意思入れにはさまざまな方法がある

米国ブリガム・ヤング大学のRebekah Brauらの論文[143]を基に筆者が整理した6種類の意志入れが次の図です。

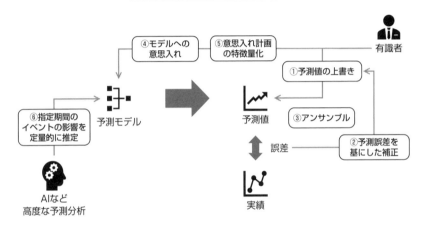

Rebekah Brauら（2023）を基に筆者作成

- 予測値をダイレクトに上書く（図中の①）
- 過去の予測誤差（f-Biasなどで評価）に基づいて補正する（同②③⑤）
- 予測値ではなく予測モデルに意思入れする（同④）
- 意思入れ対象の期間を人が指定する（同⑥）

認知バイアスの影響を最も受けやすいのが、ダイレクトな上書きです。しかし、ゲームプレイングのように認知バイアスの理由が明確であれば、f-Biasに一定の傾向がある可能性が高く、それを使って意思入れを補正するのが有効になります（図中②）。

f-Bias分を補正する方法もありますし、統計的な予測値と意思入れのアンサンブルで認知バイアスを抑制する方法もあります（図中③）。データ

サイエンス寄りの方法だと、過去の意思入れ予測値を特徴量にするというのもあり、これは筆者の周りのデータサイエンティストも行なっています。

意思入れに対する補正は、f-Biasを使っていなくても、少なくない企業で実際に行なわれています。「営業担当者からの報告値はいつも高いから、その7掛けで生産しておこう」などは、みなさんにも覚えがあるのではないでしょうか。

■ 予測値ではなくモデルへの意思入れ

予測モデルへの意思入れはあまり知られていないかもしれません。筆者は新商品の需要予測で10年以上、この方法を採用してきました。

新商品は過去の販売実績がないため、類似品を分析した因果モデルや判断的モデルが使われます。しかし、それでも統計分析に耐えうるほどのデータ量を集めることがむずかしく、回帰分析によって推定された係数の信頼度が低くなりがちだという話はしました。

そこで、その係数を人的判断で決めるという意思入れを行なっていました。人的判断といっても直感ではなく、過去に発売した商品の予実差の分析を基にします。つまり、蓄積した知見で予測モデルを構築するものでした[144]。

本書で説明したトライアル＆リピートモデルや、Assumption-Based Modelなども同様で、各種パラメータをプロフェッショナルが意思入れして使われます。

予測モデルに意思入れする方法は、予測値を直接変更するわけではないので、認知バイアスの影響を受けにくいと考えられます。ただし、**そのためには、予測モデルのフレーム自体に情報の抜け漏れがないように設計することが重要**になります。

そして論文で最も有効だと結論づけられていたのが、プロフェッショナルは意思入れの必要箇所のみ指定するという方法です。どの程度の意思入れを行なうかはデータ分析に任せます。近年では、ここにAIを使うのが有効になっています。

たとえば、次のようなイベントを定量評価します。

- テレビスポットを投入した場合の需要増加
- 期間・数量限定品とのカニバリゼーションによる一時的な需要減少
- 特定チェーンにおけるキャンペーンによる需要増加
- 特定チェーンにおける棚落ちによる需要減少

　こうしたイベントの期間や程度などを商品と紐づけてデータベースに整備できれば、AIなどを使ったデータ分析でそれぞれの需要へのインパクトを推定することが可能です。

　しかし、未来のどのタイミングで、どのイベントが発生するかはプロフェッショナルが指定するのが効率的であり、AIとのコラボレーションが有効になるのです。また、分析のためのデータベースの設計もプロフェッショナルが主導することになるでしょう。

　すでにいくつかの既製パッケージにも、期間を指定するだけで過去の欠品などによる異常値を自動補正する機能は実装されています。筆者も既存品の需要予測で日常的に使用していましたが、業務効率は確実に向上します。

　近年ではAIを使った施策効果の推定機能なども実装され始めていて、ここで紹介したようなコラボレーションはかなり使いやすくなっている印象です。

　需要予測への意思入れは、認知バイアスの影響があることはわかっていても、現実のビジネスではデータの不十分さや分析のケイパビリティの問題から、多くの業界で必須のものになっています。本節で説明したように、**意思入れにも多様なバリエーションがあり、認知バイアスを抑える工夫も十分に可能であると言えます**。ぜひ各業界で、AIを使った高度なデータ分析とプロフェッショナルの判断を組み合わせる需要予測プロセスを考えてみてください。

6-8 デマンドプランナーと データサイエンティスト

★ ★ ★ ☆ ☆

日本と世界のデマンドプランナー

筆者は2010年から需要予測に携わってきましたが、その中で感じてきたのは、需要予測の専任担当者、グローバルでは**デマンドプランナー**と呼ばれて広く認知されている職種が、日本企業ではあまり配置されていないことです。

しかし、近年はSCMを統括する部門やS&OPを推進するチームなどが設置され始め、デマンドプランナーの重要さに気づいた企業も増えています。なぜなら需要予測を操るデマンドプランナーは、マーケティング・営業とサプライチェーンをつなぐ稀少な役割を担うため、需要サイドからサプライチェーンを動かすからです。

また、S&OPの中では経営管理とSCM、つまりはカネとモノの動きをつなぐ役割も担うため、今後はさらに価値が高くなる職種だと予想しています。FP&A（Financial Planning & Analytics）という言葉も広がり始め、ファイナンス領域においてもデータ分析の重要性が増していて、近いうちに需要予測が極めて重要な位置づけを占めることになるでしょう。

日本ではデマンドプランナーが配置されているとしたらSCM部門が多く、営業担当者が兼務している場合も少なくありません。一方で海外、主に米国の調査では、回答される割合は多くないものの（SCM部門29％に対し、ファイナンス部門は26％）、ファイナンス部門が選択肢にあります[145]。筆者は自身の需要予測講座[146]でこうした調査を行なったことがありますが、少なくとも数百社の需要予測関係者と話す中では、ファイナンス部門にデマンドプランナーを配置している日本企業はありませんでした。

AIの登場で明確になった2職種の境界

日本ではこれから認知度が上がっていくと思われるデマンドプランナー

ですが、海外ではすでにデータサイエンティストとの違いがフォーカスされています。筆者もテクノロジーベンダーに移籍してはじめて知りましたが、データサイエンティストの多くは需要予測の経験があります。これは需要予測がAIを試しやすい領域だったことが起因しているのでしょう。

しかし、デマンドプランナーとデータサイエンティストは別職種と言えます。Olga Gerasymchukは以下の通り、その違いを整理しています[147]。

- デマンドプランナーはデータを参照しつつも、その不十分さを前提としていて、人的判断やコミュニケーションでそれをカバーし、未来の意思決定に意識を向けがち
- データサイエンティストはデータを徹底的に処理、分析し、過去を精度高く再現することに意識を向けがち

これには筆者の経験に基づく意訳が含まれますが、どちらの職種とも日々接する中で、おおむねこの通りだと感じます。もちろん、どちらが正しいなどはありません。考え方や関心が違うのです。それはバックグラウンドやポジションの違いにも起因するものでしょう。

指数平滑法や回帰分析は歴史が長く、義務教育の中でも学べて、システムに実装されている場合も多いため、その領域の専門家は事業会社の中ではあまり目立ちませんでした。

一方で、AIやデータサイエンスは近年ようやく教育が整備されたばかりで、オープンソースは増えたものの、実務で使うにはプログラミングで実装する必要があります。つまり、実務の中でも専門家が必要な領域です。

そのため、ビジネスドメインとデータサイエンス、各々のサイドから需要予測に関わる職種の違いが見えてきたのだと思います。これまで、簡単な統計学を使いつつも、経験に基づく知見や関係者とのコミュニケーションで需要予測を行なってきたデマンドプランナーと、データのエンジニアリングとプログラミングに長け、客観的で再現性の高い予測を目指すデータサイエンティストはお互いの強みを認識しあい、コラボレーションしていくことが需要予測、ひいてはSCMの競争力を生み出すと考えています。

デマンドプランナーとデータサイエンティスト

デマンドプランナー

過去データを参考にしつつ未来の需要を予測、創造するためのコミュニケーションを重視

経験知
✓ 顧客とのコミュニケーション
✓ 専門領域の深い知見

トレーニング
＊認知バイアスの影響あり

学習知
AI

① 因果関係の想定
② 新情報の迅速な考慮

データサイエンティスト

多様な過去データを整理し法則性を見出すことで精度高く再現するモデルを作る

ビッグデータの中にある重要なインサイトで意思決定を高度化

デマンドプランナーとデータサイエンティストの違い

	Demand Planners	Data Scientists
Predictionの解釈	時系列モデルや判断的モデルを駆使した未来予測	パラメータをチューニングし過去を精度高く再現する
手法	ある程度マニュアルで時間がかかる ●限られたデータで行なう前提	大量のデータが必要 ●客観的な予測値を自動算出
結果	直感的に解釈しやすい ●柔軟に修正しやすい	アルゴリズムの解釈がむずかしい
改善ループ	振り返りオペレーションの定例化と継続の強力な意思が必要	自動で誤差から再学習させる

機械学習AI導入前の確認ポイント
- 特徴量の入手のしやすさ
- データ（基盤）の管理コスト
- 特徴量エンジニアリングのケイパビリティ
- アルゴリズムのロバストネス（堅牢性）チェック

Olga Gerasymchuk（2023）を基に筆者作成

■ 3者のコラボレーション

　人とAIのコラボレーション、言い換えるとAI活用における人の役割は、アクセンチュアのグローバルマネージングディレクターなど、すでにさまざまな有識者が語っています[148]が、改めて確認しておくと次の3つが挙げ

られます。

① AI分析の目的（ビジネス課題）の設定と特徴量の準備
② 結果の解釈と関係者への説明
③ 学習のフィードバックループ

　解くべきビジネス課題や必要なデータは、顧客やステークホルダーとのコミュニケーションの中から想像できるようになります。自社が扱う商材の属する市場や競合といった専門知識も必要になり、これらはAIが学ぶ「学習知」と比較して「経験知」とも呼ばれるものです。ビジネスドメイン寄りであるデマンドプランナーには特に、この経験知を基にした課題や因果関係に関する仮説構築が求められます。

　一方、経験知を学習知に変換するには情報のデータ化とプログラムによるモデリングが必要です。解くべきビジネス課題に適した分析手法の選択と、あらゆる形式の情報をデータとして的確に処理するハンドリングスキルがデータサイエンティストには求められます。

　つまり**需要予測においては、人とAIではなく、デマンドプランナーとデータサイエンティスト、AIの3者によるコラボレーションが競争力を生み出す**のです。AIのマネジメントで有効になる行動フレームワークが**OODA（ウーダ）ループ**です（次ページの図右側参照）。

　これは業務改善で使われてきたPDCAサイクル（図の左側）と比較すると、変化が激しい環境向きのツールと言えます。

　AIの予測結果や精度を「**観察（Observe）**」し、解釈を踏まえて特徴量の過不足などを考えて更新の「**方向を決め（Orient）**」、アルゴリズムの変更やパラメータの調整、特徴量の追加などのアクションを「**意思決定（Decide）**」し、「**実行（Act）**」するのを繰り返すということです。このループを迅速に何度も回すことがAI需要予測の精度を高めます。マサチューセッツ工科大（MIT）のAndrew McAfee主席研究員らによると、数値解析系のAIだけでなく、生成AIでもこのループが有効になると述べられています[149]。

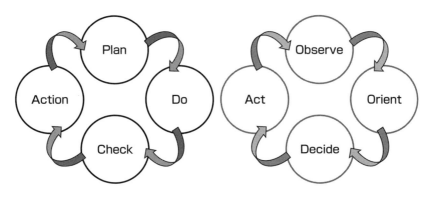

経産省は、「デジタルスキル標準」として5つの人材を整理しています[150]。

- ビジネスアーキテクト：ビジネスや業務の変革目的を設定し、関係者をまき込んで推進をリードする
- データサイエンティスト：データの収集、解析を主導する
- サーバーセキュリティ：デジタル環境におけるリスク対策を主導する
- ソフトウェアエンジニア：システムやソフトウェアの設計や実装などを担う
- デザイナー：ビジネス・顧客視点で製品やサービスのデザイン検討を主導する

ここから言えるのは、マーケターや営業担当者、物流担当者、ファイナンス担当者なども、ビジネスアーキテクトとしてのデータサイエンスリテラシーは身につけるべきではないかということです。筆者が本書で書いてきた「（ピュア）データサイエンティスト」とは、この定義では「データサイエンティスト」と「ソフトウェアエンジニア」のスキルを併せ持った職種です。しかし、ビジネスでデータ分析を駆使して成果を創出しつづけ

るには、ほかにもこうしたスキルが必要であり、それはチームでカバーしていくべきものなのです。

　ちなみにハーバード・ビジネス・レビューのシニアエディターである Scott Berinatoは、データコミュニケーションに必要な6つのコアタレントを挙げています[151]。

- プロジェクト管理
- データラングリング
- データ分析
- 特定領域の専門知識
- デザイン
- ストーリーテリング

　これらは経済産業省のデータスキル標準と似ていて、たとえば「ビジネスアーキテクト」にはプロジェクト管理、特定領域の専門知識、ストーリーテリングが必要になると考えることができます。「データサイエンティスト」であれば、データラングリング（データのクリーニングやアルゴリズム開発など）とデータ分析（データに基づく仮説検証・判断に有益なパターンやトレンドの発見など）が必須になるでしょう。

　ここでは需要予測領域について、AIを有効活用するコラボレーションについて述べましたが、ほかの業務領域でも基本的な考え方は同じだと思います。ビジネスドメインの知識を持つビジネスアーキテクトとエンジニアリング、分析のスキルを持つピュアデータサイエンティスト、さらにはセキュリティやUIデザインの専門家などでのチームビルディングを考えていただければと思います。

213

■ 需要予測を学ぶ書籍

筆者はこれまで需要予測をメインテーマとした書籍をいくつか執筆してきましたので、ここで対象となる読者を整理しておきたいと思います。図の横軸は需要予測を含む業務領域です。SCMやS&OPといった、需要予測を含むより広い業務領域を対象とした書籍ほど左に位置し、右にいくほど需要予測にフォーカスした内容になっています。

縦軸はレベル感です。下はエピソード、事例をメインとした入門書で、中段は基礎理論、上は実務での応用を目指す考え方まで書かれています。

需要予測を担うデマンドプランナーには、グローバルの標準知見を整理している『新版 需要予測の基本』（日本実業出版社）を推奨します。その上位の需給マネージャーやSCMディレクターであれば、需要予測でどう経営的な価値を創出するかにフォーカスした『需要予測の戦略的活用』（日本評論社）がおすすめです。これは複数の経営理論を掛け合わせたアイデアも提唱していて、組織マネジメントの観点も含まれています。

需要予測の実務を担うわけではないものの、コンサルタントやデータサイエンティストなどとして関わる方には、標準知見とトレンドトピックをライトに整理した『すごい需要予測』（PHPビジネス新書）を一読されるとよいかと思います。化粧品や心理学がお好きな方は『品切れ、過剰在庫を防ぐ技術』（光文社新書）で需要予測への興味を深めていただけると嬉しいです。

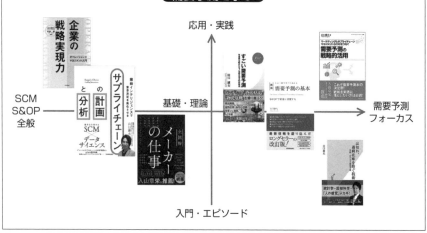

第7章

レジリエンスのための
在庫マネジメント

　4章から6章までで、データサイエンスやAIの基礎知識とともに、需要予測について解説してきました。需要予測はSCMの各種アクションのトリガーになるとともに、データサイエンス、主にAIで進化していることが把握できたと思います。

　ここではデータ分析に基づく需要予測で支援する意思決定の1つ、在庫計画を取り上げます。在庫計画は需要予測の直接の後工程であり、かつ調達や生産、物流計画の土台となる重要なものです。また、近年では供給の不確実性が高まる中、事業のレジリエンスを高めるための一手段として在庫管理の価値が見直されています。

　従来は統計安全在庫や経済的発注量などが在庫、発注計画の立案に使われてきましたが、扱う品種が増え、市場変化が速くなる中で、より複雑な制約条件を考慮した、粒度の細かな在庫管理が重要になっています。

　本章では在庫管理の標準知識を説明しつつ、どんなデータ分析で進化し始めているかを紹介します。

7-1 VUCAな環境下で変化する在庫の役割

★ ★ ☆ ☆ ☆

■ 在庫計画は需要予測ではない

需要予測や在庫計画、需給調整は別概念です。**需要予測というと、ときどき「在庫予測」や「需給予測」と言い換えられるのですが、ビジネスで課題を見つけ、適切な意思決定をしていくうえでは明確な区別が必須になります。**

需要はさまざまな情報を参考に予測するものですが、在庫は戦略を踏まえて意思決定するものです。アナリストなど第三者からすれば、在庫を予測するという概念もあるかもしれませんが、事業を運営する側では、在庫は予測しません。

需給とは需要と供給のことですが、ビジネスではこのバランスを調整しつづけることが重要だと1章で事例を通して説明しました。つまり需給も当事者であれば予測するものではなく、戦略や自社のケイパビリティを踏まえて意思決定するものと言えます。

発注（調達）や生産計画は需給に関する意思決定の結果に基づいて立案

需要予測と在庫計画、発注の関係

戦略観点

⬇

需要予測 ＋ 需要変動リスク ＝ 在庫計画

在庫計画 － 保有在庫 － 納入予定 ＝ 発注

＊業界によって消費・使用期限や発注インセンティブの考慮あり

されるものです。

こうした機能の区別は重要で、たとえば機械学習は予測が得意であるため、在庫計画や発注ではなくその前工程の需要予測に適する技術と位置づけられます。一方、目標（戦略）や制約条件がある中での意思決定を支援するのは、別の最適化系の技術になります。

データ分析は機能の違いを踏まえて適切な手法を選ぶ必要があり、基礎知識として定義は知っておくべきなのです。

■ 事業レジリエンスのための在庫

在庫は戦略を踏まえて意思決定するものだと述べましたが、持つべき量についての唯一の正解はありません。**外部環境、競合のアクション、自社内での戦略的な位置づけなどで、持つべき在庫量は変わります。**

在庫があれば急な需要変動や供給トラブルがあっても顧客に納品でき、信頼を維持できるというメリットがあります。もちろん、これによって売上も維持、向上できます。

一方、管理にはコストがかかり、長く置いておくほど廃棄リスクが高まります。また、在庫のためにキャッシュを使っているので、投資を非効率にする懸念もデメリットと言えます。

これまでは比較的、在庫はデメリットのほうが目立ちやすく、経営効率のためにリーンな状態が最適とされ、欠品抑制とのバランスの中で削減が目指されてきました。しかし、インバウンド需要の急拡大やCOVID-19によるパンデミック、グローバルにおける紛争、自然災害などによって供給が混乱する中、事業のレジリエンスが着目され、その1つの手段として在庫の役割が見直されているのです。

リーンとレジリエンスは必ずしも対立する概念ではありません。しかし、レジリエンスのために一部リーンの方針を見直すことが有効である[152]というのも事実です。本書ではコスト削減のための在庫管理という文脈ではなく、事業レジリエンスのための戦略的な在庫活用を軸に解説していきます。

7-2 マーケティングを支える デカップリングポイント

★★★★☆

■ 戦略的に生産を止める

主に製造業や小売業など、モノである製品を扱う事業において、事業レジリエンスのために在庫が重要であるとはいえ、闇雲に多く持つことが推奨されているわけではありません。在庫は金額や回転率で評価します。評価額は、最終製品に近づくほど上がります。

大きくは原材料→仕掛品→最終製品という生産に沿った在庫の変化があり、加工賃や付加価値によって棚卸資産額は上がっていきます。つまり、ここでもトレードオフがあり、原材料に近いほど棚卸資産額を抑えることができますが、顧客からの発注に対する納品リードタイムが長くなってしまうのです。

これを踏まえ、**どの時点の在庫を持っておくかを戦略的に考えることが有効**になります。この在庫として保管するタイミングを**デカップリングポイント**と呼びます。例としては、最終製品や原材料が挙げられます。

たとえば生産や検査、輸配送といった供給のリードタイムが長い場合、原材料で持っておくと品薄時の対応が遅れ、欠品による販売機会の損失が発生する確率が高くなります。そのため、需要が予測や計画に対して上ブレする可能性が高いと判断される場合は、最終製品の状態で在庫を持っておくほうが、欠品リスクを回避しやすくなります。

また、特定の生産ラインはキャパシティが逼迫気味という場合があります。こうした状況では、原材料在庫があっても品薄時にすぐに生産できないため、最終製品をデカップリングポイントにしておくほうがよいと言えます。

これらは一例であり、常に正解ではありません。しかし、このようにサービス率や欠品と在庫コストの両サイドから、状況に応じて在庫のデカップリングポイントを検討できるケイパビリティが、コストを抑えつつ事業の成長性確保につながるのです。

218

■ 尖ったマーケティングを支える在庫デカップリング戦略

　筆者がMCを務める「デマサロ！（山口雄大の需要予測サロン）」というWeb番組で、ヤッホーブルーイングというクラフトビールのメーカーを取材しました[153]。「よなよなエール」が代表商品ですが、ほかにも「インドの青鬼」や「水曜日のネコ」など、尖った商品開発とマーケティングプロモーションが有名な企業です。

　こうした市場に新しい価値を提供することで競争優位を目指す**「製品差別化戦略」**を採用する企業では、新製品の需要予測が大きな課題になります。**製品差別化戦略の企業では、新製品のヒットをスケール（拡大）させることが極めて重要であり、発売時の欠品は認知拡大に大きなマイナスとなるため、できるだけ避けなければなりません。**一方でビールの消費期限は長くなく、大量の在庫は廃棄ロスに直結します。しかし、既存市場にない製品、新しいプロモーションを目指すため、需要予測のために参考にできる情報が少なく、高い精度は期待しづらいのです。

　もちろん、需要予測でもできる限りの精度向上は目指します。酒類の飲料であり、価格帯や販売チャネルが類似する製品はあります。また、マーケティングプロモーションもある程度は過去に実施したものと質や投入規模を比較できます。さらに、営業担当者を通じて顧客（主に販売店）からの前評判も得ます。これらをフル活用して専門チームが予測を行ないます。

　一方で、在庫のデカップリングポイントを工夫することで、需要変動のリスクに備えます。製造工程で消費期限のカウントダウンが始まる一歩手前で止め、商談情報の確度が高まるのを待つのです。これはSCMの延期戦略の事例とも言えます。

　こうして営業部門と連携した需要予測と、在庫のデカップリングポイントを工夫した延期戦略を組み合わせることで、尖ったマーケティングを支え、製品差別化戦略で事業成長を実現しているのです。

■ エシェロン在庫の最適化

　このヤッホーブルーイングの事例は、自社内のサプライチェーンにおけ

る在庫のデカップリングポイントの工夫でしたが、より視野を広げてみましょう。企業を越えたサプライチェーン全体における在庫は**エシェロン在庫**（Echelon Inventory）と呼ばれますが、この最適化（Multi-Echelon Inventory Optimization）を目指すことが有効になります。

エシェロン在庫の観点でも原材料と最終製品の関係性同様のトレードオフが存在します。サプライチェーンの川上にある在庫ほど、Demand-Pooling効果（各所での需要変動が相殺される）によって需要変動は小さくなり、また在庫評価額が小さくなります。一方、川下にある在庫ほど、供給リードタイムや顧客へのサービスレベルの観点では競争優位になります。

こうしたトレードオフは、外部環境の変化による需要の変動可能性や、サプライチェーンの拡大による各種コストやリードタイムの変化などの影響を受けるため、一定ではありません。5-10などでも述べた通り、不確実性の高い条件下ではシナリオ分析が有効になり、エシェロン在庫の最適化においてもこうしたケイパビリティが必要になるのです。

具体的には、次の要素などにブレイクダウンされるのは、需要予測の領域と同様と言えるでしょう。

- シナリオ分析やシミュレーションを実現する高度な分析ツール
- それを使いこなす人材のスキル
- 数多くの商品を需要や在庫の観点で分類して効率的に管理するプロセス

また、データ分析で得られた理想の状態に急激に変えていくのではなく、既存のオペレーションや企業間、組織間の関係性も踏まえて、大きなコンフリクトを起こさないように推進することも、エシェロン在庫の最適化を成功させるためには重要だと指摘されています[154]。

在庫は供給トラブル時の事業レジリエンスだけでなく、新市場開拓のためのマーケティング支援にも有効活用でき、SCMで競争力を生み出す1つの強力な手段になりうることが理解いただけたのではないでしょうか。

7-3 持つべきものはよき在庫

★★☆☆☆

2種類の基本在庫

　必要な在庫もムダな在庫も見た目は同じで、製品マスタでも消費期限以外の観点では区別できません。しかし、意味的にはさまざまな種類があり、在庫量を適切に制御するには、区別して管理することが有効になります。

　事業を適切に運営していくために必要な在庫は"Good Inventory"と呼ばれ、以下のような意味を持つものとして整理されています[155]。

- ロットやコストを考慮したサイクル在庫
- 経験則ではない安全在庫
- ボトルネックを考慮したバッファ在庫
- 生産の平準化のための作りだめ在庫

　これらを含め、ここではさまざまな意味を持つ在庫を整理しましょう。

　まず押さえておくべきは**サイクル在庫**と**安全在庫**です。サイクル在庫とは、オペレーションサイクルに合わせて必要になる在庫であり、たとえば生産や発注が月に1回であれば、その間に出荷、販売される分を指します。つまり、オペレーションサイクルが週次などと短ければ、サイクル在庫は少なくなります。一方で、1回の生産・発注量は1／4などになるので、業務効率は低下します。これは生産・発注量と頻度におけるトレードオフです。

　安全在庫とは、オペレーションサイクル内の需要変動に備えるものです。受注生産でない限りは需要予測に誤差が発生し、実績が予測を上回る場合は、その分の在庫を用意しておかないと欠品となります。安全在庫の適切な設定がむずかしいのは、実績が予測を下回る場合もあり、それは**過剰在庫**を生むからです。安全在庫については次節でよりくわしく解説します。

基本的にはこのサイクル在庫と安全在庫をそれぞれ算出して、持つべき在庫を計画しますが、これを商品別に積み上げても現実的な在庫目標にはなりません。サプライチェーンのデザインや扱う商材の需要特性によって、あえて持つべき在庫があるのです。全社の在庫計画はこうした企業事情を踏まえて立案すべきであり、過去実績や競合他社の水準をベンチマークするだけでは不十分と言えます。

■ 全体最適の観点で必要な在庫

　では、具体的にどんな種類の在庫が"Good Inventory"であり、全社的な在庫計画に組み込むべきなのでしょうか。

　まず生産や発注などの単位であるロットによって発生する在庫があります。調達や生産、物流のロットはそれぞれの効率を高めるものであり、仕入れ単価や製品原価を抑え、積載効率などを高めるため、広い視野ではメリットが大きくなる可能性があります。この影響で発生する在庫は**ロット在庫**と呼び、**サプライチェーン全体最適の視点では必要なもの**になります。

　各社のサプライチェーンには、ボトルネックと呼ばれるモノの動きが滞りがちなプロセスがある場合がほとんどです。たとえば、金属の熱処理に時間がかかる、某国の通関に時間がかかるなどです。また、生産や物流の遅延が起こりやすいなどの脆弱性の観点でもボトルネックを考えることができます。スループット（throughput）と呼ばれるサプライチェーンの目標数値を達成するスピードを下げる可能性が高いボトルネックを踏まえ、顧客への商品供給が滞らないように準備しておくのが**バッファ在庫**です。

　シナリオ分析に関わるものとしては、3－3でも触れた**戦略在庫**があります。将来の需要増加を見越して、戦略的に上乗せしておく在庫です。

　ここで注意すべきは、**需要予測が楽観シナリオであるならば、戦略在庫は不要**だということです。需要予測が中立や悲観シナリオのときに、楽観シナリオにおける需要の上ブレを想定して持つものです。需要予測と在庫計画は別物だという話をしましたが、両方でバッファを持つというのは過剰在庫を生むリスクが極めて高く、避けるべきと言えます。

　また、戦略在庫の設定には必ず理由を必要とすべきです。ただ欠品が不

安だからという思いであらゆる商品の在庫を積み増すと、キャッシュ不足で倒産する可能性があると言っても過言ではないのです。

　製造業において、需要の季節性が大きい商品は、設備のキャパシティ制約から、ピークシーズン前に作りだめをする場合があります。日焼け止めや制汗剤、炭酸飲料、アイスクリームなどは夏の需要が冬と比較して非常に大きく、それに合わせた生産設備では秋冬の稼働率が低下してしまいます。そこで、需要に合わせて夏前に一気にピークシーズン分を作るのではなく、前の年の秋頃から在庫を備蓄し始める企業もあるくらいです。これはもちろんムダにはならないので、特定の時期に必須の在庫と言えるでしょう。

　これらはサプライチェーンのデザインやマーケティング戦略の観点から、事業運営に必要な"Good Inventory"であり、在庫計画にあらかじめ考慮すべきものです。

■ 許容すべき在庫

　できるだけ減らすのがよいものの、0にするのが非現実的な在庫もあります。たとえば、終売によって販売できなくなった在庫です。これは**陳腐化在庫**とも呼ばれ、**E&O**（Excess & Obsolete）**在庫**としてKPIにもなるものでもあります。ちなみに、E&Oの定義は次の通りです。

Excess Inventory：余剰在庫。要求されるスループット率を達成するために必要な最小量を超過する在庫。（後略）[156]
Obsolete Inventory：陳腐化在庫。組織によって設定された陳腐化基準を満たした在庫。（中略）陳腐化在庫は普通に使用されたり元通りの価格で販売されることはない。（後略）[157]

　終売にはいくつかの理由があります。機能が強化されたリニューアル品の発売や売上不振、原材料の調達困難、品質不良などです。こうした理由のほとんどでは、在庫がなくなったら終売ということにはならないため、在庫が残ってしまうのです。

223

代替品発売のために終売する場合は、終売時に在庫がなくなるのが理想ですが、そんなにうまくコントロールすることは至難の業です。これを目指すということは、終売前に長期欠品が発生するリスクを許容するということになり、そうした決断は顧客のことを考えるとむずかしいのです。

　終売品の在庫がなくなり次第、代替品を売り始めるといった方法もあります。しかし、この方法だと全国にあるさまざまな店舗における発売タイミングを揃えることができず、大々的なプロモーションを行ないにくくなります。

　また、複数の店舗が含まれるエリアだけでなく、1店舗においても新旧の仕様が売り場に混在するため、顧客に丁寧に説明しないとクレームが発生しかねません。加えて、この場合は商品を識別するJANコードなどを新旧で同一にする必要があり、物流センターにおけるオペレーションも、新旧が混在しないように注意が必要になります。つまり、販売や物流オペレーションでは負荷が大きくなるのです。

　そのため、終売に伴う在庫残は、できるだけ少なくすることを目指しつつも、ある程度は計画に見込んでおくべきものと言えます。

　終売時に限らず、需要予測には誤差が発生するため、それも考慮する必要があります。製造業において、需要が下ブレして在庫が計画よりも増えてしまったら、もちろんその後で減産調整を行ない、計画に近づけようとします。しかし、明日の生産を減らすといった緊急調整が頻発すれば生産現場が混乱するため、多くの場合は数週間や数ヵ月先の生産計画を減らします。

　つまり、こうしたオペレーションサイクルの間は需要変動分（下ブレ分）の在庫は多くなるのです。小売業や卸売業であれば、日々、業態によっては時間帯別の発注でコントロールできるので、製造業ほどは気にしなくてよいかもしれませんが、食品などは消費期限が短く、過剰在庫は廃棄ロスに直結します。

　需要予測の誤差は5－8で紹介したような指標で定量的に評価できるため、それを使ってこの誤差在庫を試算しておくことができます。また、予測精度の目標を、この在庫の観点も考慮して立案できるとよいでしょう。

これにより、予測精度目標と在庫目標をある程度、連動させられるのです。

　このように在庫にはさまざまな種類があり、見た目では区別できず、基本的には理論的に計算して管理することが必要になります。各社のビジネスモデルやサプライチェーンデザインを踏まえて、現実的に許容すべき"Good Inventory"を整理して、全社的な在庫計画の立案を目指すとよいでしょう。

さまざまな在庫

在庫の種類	算出の考え方
サイクル在庫	調達、生産のサイクル期間における需要量
安全在庫	過去の予測誤差・傾向を踏まえて設定
ロット在庫	調達、生産コストを考慮したロット数
バッファ在庫	サプライチェーンのボトルネックを考慮して設定
戦略在庫	施策対象、戦略的商品の楽観シナリオにおける需要の上ブレを想定
作りだめ在庫	ピークシーズンまでに必要な在庫量－生産能力
終売品の在庫残	終売計画と営業戦略、過去の終売残を基に予測
需要変動による在庫	BiasとMAPE、在庫の関係性をモデル化して予測

在庫の実物では区別できないものの、データを基に理論的に計算することで
適切な目標と**改善に向けた具体的なアクション**を策定することが可能になる

7-4 統計安全在庫の意味を読み解く

★★★☆☆

■ 需要は上下に等しくバラつくものか

つづいては、実際のSCMの現場でも比較的よく使われている**統計安全在庫**について説明します。統計安全在庫は、5-1で解説した基礎レベルの知識で理解することができ、SCMに関わるのであれば知っておくべきものと言えます。分散や標準偏差でつまずいたら、適宜、5章を読み直していただければと思います。

安全在庫は、過去の需要変動を考慮するものでした。これを統計的に分析して設定するのが統計安全在庫です。ここで留意すべきは、**過去の需要が正規分布でバラつくという前提が置かれる**ことです。

正規分布とは、次の図で描いているように、中央をトップに、両端へ等しく伸びていくベル型のカーブです。

ある商品の過去の需要を、横軸に需要(週別や月別など)、縦軸に出現頻度をとってプロットすることで、過去の需要の分布を描くことができま

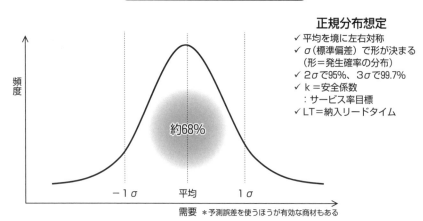

す。統計安全在庫では、それが図のようなベル型のカーブになる前提を置いて計算します。

　正規分布は平均と標準偏差でその特徴を捉えることができます。中央のトップの位置が平均需要であり、±１標準偏差の間に、過去の需要の約68％が含まれるという特徴を持ちます。言い換えると、確率的には約68％の確率で、需要は平均から上下に標準偏差分変動してきたということになります。

　正規分布が便利なのは、この標準偏差を２倍、３倍と広げていくことで、過去の需要の何％をカバーするかを決められる点です。たとえば標準偏差の２倍であれば、全体の約95％、３倍であれば99.7％をカバーします。よって、この標準偏差を基に在庫を用意しておけば、これらの確率で需要を満たすことができる＝そのサービス率を達成することができるはずだ、と考えるのが統計安全在庫の考え方なのです。

　これを理解すると、現実とのギャップを考えることができ、そのリスクへの対応を検討することができます。需要予測モデルのところでも述べましたが、実務家にとって重要なのはこうした理論的なモデルを現実にアジャストする思考であり、これができるレベルで数式やアルゴリズムは理解すればよいのです。

　統計安全在庫でいえば、各社が扱っている商材の需要は正規分布にバラついているのか、を確認することが重要になります。たとえば、季節性の大きな商材では、山のトップが中央には位置せず、左右に１つずつ発生する可能性があります。この場合、統計安全在庫は有効になりません。

　また、過去実績が十分にない新商品では、同様にきれいなベル型にはならないので、統計安全在庫の適用がむずかしいと言えます。一方で、過去データ数年以上などと十分にあり、かつ施策の対象になりにくく、市場も安定している場合は、正規分布に近くバラつく傾向があります。化学メーカーBASFのSCMシニアマネージャーであるAlan Millikenによれば、標準偏差を平均で割った変動係数（Coefficient of Variation）が１以下であれば、需要の分布を正規分布と仮定してもあまり問題はないとされています[158]。実際のプロットやこうした学術的知見などを参考にしつつ、自社に

おける統計安全在庫の活用を検討するのがよいでしょう。

■ リードタイムのルートの意味

さて、もう少しくわしく統計安全在庫の式を見ていきましょう。一般的には次の式で表現されます。

$$Statistical\ Safety\ Stock = k \times \sigma \times \sqrt{LT}$$

ここでkは**安全係数**と呼ばれ、標準偏差の何倍分の変動に耐えられるサービス率を目指すかを表します。サービス率95％、つまり欠品率5％を目指すのであれば、標準偏差の2倍をカバーする必要があり、$k=2$となります。

σは過去の需要の標準偏差です。LTとは供給リードタイムのことであり、たとえば小売業で翌々日納品の契約であれば2日ということになりますし、製造業で2ヵ月先の生産を調整できるのであれば、工場からの輸配送リードタイムも鑑み、2.5ヵ月などになります。

最初に式を見て疑問に思うのは、なぜ供給リードタイムにルート（平方根）がかかっているのかという点だと思います。σが日次や週次、月次といった単位時間あたりの需要の標準偏差であるならば、そのリードタイム倍をカバーしなければならないと感じるかもしれません。しかし、需要は上下に変動するというのを忘れてはいけません。

需要が上ブレすれば在庫が減るため、その分の安全在庫を用意しておく必要があるのですが、逆に下ブレすれば、意図せず在庫は増えるのです。例を挙げて説明します。

1日平均10個売れる商品があるとします。この分散は9だとすると、標準偏差は3個になります。需要が正規分布に従うのであれば、需要は約68％の確率で10±3個になるということです。

では、この商品の4日間の需要はどんな幅で予測することができるでしょうか。40±12個にはなりません。需要のバラつきは±なので、4日の間で相殺されるからです。分散はそのまま足すことが成り立つという分散の加法性[159]というのが知られていて、9×4で36になります。ここから4日

間における標準偏差を計算すると、36の平方根で6個となります。

　よって、4日間の需要は約68％の確率で、40±6個になると計算することができます。4（日間）の平方根は2であり、1日分の標準偏差3に2を掛けると6になりますね。これが供給リードタイムにルートがかかっている理由です。

■ 需要予測の視点がないロジック

　需要のバラつきを基にした統計安全在庫の意味を把握できたところで、このロジックが考慮できていないことを考えてみましょう。筆者が感じる最大の課題は、需要予測を考慮していないと思われる点です。需要の過去の平均値からのバラつきに合わせて安全在庫を考えるということは、需要は基本的に過去の平均値のままであるという前提を置いていることになります。

　つまり、単純移動平均モデルで高い精度を期待できる業界、商材であれば、この統計安全在庫が有効になると考えられます。しかし、需要に季節性が大きかったり、マーケティングプロモーションの対象になったりするような商材を扱っている場合は、それらを考慮した需要予測モデルが使われているはずです。

　後者のような業界、企業であれば、需要予測で季節やプロモーションを考慮するため、統計安全在庫は過剰となります。そこで、在庫管理担当者による調整が行なわれている場合が多いのですが、業務の負荷が大きく、属人的な判断に基づいてしまうという欠点もあります。次節ではこの欠点を補う1つのアイデアとして、予測誤差を使った安全在庫の考え方を紹介します。

7-5 需給の不確実性を考慮する 安全在庫

★★★★☆

■ 予測誤差を使った安全在庫計算

筆者は10年以上、化粧品メーカーに在籍していたこともあり、ここまで説明した統計安全在庫にあまり魅力を感じていませんでした。というのも、化粧品には春夏用や秋冬用といった使用感の異なる化粧水やファンデーション、化粧下地などがあるほか、ハンドクリームやリップクリーム、デオドラント、ネール（エナメル）、美白美容液、明るいヘアカラー、さらにはアイシャドウや口紅でも特定の季節に人気の色味など、需要に季節性があるものが非常に多いためです。

季節性が大きいということは、需要規模は季節に応じてバラつくということであり、だからといって安全在庫も多く持つべきだということにはなりません。 需要予測では当然、こうした季節性を考慮するからです。そこで筆者が考えた[160]のが、需要のバラつきではなく、予測誤差のバラつきを使って安全在庫を計算するというアレンジです。

この場合の安全在庫は先述の定義式を少し工夫する必要があります。

$$Forecast\ Error\ Based\ SSS = \mu_e \times LT + k \times \sigma_e \times \sqrt{LT}$$

ここでμ_eは予測誤差（実績 − 予測）の平均であり、σ_eは標準偏差です。μ_eは正負どちらの値にもなるでしょう。つまり、たとえば新商品の発売直後など、基本的に需要予測が実績よりも高い期間であれば、μ_eはマイナスの値となり、安全在庫は不要（0以下）になるかもしれません。そのため、この予測誤差ベースの安全在庫では、需要予測の傾向を見極めるのが重要になり、5−8で紹介したf-Biasなどの指標を併せてモニタリングすることが有効になります。

需要予測が高くなりがちな、たとえば施策対象品などのセグメントがあるかもしれませんし、1つの商品でも発売直後と発売から1年以上が経過

した後など、ライフステージによって需要予測の傾向は異なります。つまり、予測精度の管理と在庫の管理はセットで考えるのが有効になると筆者は考えています。

予測誤差ベースの安全在庫の式は、予測精度が高い商品の在庫は少なくてよいという考え方に基づくものであり、需要予測にある程度のリソースを投入している企業に向いています。

予測誤差ベースの安全在庫をうまく機能させるには、本書で解説してきた需要予測の標準知識が必須になります。具体的には、予測誤差の要因を適切に想像できるスキルとも言えます。予測モデルの特性に起因するのか、人的な意思入れに起因するのかなどによっても、予測誤差ベースの安全在庫の有効性は変わります。たとえば後者の場合、担当者やプロセスが変われば、需要予測の傾向も大きく変わる可能性があることに注意しなければなりません。

■ 供給リードタイムは一定か

つづいては供給の不確実性に対応するアレンジを紹介します。1章でも述べましたが、従来のSCMでは需要の不確実性にどうSCMで追従していくかが議論の中心だったと言えます。しかし、サプライチェーンがグローバルに拡大する中、パンデミックや国家間の紛争、自然災害といった外的環境変化の影響を受けやすくなり、供給の不確実性が重大な懸念事項になってきています。

こうした環境下で、調達や生産、物流といった供給のリードタイムが一定と仮定しつづけるのは、現実のビジネス条件と大きく乖離する可能性があります。金沢工業大学の上野善信教授は、統計安全在庫の式を次の通りアレンジしました[161]。

$$k \times (\sqrt{\mu_{LT} \times \sigma_d^2} + \sqrt{\mu_d^2 \times \sigma_{LT}^2})$$

ここで d は需要を表し、μ_{LT} や σ_d^2 は統計安全在庫の式におけるものと同じ意味ですが、σ_{LT}^2 と表現される供給リードタイムの標準偏差が導入されている点が上野教授のアレンジです。カッコ内の左部分は平均的なリード

タイムにおける需要変動に該当しますが、右部分がリードタイムの変動幅における需要を表現していると解釈できます。

これにより、供給リードタイムが延びた場合でも、その期間における平均的な需要分を安全在庫に加味しているので、欠品リスクを抑えることができます。これも元の基本式の前提を踏まえ、考慮できない条件を理解しているからこその、現実に合わせたアレンジと言えます。

経済的発注量や統計安全在庫といった教科書的なロジックは、在庫管理を理解するうえでわかりやすく、重要であり、適切に有効なセグメントを見極められれば、業務を効率化することが可能です。また、定義を理解することで、自社の商材の需要特性などに合わせたアレンジを考えることもできます。しかし、アレンジロジックは基本的に高度であり、効果的に扱うにはそれなりの専門知識やスキルが必須になることに留意すべきと言えます。

みなさまの関わるビジネスでも、本書で紹介している標準知識や前線事例を参考に、オリジナルロジックを考えていただければと思います。

なお、経済的発注量の詳細については、購入特典としてPDFをダウンロードできますので、以下のURLからアクセスしてください。

読者特典PDF　https://drive.google.com/file/d/1mHNHF9txID3C-WVn6QcvHunFnue_LD2R/view?usp=sharing

7-6 在庫最適化の制約条件

★★★★

本当は考慮したい在庫の制約

在庫計画の基本式として統計安全在庫を説明しましたが、アレンジを紹介したように、現実のビジネスには合いづらい部分があります。では、在庫計画を立案するために、本来はどのような条件を考慮できるとよいのでしょうか。

次の図はその例を列挙しています。

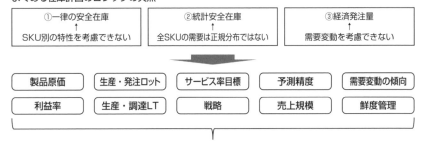

在庫計画のために本当は考慮したいデータ

本章ですでに述べたものを除くと、一例として**製品原価**が挙げられます。製造業では棚卸資産に、原価ベースの価格で反映されます。製品によって販売価格に対する原価率は異なるため、それが高いものはあまり在庫を増やしたくないはずです。

サービス率の目標も、製品によって異なる可能性があります。これは小売業や卸売業でも同様でしょう。顧客満足度に重要な定番品や、企業の戦略上重要な商品があるはずで、それらは特に欠品させたくないはずです。

また、筆者のアレンジとして紹介した**予測誤差ベースの安全在庫**のように、**商品ごとの予測精度も考慮したい**ところです。予測精度が高いカテゴリについては、在庫を多く持つ必要がないためです。

消費期限の短い食品などについては、それも在庫計画に考慮しているでしょう。これは鮮度管理などと呼ばれますが、少なくない企業で、製造ロットごとの生産年月を考慮しながら、人が管理しています。

このほかにも業界や扱っている商材、ビジネスモデルなどによって考慮したい条件はあるはずです。また、扱っている多くの商品ごとにも異なるはずで、それらをロジックで整理できている企業はほとんどないと言ってよいでしょう。

■ 多様な制約条件下の計画最適化

このように多様な制約条件がある中で、適切に在庫計画を立案するのは簡単ではありません。経済的発注量や統計安全在庫を使いながらも、在庫管理担当者がほとんど属人的に調整している場合が少なくないのです。

この領域で活用が期待されているのが**最適化技術**です[162]。これは複数の制約条件下で、なんらかの目標（目的関数）を最大化または最小化するように、変数を決める手法です。この技術を活用するためには、目標や条件

【簡単な在庫最適化計算例】

	商品A	商品B	
月平均需要	10,000	30,000	個
標準偏差	2,000	8,000	個
変動係数	0.20	0.27	
販売価格	4,000	3,500	円
原価	1,200	1,400	円
サービス率目標	99.3%	98.3%	
売上	3,971	10,325	万円
利益	2,780	6,195	万円
生産LT	2	2	カ月
サイクル在庫	20,000	60,000	個
安全在庫	6,917	24,071	個
在庫	26,917	84,071	個
在庫金額	3,230	11,770	万円

売上	14,296	万円
利益	8,975	万円
在庫	15,000	万円

目標：全体の利益最大化
変数：2商品のサービス率目標
制約条件：
　①全体在庫金額15,000万円以下
　②商品Aのサービス率95％以上
　③商品Bのサービス率97％以上

制約条件を満たす商品AとBのサービス率目標からそれぞれの安全在庫を算出できる

をモデル化する必要があります。

　たとえば、前ページの図のような平均需要や標準偏差の商品Aと商品B
を扱っている企業があるとします。目標を利益の最大化としましょう。

　これは次の式で表現することができます。

$$P = \sum_i (D_i \times S_i \times p_i)$$

　ここで、Pは全社利益、D_iは商品iの需要、S_iはサービス率（1－欠品率）、
p_iは商品iの利益額で販売価格から原価を引いて算出します。

　同様に制約条件もモデル化します。具体的には、サービス率や、それを
決めることによって計算できる在庫金額に関する制約条件です。シンプル
に考えるために、商品AもBも需要に大きな季節性がなく、正規分布に従
うと仮定します。

$$S_A \geq 95\% \quad S_B \geq 97\%$$
$$I \leq 15,000万円$$

　ここでIは全社在庫金額です。商品Aは最低でも95%以上、Bは97%以上
のサービス率が必須とします。これは競合のサービスレベルなども考慮し
て検討されるものです。また、全社的には売上目標を踏まえ、在庫回転率
などのKPIを設定する場合が多く、そこから目標となる在庫金額を算出す
ることができます。これを仮に15,000万円としましょう。

　こうした制約条件下で利益が最大になるような変数、商品AとBのサー
ビス率を最適化計算によって求める[163]と、それぞれ99.3%と98.3%となり、
利益額は8,975万円になりました。ここから統計安全在庫の式を使って計
算すると、それぞれの在庫目標は26,917個と84,071個になります。

　これは商品ごとの原価や利益額（率）、生産リードタイム、サービス率
目標、戦略（商品Bのサービス率を97%以上にしつつ、利益を最大化する
など）、売上規模などを考慮した在庫計画です。

　これくらいシンプルな条件であれば、エクセルのソルバーでも解ける[164]
のですが、実際には次のように条件が複雑になり、Pythonなどを使った
プログラミングで解くことになります。

- 扱う商品数が数百や数千、数万以上になる
- 需要が正規分布に従わない商品がある（商品ごとに予測誤差の規模や傾向が異なる）
- 商品によっては生産ロットの考慮が必要な場合がある

　目標を利益ではなく、在庫金額の最小化にすることもできます。この場合は売上や利益が制約条件になり、先ほどと同様にサービス率を変数として最適化します。このように、**何を目標にするかによって最適化計算の結果は変わり、まさに在庫計画は戦略を踏まえた意思決定であると言えます。**

　このような計画の最適化技術を有効活用するために重要なのは、変数を決め、目標と制約条件をモデル化することです。これが現実の条件に近づくほど、有益な示唆が得られることになります。

　しかし、現実を正確に再現しようとするほど、モデルは複雑になり、計算時間が爆発的に増加していきます。そこで、実際には現実の条件の中でも重要なものを選んでシンプルにモデル化し、シミュレーションとして使いつつ、モデルにない条件は有識者が加味するというのが有効になります。

　最適化技術にくわしいデータサイエンティストと組む場合でも、このモデル化の整理は、自社ビジネスを熟知した有識者が主導する必要があります。そのためにも最適化技術で何ができ、どんなことを整理しなければならないかは理解しておきましょう。

■ 逆にシンプルな在庫計画

　需要予測同様に、在庫計画にどれだけリソースを割くかも企業の戦略の一部になります。筆者は需要予測、SCMを専門としているため、これらが生み出す競争力を実感していて、リソースをしっかりと配分し、業界のリーディングカンパニーを目指す戦略を支持します。しかし、すべての企業についてこれが正解ではないとも思っていて、こうした**オペレーションを可能な限りシンプルにし、効率化を図るという戦略もある**と思っています。

デンマークの油圧機器メーカーのシニアサプライチェーンプロフェッシ
ョナルであるAlina Davydovaは、統計安全在庫をConsumption Modelと
呼ぶ一方で、よりシンプルな考え方の在庫計画ロジックをDemand Model
として紹介しています[165]。

これは、過去の一定期間における平均需要に対し、何日分の在庫（DOS：
Day of Coverage）を確保するという考え方です。このDOSは各業界や競
合、顧客を熟知した各社の有識者が知見に基づいて設定します。つまり、
属人的ではあるのですが、多様な条件をモデル化するのは簡単ではないた
め、こうしたDemand Modelのようなロジックが有効になる場合もあるの
です。特に制約条件を整理するのがむずかしいような、不確実性の高い条
件下では有効になると指摘されています。

ただし、これも統計安全在庫同様に、需要予測を考慮していないため、
予測精度が高い商品の在庫が不必要に多くなる可能性があることには注意
が必要です。これも有識者が適切に判断できれば、DOSを小さくすると
いう対応でカバーできますが、属人性は残ってしまいます。

このように、在庫計画にはシンプルなロジックから複雑なアレンジまで
幅広くあります。扱う全商品について一律に対応するのではなく、セグメ
ント別に考えることが業務効率を向上させます。次節では、高度な在庫管
理のためのセグメンテーションを解説します。

7-7 セグメント別の在庫戦略

★★★★☆

■ 予測精度別の在庫管理方針

7-4でも引用したAlan Millikenは、需要情報に基づく在庫のセグメンテーション管理の有効性を指摘しています[166]。具体的には次の図に示すように、需要や利益の規模と変動可能性でセグメンテーションします。もちろん、これらの軸は業界や商材に応じてアレンジすることが有効でしょう。

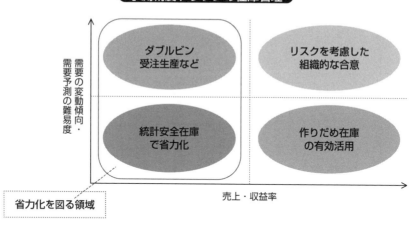

ここでは横軸に売上や収益率といった商品ごとの稼ぐ力をとり、縦軸に需要予測の難易度、つまりは過去の予測誤差などをとります。この場合、**右上は売上や利益の規模が大きく、一方で需要予測がむずかしい商品がプロット**されます。具体的には主力ブランドの新商品や市場シェア争いの激しい施策対象品などが該当するでしょう。

こうした商品の需要予測はむずかしいですが、特に欠品はできるだけ避

けたいものです。需要規模が大きいため、それが急減すると大量の過剰在庫を発生させてしまうリスクもあり、組織として動向を注視し、在庫に関する意思決定をしていく必要があるものです。特にリソースをかけて管理してよいセグメントと言えるでしょう。

　右下は売上、利益が大きく、需要予測がしやすい商品です。ロイヤルティの高い顧客を多く掴んでいる定番商品などが含まれます。こうした商品は安定的な需要があるため、多少作りだめをしても過剰在庫にはなりにくく、予測がむずかしい商品の急な増減産の調整にも使えます。

　左下は需要予測がしやすいものの、売上や利益が小さい商品です。統計安全在庫などで業務負荷を減らし、ほかのセグメントの商品の需要予測や在庫管理に時間を使うのが効率的でしょう。

　左上は売上、利益が小さく、需要予測がむずかしい商品です。そのため、可能であれば需要予測が不要な受注生産で対応できるのが望ましく、取引の規模が小さいため、顧客にも比較的受け入れられやすい可能性があります。また、売上規模が小さいため、多少在庫が多くなっても経営への影響は小さいと言えます。そこで、ある程度大きなロットで発注し、2箱用意しておいて、1箱なくなったら1箱発注するというような、管理負荷の低いダブルビン方式などが有効になります。

　こうしたセグメンテーションは市場変化や商品配置の更新などによって適宜、見直していくべきものです。組織として管理のフレームを設計し、定例オペレーションとして運用できるとよいでしょう。

■ ライフステージ別の在庫管理

　このほか、**商品のライフサイクルのステージを考慮したセグメンテーションも有効になる場合があります。**特に新商品の発売頻度が高く、売上構成比の大きい企業に適するでしょう。

　商品のライフステージによって、需要の変動可能性は大きく異なりますし、組織内における注目度も違います。たとえば新商品は組織内での注目度が高いため、計画が高くなりがちで、over-forecastになりがちです。これを踏まえると安全在庫は少なくてよく、需要動向への注視が必要です。

また、セグメント別の在庫方針に加えて、KPI管理の仕組みも検討できるとより効果的です。新商品であれば、発売直後の売上だけに注目するのではなく、一定期間後に在庫が過剰になっていないかを含め、利益の観点でもトップマネジメントへ報告するなどが有効になります。

発売後、特に季節性が明確になっていない期間も需要予測はむずかしくなります。しかし、この期間は社内からの関心は急速に薄れ、需要予測担当者やSCM部門のみが動向をチェックしているという状態になりやすいと言えます。そのため、欠品さえ発生させなければ目立たず、在庫が膨れやすい時期になります。

そこで、商品の属性と需要パターンの関係性をデータ分析で明らかにし、在庫管理の方針を工夫することが有効になります。ここまででも紹介してきたさまざまな業務効率化でリソースを創出し、ここに投入できるとよいでしょう。

発売から1年以上が経過し、需要の季節性やトレンドを見極められるようになると、予測精度は上がっていきます。このタイミングからは時系列モデルが有効になりやすい一方、統計的なモデルは変化への追従が遅れるため、トレンドの変化に注目し、安全在庫に反映させていく必要があります。

ここでいずれ売れるからと在庫管理を甘くすると、すぐにはマイナス影響が現れないため、後で過剰在庫や陳腐化在庫に気づき、手遅れになってしまいます。そこで、社内で在庫陳腐化の定義を合意し、早期にPLに反映させていくという対応などが有効になります。

終売時の在庫コントロールはかなりむずかしいものです。新商品とは異なり、基本的には社内の注目度は高くありません。しかし、半期や決算などのタイミングで廃棄ロスが着目されると、急に原因究明が始まる場合もあります。

4−7で終売品需要予測のむずかしさに触れましたが、在庫管理も同じ理由で難易度が高いと言えます。売上規模が小さくても顧客がついているため、営業部門と丁寧にコミュニケーションし、終売の時期や在庫の残し方などを組織として合意する必要があります。

ライフステージ別の在庫の実態

	新商品	発売後1年以内	1年以上	終売品
実態	約8割が計画割れ	下降トレンドへの追随が遅い（心理的要因）	トレンド変化への追従が遅い（統計的要因）	意識が低い在庫が余りがち
在庫ポリシー	サイクル在庫＋若干	需要波形に基づくカテゴリ別対応	安全在庫ベース	営業部門との丁寧なコミュニケーション
KPI管理	一定期間後の在庫残トップ報告	在庫マネジメントへのリソース投入	陳腐化の定義・早期のPLへの反映	E&O在庫目標

　しかし、あらゆる終売品の在庫を残して、顧客への供給を優先すると、E&O在庫はかなり膨れ上がります。終売が発表されると小売業や卸売業でも在庫を減らし始めるため、メーカーからの出荷が想定以上に下降する場合があり、在庫計画を0や場合によってはマイナスにしておくことも効果的な可能性があります。

　こうした在庫管理のためのセグメンテーションは、常に需要予測やその精度管理とセットです。各社のビジネスモデルや需要特性、顧客との関係性なども考慮して、独自のセグメンテーションをアレンジできると効果的でしょう。

7-8 SCMが生み出す 事業レジリエンス

★★★★☆

■ 危機ドリブンのサプライチェーン再構築

　自然災害やパンデミックなどの大きな外部環境変化によって、事業のレジリエンスのために在庫管理が重要な役割を果たすことが多くの業界で再確認されました。在庫を持つデメリットは、特にSCMに携わる実務家は日々実感している通りですが、在庫を極力持たないことのリスクは、改めて確認しておくのがよいでしょう。具体的にはハーバードビジネススクールのWilly C. Shih教授によって次の通り整理されています[167]。

- **売上減少リスク**
- **資材価格の高騰リスク**
- **在庫確保のための労力やコスト**

　これらを平時に意識することはあまりないと言えますが、供給の大混乱によって四苦八苦の対応を経験すると実感できるものです。ロジックで影響金額を試算することがむずかしいものの、たとえば2020年から拡大したCOVID-19の影響を定量評価することで、1つの知見として組織に蓄積できるでしょう。

　また、Willy C. Shih教授はこうした**サプライチェーンの危機に、単に機能の回復を目指すだけでなく、プロセスのイノベーションを進めることが重要**だと指摘しています。実際、欠品や過剰在庫などがフォーカスされる時期は、経営層を含め、あらゆるステークホルダーがSCMの重要性を認識するため、大きな変革を提案するのに適したタイミングでもあるのです。

　プロセスイノベーションの具体的な内容は業界や企業によって異なりますが、例として次の4つが挙げられています。

① サプライチェーンオペレーションの自動化
② 新しい処理技術の導入
③ 連続フロー生産の導入
④ 3Dプリンティングへのチャレンジ

　パンデミックによって人同士の接触のリスクが注目された結果、工場や倉庫におけるロボットの活用が着目されました。これはオペレーションの自動化を進めます。パンデミックが収まった後も、人手不足への対応や生産性の向上が期待できます。

　また、工場や倉庫の機械化に合わせて、新しい処理技術の導入も検討するのがよいでしょう。環境負荷の低いエネルギーの使用や、水の使用、二酸化炭素の排出などを減らす技術の導入などを進めることで、中長期的に企業の競争力を高めることが可能になります。

　連続フロー製造は医薬品業界の事例です。くわしくは米国防総省国防高等研究計画局（DARPA）の取り組みなどを調べていただくのがよいですが、生産プロセスを見直し、輸入原薬への依存度を下げることで、ジェネリック医薬品の供給の安定性を高めようとしています。国として安定供給が重要なカテゴリは、企業を越えた連携を進めるのも有効であり、これも危機がドライブすると言えるでしょう。

　サプライヤーへの依存度を下げるという意味では、3Dプリンティングの導入も同様です。特に海外、遠方のサプライヤーから輸入している原材料・部品は、外部環境変化の影響を受けやすいと考えられます。これを3Dプリンティングで補完できれば、供給のレジリエンスを高めることが可能です。今後は多品種少量生産のコストを下げることも期待されています。

　サプライチェーンの脆弱性が明らかになる外部環境変化では、在庫のメリットを再確認して確保することも重要ですが、併せてサプライチェーンプロセスのイノベーションも推進できると、中長期的な事業レジリエンスを高めることができるのです。

■ 調達・生産・流通のレジリエンス強化

つづいて、SCMとして事業のレジリエンスを高めるためにできることを、機能軸で整理してみましょう。ボストンコンサルティングの内田康介氏が調達・生産・流通の3区分でまとめた[168] ものに、筆者が需要予測やサプライチェーンパートナーシップの観点を加えたのが次の図です。

レジリエンシー強化の選択肢

SCMの各機能でレジリエンシーを考え、組み合わせて推進する

【需要予測・需給調整】Key Word：シナリオプランニング	【調達】サプライヤーエコシステム	【生産】生産ネットワーク	【流通】チャネルおよび顧客
因果モデルの構築	原材料、部品在庫の最適化	生産・組織能力の拡張	完成品在庫の最適化
シナリオ分析とRange-forecasting	多様な地域のサプライヤーで調達網を再構成	バックアップ用の委託製造企業との契約	流通パートナーの多様化
予測精度メトリクスを使った市場解釈	サプライヤーの生産拠点移転	自社生産拠点の移転、ローカル分散	輸送手段の再考
戦略在庫の設定とマネジメントのしくみ	サプライヤーとのリスク情報の共有	自社生産とアウトソースの見直し	自社流通とアウトソースの見直し
在庫セグメンテーションにおける供給リスクの加味	重点サプライヤーとのパートナーシップ強化	インダストリー4.0への投資（プロセスイノベーション）	倉庫のローカル分散
サプライチェーンのデジタルツイン	サプライチェーンの透明性向上	Design for Logistics, for Supply Chain	環境負荷低減

需要予測や需給調整領域では、4〜6章で述べてきたのでここではくわしくは述べませんが、不確実性に対するシナリオ分析がポイントです。そのために因果モデルを構築し、シナリオ別の需要予測でリスクを想定して、戦略在庫などのレジリエンスを高めるアクションを推進します。また、市場変化を予測精度メトリクスで早期に捉え、背景を解釈することで、サプライチェーンの適応力を高めることも有効になるでしょう。

調達機能で考えるレジリエンスは、筆者の理解ではリスク分散です。多様な地域、複数のサプライヤーと契約することで、どこかの地域で自然災

害や紛争などがあっても、ほかから調達できるようにするという考え方です。

調達はこの後の８章で取り上げますが、従来はボリュームディスカウントを狙った集中購買が行なわれてきました。調達のリスク分散はこれとは逆行するため、短期的にはコスト増になる可能性が高いと言え、決断は容易ではないでしょう。

筆者がこれにつけ加えたのが、サプライヤーとの中長期のパートナーシップ強化です。これは**サプライヤーリレーションシップマネジメント**と呼ばれ、VUCAな環境下の一大テーマになっている印象です（詳細は８−４参照）。

また、ここに**人権デューデリジェンス**も加えたほうがよいと考えています。株主などの投資家や金融機関からサプライチェーンの透明性が求められる中、児童労働などは事業継続に大きなリスクとなるためです。

生産についてはサプライチェーンデザインの再構築がポイントになりそうです。具体的にはバックアップ用の生産拠点や消費地に近いところへの拠点移転、アウトソーシングの見直しなどが挙げられます。近年では物流効率の観点を商品設計の段階で考慮するDesign for Logisticsという概念も注目されています。

本節前半でも取り上げましたが、海外でも危機下の生産プロセスイノベーションは提唱されていて、技術の進歩を踏まえ、新しいロボットやソフトウェアを積極的に取り入れていくこともレジリエンスを高めると考えられています。10年以上前にドイツがIndustry4.0と呼ばれる新しい工業化を提唱しました[169]が、機械化、電気の活用、ITの活用につづく４つ目の産業革命として、Cyber Physical Systems（CPS）を活用する自律制御型のスマート工場の実現が進められてきました。これも資源やエネルギーの活用効率を高め、高齢化を含む社会課題の解決を目指すものであり、事業の継続性に寄与すると期待されています。

流通においては、調達と生産、両方の方針と類似する点が多くあります。物流については９章でフォーカスしますが、国内で物流クライシスが叫ばれる中、製造業や小売業、商社、外食サービス業など、あらゆる業界の荷

主企業は信頼できる物流パートナーとの関係性強化が重要になっています。

　また、流通の観点でもサプライチェーンデザインの再構築は着目されていて、アウトソーシングの見直しや物流拠点のローカル分散を検討し始めている企業があります。在庫は増える可能性は高いのですが、物流で自社を優先できることや、消費地近くに在庫を確保できることで、有事の際にも供給を継続しやすくするというメリットが得られます。

　流通の観点でこれにつけ加えるとすれば、環境負荷への配慮です。輸送手段や物流拠点の再考の際には、シミュレーションなども活用するはずですが、ここで環境負荷も考慮できるとよいでしょう。ロジスティクスにおける環境対応については9章でくわしく解説します。

　SCMで主導するレジリエンスは、SCMの幅広い機能それぞれで考えることができ、組み合わせて実行することで相乗効果を期待できます。

　本章ではその一手段として重要な在庫管理を解説しましたが、併せて供給を支える調達、生産、物流、そして需要予測やサプライチェーンデザインの観点でも、データと情報、高度な分析技術を駆使して大きな意思決定を支援することが有効なのです。つづく2つの章では、これらサプライプランニングとロジスティクスにおける進化を整理していきましょう。

第8章

パートナーと目指す持続可能なサプライプランニング

　SCMにおいて、需要予測を中心とするデマンドプランニングと対になる重要な機能がサプライプランニングです。これは供給の計画であり、具体的には調達（Procurement）や生産（Production）、流通・物流（Distribution）の計画を指します。流通・物流についてはロジスティクスを解説する9章で取り上げるため、ここでは調達と生産にフォーカスします。

　需要予測やデータ分析、在庫計画は小売業や卸売業、商社、物流会社、サービス業など、幅広い業界で重要になる機能でした。調達はこれらと同様ですが、生産は特に製造業に関連する内容になります。しかし、サプライチェーンに関わる企業であれば、生産機能に関する基礎知識は備えておくのがよいでしょう。製品やサービスの提供に携わる企業は、生産を担うサプライチェーンパートナーである製造業との協働は必須だからです。その課題感や進化の方向性を理解し、サプライチェーンの垂直連携を強化できると、エコシステムとしての競争力を高めることができるはずです。

8-1 購買と調達に求められる役割

★ ★ ☆ ☆ ☆

■ 購買と調達の違い

さまざまな企業において、購買部門や調達部門が配置されていることでしょう。

英語でもPurchasingとProcurementという似たような言葉があり、その違いはあまり意識されていないと感じます。ビジネスでは細かな言葉の定義は、学術論文ほど重視されないものの、使い分けには目指す方向性という意図が含まれていることが多く、それを理解していることは、パーパスを踏まえた自律的な意思決定に有効になります。

購買と調達は、2章で紹介した土屋剛氏によると次のような整理になります。

購買：生産や販売のために資材や商品を必要な時期までに取り揃える機能
調達：事業戦略に基づき、サプライヤーの選定、交渉を経て、必要な資材
**　　　や商品を取り揃える機能**

筆者の理解でも調達のほうがやや広く、サプライヤーに対してパートナーとしてより積極的に関与していくイメージを持っています。外部環境の不確実性が増し、サプライヤーとのパートナーシップが重要になる中、購買・調達機能にもより高い付加価値が求められていて、経営からは広義の調達としての役割が期待されていると言えるでしょう。

ノーザンケンタッキー大学のBridget Satinover Nichols准教授らによると、調達部門はサプライヤーのトリプルボトムラインと呼ばれる問題に気を配らなければなりません[170]。トリプルボトムラインとは次の3つの問題を指します。

① 経営幹部による横領といった経済的問題
② 不公平な賃金といった社会的問題
③ 生産における汚染といった環境問題

　これらは商品の品質に直接的に関わるものではない場合が多いのですが、それでも顧客、消費者は結びつけて考える傾向があるそうです。そのため、サプライチェーンがグローバルに拡大し、サプライヤーの多様性も増していく中で、調達部門には関係性を強化していくべきパートナーを見極めるスキルが重要になっているのです。

購買と調達

購買
Purchasing

生産・販売のために必要な原材料・部品、商品などを、必要な時期までにサプライヤーから取り揃えること

資材、供給品、サービス

調達
Procurement

事業戦略に基づき
サプライヤー選定と交渉を経て
必要なモノを取り揃えること

購買、在庫管理、輸送、
受領、入荷検査、廃棄利用を含む

トリプルボトムライン ………………… 品質の評判へ影響

経済問題	社会問題	環境問題
例：幹部による横領	例：不公平な賃金	例：汚染

■ 調達機能のミッション

　COVID-19によるパンデミック後の半導体不足がわかりやすいですが、そのほかにも液化天然ガスやマグロ、牛肉など、日本が調達で苦戦する事例が増えてきています[171]。

249

調達・購買の著名コンサルタントである坂口孝則氏によると、この原因は**国内市場の成熟、多重下請け構造や高すぎる品質要求、全員納得主義による決断の遅さ**などが指摘されています。一企業の調達部門がこれらすべてを解決できるわけではないのですが、少なくともいくつかの課題は自社の安定供給のために参考にできるものです。

調達部門は安定して、商品に必要な品質の原材料や部品（資材）、もしくは商品そのものを、競争力のある販売価格で売るための価格で買いつづけることが重要な役割になります。仕入れたい資材や商品の需要が高まり、供給が逼迫した場合でも、自社に優先的に、適正な価格で売ってもらえるようなサプライヤーとの関係性構築が期待されます。

高い価格で仕入れざるを得ない場合、需給バランスを踏まえたプライシングがむずかしく、コストベースで値づけすることになり、販売価格も高くなってしまいます。この結果、競争優位が低下して需要が下降し、売上や利益を減らすことになります。

良好な関係性構築のためには、サプライヤーが効率的に生産を行ないやすいように早期の発注を心がけたり、サプライヤーの生産性を向上させるためにノウハウや技術を提供したりといった、積極的な関与が有効になります。Appleの重点サプライヤーへの投資や、グローバル大手消費財メーカーのサプライヤーへの技術支援などはまさにこうした事例です。

国内化粧品メーカーでも、インバウンド需要の急拡大の際には、人気商品の原材料を確実に確保するために、従来よりも何ヵ月も早く発注するといった動きがありました。ただし、これにはより中長期の需要予測が必要になり、短期的な時系列予測だけでは不足することになります。そのため、サプライヤーとの長期のパートナーシップを意識した企業では、調達部門が需要予測に興味を持ち始めているのです。

重点サプライヤーとの関係性を深めるためには、トップレベルの交渉が有効になる場合もあります。坂口氏も参考文献に挙げた著書の中で、入手難の調達品についてイーロン・マスクが直接動いた例を挙げています。つまり、トップマネジメントが調達機能を積極的に支援することが必要になっていると言えます。経営層もSCMの標準的な知識を持つべきだという

のは、供給の安定性を目指す調達の観点からも言えるわけです。

調達部門のミッション

仕入れ価格	→	商品値づけ （プライシング）	→	需給バランス	→	売上・利益
⬆		⬆		⬆		⬆
調達部門		マーケティング部門		SCM部門		経営管理部門

・品質・仕入れ価格・納期
・**サプライヤーとの関係性**構築・維持
　➤早期発注
　➤サプライヤーへの積極関与
　➤トップ交渉

【調達難に対するその他の対策】
➤戦略的プライシング
➤需要刺激策（プロモーション）
➤価格弾力性分析（需要予測）
➤在庫最適化
➤利益観点での商品ポートフォリオ管理

　ハーバードビジネススクールのWilly C. Shih教授は、事業のレジリエンスを目指すグローバルサプライチェーンの再編において、次の4点が重要になると述べています[172]。

① 　地理と地政学
② 　物流
③ 　脱炭素化と持続可能性
④ 　サプライヤーの健全性

　その中で製造業の調達機能は、コストダウン、つまりはサプライヤーとの価格交渉を重視しすぎてきたと指摘されています。地政学的な不安定性が増し、脱炭素化といった環境負荷低減が注目される中、自社だけでなく、サプライチェーン全体での取り組みが重要になっています。そこでは顧客と反対側に位置するサプライヤーについてもっと知り、エコシステムにおける戦略的パートナーとして協働を目指していくことがますます重要になっていくでしょう。

8-2 調達環境の変化

★★☆☆☆

■ 調達の外部環境変化

近年のビジネス環境の不確実性の増大は、サプライチェーンへの影響が含まれ、(調達)物流を含む調達領域に関連するものです。この調達環境の変化について、筆者がアレンジしたPEST分析で整理したのが次の図です。

調達環境の変化

Political 政治的要因	Economic/ Environmental 経済・環境的要因	Social 社会的要因	Technological 技術的要因
・大国間の経済対立による貿易摩擦 ・保護主義の台頭による調達の不確実性増加 ・武力紛争によるサプライチェーンの分断	・エネルギー価格の高騰 ・原材料価格の高騰 ・異常気象によるサプライチェーンの機能停止 ・為替変動による原材料価格の高騰 ・サプライヤーの廃業	・ウイルスや災害などによるサプライチェーンの機能停止 ・サプライヤーの人権問題への関心の高まり	・サプライヤーへのサイバー攻撃 ・交渉AIの活用 ・特定の取引先間でのブロックチェーン活用

グリーン調達方針：サプライチェーン全体での環境への配慮

 Design for Logistics　商品開発の段階から物流効率や環境負荷へ配慮する考え方

貿易摩擦やナショナリズム・保護主義の台頭は、海外からの調達の不確実性を増加させています。グローバルサプライチェーンを駆使する企業では特に、こうした政治的・地政学的な調達リスクが大きいと言えるでしょう。

経済的な要素では、エネルギーや原材料価格の高騰が調達における仕入れ価格に影響します。2024年では過去10年以上と比較して円安になってい

て、こうした為替レートも調達では重視されます。安く仕入れられるときにまとめて仕入れようという話も出ますが、「どれくらいまとめて仕入れても、在庫の陳腐化リスクが低いか」「為替レートがこの先どうなるのか」といった予測が簡単ではなく、運用はむずかしいようです。

前者は需要予測である程度、対応できるものの、後者は因果関係が極めて複雑であり、予測が困難なのはみなさんもお感じの通りです。

こうした予測困難な要素については、多大なリソースを投入して予測しようとするよりも、供給の安定性に関わる重要なサインポストとしてモニタリングする仕組みを考えるのが有効です。

社会的な要素としては、パンデミックによるオペレーションの制限が思い浮かべやすいですが、**グローバル調達領域では特に、人権への配慮が重要になってきています**。日本では想像しづらいですが、英国では現代奴隷法[173]といった衝撃的な報訳名の法令も整備されていて、人権侵害が大きな関心を集めているのです。

サプライチェーンにおける人権への配慮、特に海外のサプライヤーや、さらにそのサプライヤーなどにおける**児童労働や強制労働について調査し、リスク管理することは人権デューデリジェンスと呼ばれ、重視されています。調達部門にはこうした人権リスク管理も期待されます**。米国の1万2千人以上を対象とした調査では、人権デューデリジェンスを実施し、人権侵害を防ぐためになんらかの行動を起こしている企業は、人権侵害を起こしているかどうかは別にして高評価された[174]と示されています。

技術的な観点では、サイバー攻撃リスクへの対処が重要です。グローバルサプライチェーンでは、システムでもパートナー企業とつながる場合が少なくありません。どこかのサプライヤーのシステムセキュリティが脆弱であれば、そこを狙われてしまう懸念があります。たとえば2022年にはトヨタ自動車の部品メーカーが狙われ、国内生産が一時的に停止した[175]という事態になりました。大規模なメーカーでもこうした事態になるため、グローバルサプライチェーンのサイバーリスク対策は急務と言えるでしょう。

■ グリーン調達

　一般的なPEST分析には含まれませんが、筆者がよく加える環境的な要素（Environmental）では、調達機能も環境負荷への配慮が求められていると整理できます。これは「**グリーン調達**」として知られるもので、自社の生産や販売オペレーションだけでなく、仕入れた資材や商品が、それまでのサプライチェーンでどれだけの環境負荷をかけてきたのかを把握し、低減することが社会から求められているのです。

　具体的には、生産工程における環境負荷の低い原材料や部品、商品を調達するということであり、製造業であれば製品設計に関わります。そうなると製品開発の段階からグリーン調達を意識する必要があり、これは「Design for Supply Chain[176]」などとも呼ばれます。物流の効率や環境負荷低減を考慮した設計である「Design for Logistics」と同様、製品を開発する企業では意識したい概念と言えます。

　環境負荷への影響で特に注目されているのが地球温暖化の原因ともされている二酸化炭素の排出です。サプライチェーンの過程でどれだけの二酸化炭素を排出してきたかは「カーボンフットプリント」という概念で、社会から可視化を求められています[177]。

　サプライチェーン全体のカーボンフットプリントを減らすためには、次のようなことが有効であり、調達部門で主導できることは少なくありません。

- リサイクル素材やクリーンエネルギーの使用
- サステナビリティに配慮したサプライヤーの選定
- 水やエネルギーの使用量が少ない工程の採用
- 使い終わった資源の再利用や廃棄の工夫

　しかし、サプライヤーなど自社以外のパートナー企業のカーボンフットプリントを推定することは簡単ではありません。業界の平均データを使用して推定するといった方法が比較的行なわれていますが、本来は実際の排

出量を計算しないと実態を把握できているとは言えません。

　これに対しハーバードビジネススクールのRobert S. Kaplan名誉教授らによる「E負債（E-liability）」という会計システムが提唱されています[178]。しかし、企業内にこうした専門的な知見を持ってサステナビリティプロジェクトを推進できる人材がいない場合も多いと言われます。E負債の詳細は参考文献をご参照いただければと思いますが、各社は自社で排出した二酸化炭素と、直接のサプライヤーから仕入れた資材を生産する過程で排出されてきた二酸化炭素にのみ責任を負うという考え方で、1社ごとはサプライチェーン全体を対象にはしません。

　これを財務諸表のように取りまとめて公開するという仕組みです。原材料の採掘から最終顧客へのラストマイル配送までが対象となるため、全体としてはサプライチェーンのカーボンフットプリントが追跡されることになるのです。環境規制に則ってサプライチェーンを動かし、かつ顧客やパートナーも巻き込んでいくことは「Green Supply Chain」と呼ばれますが、E負債のようなアイデアはこうした動きを主導する武器になるでしょう。

　調達機能はサプライチェーンにおいて他社と連携する領域であり、広いサプライチェーン全体における人権や環境負荷への配慮も求められる重要な役割を果たしています。

8-3 サプライヤーマネジメント

★ ★ ★ ☆ ☆

■ サプライヤーの評価軸

　調達機能として、サプライヤーと良好な関係を築くことが重要なのですが、多くのサプライヤーと取引がある場合、そのすべてと密なコミュニケーションをとることは現実的ではない可能性があります。そこでサプライヤーを決まった軸で評価し、戦略的に関係性構築を考える、「**サプライヤーマネジメント**」が有効になります。

　サプライヤーの評価は品質・仕入れ価格・納期遵守などを軸に行なわれますが、契約時のサービスレベルを踏まえる必要があります。これは「サービスレベルアグリーメント（SLA）」と呼ばれる、基本的サポートの履行条件を示す文書[179]でまとめられますので、こうした評価や分析の際には確認する必要があります。

　つまり、**契約時にきちんとサービス内容、レベルについて合意しておくことが重要であり、ここで抜け漏れがないよう、チェックリストや評価シートを予め用意している企業が多くあります**。これは経産省もガイドラインをまとめている[180]ので、興味のある方は注釈のURLをご参照ください。

　サプライヤーマネジメントでは、この契約に基づいて公正に評価を行ないます。ここでサプライヤーを層別に分け、中長期的にどんな関係性を目指すかを検討していきます。

　具体的には、次の3層が挙げられています[181]。

① コモディティ提供サプライヤー
② 優良サプライヤー
③ 戦略的パートナー

　コモディティを提供するサプライヤーは、供給トラブルがあっても代替

サプライヤーを見つけることが容易であり、関係性構築の優先度は低めになります。資材や商品の品質や価格、納期遵守率などを考慮して適宜、見直していくのがよいでしょう。

これらが安定している優良サプライヤーとは、中長期的に関係性を維持していくのが基本戦略となります。中でも品質や価格の圧倒的な優位性や、資材・商品そのものの独自性などが高いサプライヤーは、自社事業の継続性において極めて重要となるため、戦略的パートナーとしての関係性構築にリソースを割いていくのが有効になります。

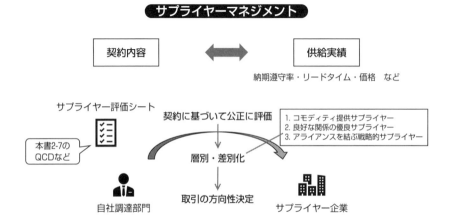

■ 危機後はサプライヤー評価のチャンス

2020年から2023年前半まで、企業や人々の行動に大きな影響を与えたCOVID-19によるパンデミックは、サプライヤーのリスクを改めて評価するよい機会だと指摘されています。具体的には次の3つの軸での確認です。

- 自社の売上への影響度合い
- 混乱からの立ち直りにかかる時間
- 代替サプライヤーの数

需要予測でCPFRに取り組む際に、商品と顧客の２軸で優先順位づけをするという話は３－２で伝えましたが、ここでは商品・資材とサプライヤーという２軸で、売上への影響度を評価します。売上が大きな商品や多数の商品に使われている資材を多く発注しているサプライヤーは、自社の売上への影響度が大きいと言え、リスク管理の優先度が高くなります。

　また、サプライヤーごとに、混乱時にどれくらいの期間、操業が停止したかも整理することが推奨されます。ただし、これはサプライヤーだけの問題ではない場合もあり、国ごとの規制や対応方針の違いも影響することに留意すべきと言えます。

　代替サプライヤーの数や契約条件についても評価しておくとよいです。これが少なかったり、あっても契約条件が希望とかなり乖離したりしている場合は、いまのサプライヤーが先述の戦略的パートナーの候補になります。業界によってはサプライヤーのレジリエンス強化のために投資する企業もあり、トータルサプライチェーンとしての持続可能性を追求することも競争力を生むと考えられています。

　Willy C. Shih教授の記事によれば、リスクの大きいサプライヤーに対しては、ほかの国や地域の代替サプライヤーを探すという対策が推奨されています[182]。筆者はこれに加え、戦略的パートナーとの協働も重要であると考えていて、次節ではこれについてよりくわしく述べていきたいと思います。

8-4 BCPのためのサプライヤーパートナーシップ

★★★☆☆

■ 戦略的サプライチェーンパートナーとしてのサプライヤー

　サプライヤーを資材・商品品質、仕入れ価格、納期遵守率、契約条件、事業の継続性に関するリスクなどによって評価して自社の対応方針を考えるサプライヤーマネジメントに対し、より踏み込んで戦略的なサプライチェーンパートナーとして協働していく取り組みは「**サプライヤーリレーションシップマネジメント（SRM）**」と呼ばれます。マーケティングやデマンドマネジメント関連の領域として、CRMはよく耳にすると思いますが、サプライチェーンの反対方向にいるパートナーとの関係性も同様に重要なのです。

　改めてサプライヤーマネジメントとサプライヤーリレーションシップマネジメントの定義を整理しておく[183]と、次の通りになります。

サプライヤーマネジメント……供給業者の評価_契約内容と照らし合わせて、供給者の実績を評価すること。指標には通常、納期純率、リードタイム、価格などが含まれる。
サプライヤーリレーションシップマネジメント……サプライヤー関係管理。企業の利用する商品やサービスを供給する組織とのやり取りの管理へ向けた、広範なアプローチ手法。SRMのゴールは、企業とそのサプライヤー間のプロセスを整理し、より効率的にすることである。（後略）

　SRMの大きな目的は、サプライヤーのオペレーションを高度化し、自社にとって重要な資材や商品の安定供給を可能にして、事業の継続性を高めることです。これには前節で説明したサプライヤーマネジメントが必要で、戦略的パートナーを見極めるとともに、供給リスクを両社で認識することにも役立ちます。

259

ほかにも、両社間の取引を可能な限り自動化、効率化することも重要です。中長期のパートナーシップを目指すため、システムでデータを連携し、オペレーションを効率化することが有効になります。

　また、調達環境に関する情報を密に交換することも有効です。それぞれで把握できるサプライチェーン領域には違いがあり、双方で環境変化を察知して共有することで、早期にサプライチェーンの継続性確保に向けたアクションを検討、実行できる可能性が高くなります。しかし、自社の実績や環境負荷低減に向けた活動の詳細を広く公開することは、契約交渉で不利に使われる懸念があると考える企業もあり、信頼できるパートナーの見極めが重視されています。

　ミシガン大学のJeffrey K. Liker教授は、トヨタとホンダに学び、「サプライヤーとのパートナーシップを築くはしご」として、次の6ステップを提唱しています[184]。

① 　サプライヤーの流儀を理解する
② 　サプライヤー同士を競わせる
③ 　サプライヤーを直接監督する
④ 　サプライヤーの技術力を育成する
⑤ 　サプライヤーを選んで情報を流す
⑥ 　サプライヤーと一緒に改善活動を実施する

　サプライヤーの業務内容や社風などを深く理解することが、中長期的に協働してwin-winの関係性を目指していくために必要になります。その中で、コストや品質に妥協することなく、サプライヤー同士を競わせつつ、直接監督して、技術力の育成を支援していくことを目指します。単に安い調達のために、サプライヤー同士を競わせるのではないことが重要です。

　また、中長期的なパートナーシップを目指すといっても、すべての情報を垂れ流すのではなく、相手を選び、情報を選別して共有することが重要だと指摘されています。情報が多すぎると論点がぼやけ、かつサプライヤーも混乱してしまうからです。両社の課題を定期的に共有しあい、協働し

て改善を目指し、かつ得られた利益は公平に分配していくことが信頼を生み出します。

■ サプライヤーの課題を協働して解決する

さらに踏み込んで、サプライヤーのイノベーションを支援することも自社の競争力につながります。資材や商品の品質が向上すれば、自社顧客への優位性が高まるかもしれませんし、生産プロセスが効率化できれば、仕入れ価格が下がり、自社顧客への販売価格を下げられる可能性があり、これも競争優位を高めます。

つまりサプライヤーからの提供価値を高める支援を行なうことで、自社事業の継続性や競争優位性を高めることをねらい、相互に有益な関係性を築いていくのもSRMの重要なポイントになります。

たとえばオフィス用品を販売するアスクルでは、2022年にAIを活用した、サプライヤーへの発注量平準化の実証実験をしました[185]。従来は需要予測と安全在庫を踏まえ、都度、必要量の発注を行なっていたそうですが、これだと毎回の発注量がバラついてしまいます。その結果、サプライヤーはトラックの手配に追われたり、積載効率が低くなったりという課題がありました。国内物流は継続の危機が指摘されていることもあり、アスクルはサプライヤーを巻き込んだ発注量平準化に取り組んだというわけです。

特に取引量の多い事務用品メーカーのコクヨと、家庭用消費財メーカーの花王を戦略的なパートナーとして決め、発注量の平準化を目指しました。アスクルが1週間分の需要予測を2社へ連携し、在庫を確保したうえで、AIを使ってサプライヤーのトラック積載可能量やこれまでの取引実績（商品のサイズや重量など）を考慮した積み合わせを計画し、正式発注するというオペレーションです。

これにより、トラックの必要台数を減らせることがわかり、次のような問題を減らせることが期待されています。

- サプライヤーがトラックを手配できない
- 集荷時間の締め切りが前倒しになる

261

- **納期通りに届かない**

　これは二酸化炭素の排出量も減らすことができ、環境負荷低減にも効果があります。

　ほかにも、ウォルマートが中国の多数のサプライヤーに対し、環境負荷低減に関する研修を提供し、両社のコストを削減できる納入プロセスを共同開発したり、スターバックスが環境・社会的責任を果たすためのガイドラインを決め、その評価に基づいてサプライヤーや農家にプレミアム価格を支払って仕入れたりといった取り組み例があります[186]。どちらも中長期的な安定供給を目指すリスク管理の側面があり、SRMで競争力を生み出そうとしていると捉えることができます。

　このようなサプライヤーのオペレーションも含めて変革する取り組みに投資し、win-winの関係性と、サプライチェーンの安定による事業の継続性強化を目指すのは、まさにSRMの好事例と言えるでしょう。

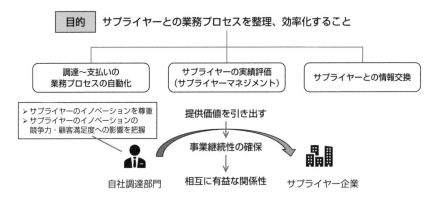

8-5 生産の計画と実行の マネジメント

★ ★ ☆ ☆ ☆

■ 管理＝計画＋統制

　8章の後半では、サプライプランニングの中でも生産にフォーカスしていきます。最終製品だけでなく原材料や部品を含めてですが、主には製造業のオペレーションが対象となります。

　製造業においては**生産管理**という機能も極めて重要です。自社で工場を保有せず、OEM（Original Equipment Manufacturer）に委託する企業もありますが、自社商材の品質には責任があり、生産を適切に管理する必要があります。

　生産管理は、具体的には次の2つの機能を含みます。

① **生産計画**
② **生産統制**

　生産計画とは、依頼元と約束した納期に間に合うように、生産のスケジュールを立案する機能を指します。2 - 7で説明した通り、生産においても、納期以外に品質やコストも重要になります。顧客の要望に応える品質を担保しつつ、利益を創出できるコストで生産する必要があるからです。

　この際、工場の人員や生産設備の能力（キャパシティ）、生産効率、原材料・部品の納入スケジュールなども考慮する必要があり、適切な生産計画を立案するには知見やスキルが必要とされます。この生産計画は「Master Production Schedule（MPS：**基準生産計画**)」と呼ばれ、「具体的な品目を特定の数量と日付に製造する計画[187]」を指します。これを基に、「Rough Cut Capacity Planning（RCCP）」と呼ばれる、生産に必要なリソースの算出が行なわれます。ここで言うリソースには、「労働力や機械装置、倉庫スペース、サプライヤーの供給能力[188]」が含まれます。

生産統制とは、計画通りに生産を実行する機能を指します。そのために日・時間単位で細かく作業指示を現場に出す必要があります。作業の進捗を管理し、遅れやトラブルがあれば迅速に対処し、スケジュールを守れるように軌道修正します。

　これら2つの機能を合わせて生産管理と呼び、製造業では専門的なチームが設置される場合が多いです。

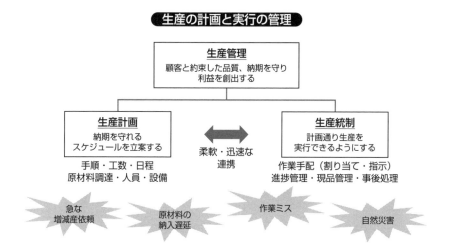

■ 生産のアジリティ

　多くの制約条件を考慮した生産計画の立案と、品質・コスト・納期を含む計画通りの実行だけでも簡単ではありませんが、実際にはここに需要変動が発生します。ここまででも述べてきた通り、生産は需要予測に基づく在庫計画を踏まえて立案される場合が多いですが、需要予測には誤差が発生するため、これを踏まえた予測修正に可能な限り迅速に追従していくことが求められるのです。

　大きな需要変動は基本的に、市場変化によって発生します。競合から新製品が発売されたり、海外からの新規参入があったりなど、自社でコントロールできない要因による場合も多くあります。

264

需要変動以外でも、サプライヤーからの原材料・部品の納入が遅れる場合や、自然災害によって物流が滞ったり、自社工場の生産が停止したりする場合もあります。こうした大きなトラブルがなくても、工場内の作業ミスも絶対にないとは言い切れません。

　このようなさまざまな要因によって、生産計画を当初のものから変更せざるをえなくなります。生産機能にはこうした変化にも迅速に対応し、都度、最適な計画に更新することも求められるのです。これは**生産のアジリティ**と呼ばれ、需要予測同様にSCMのパフォーマンスに極めて大きな影響を与える要素として重視されています。

■ 現場改善がアジリティを生み出す

　生産のアジリティを高めるためには、日ごろからの継続的な現場改善が重要です。生産現場の作業改善には、経営工学的な手法（Industrial Engineering：IE）が使われてきました。この手法では大きく次の３つのポイントに着目して分析、改善を行ないます。

① 　生産プロセス
② 　作業者
③ 　生産設備

　生産プロセスとは、資材発注、納品から完成品（自社が販売する製品）生産までのプロセスです。作業工程やモノの流れに着目して、作業スピードや効率などを分析します。具体例としては、時間の経過と共に変化する累計実績流動数曲線を使った生産プロセス分析などが挙げられます。

　作業者にフォーカスする場合は、一連の作業における順序に着目したり、各作業における動作に着目したりします。

　生産設備の分析では主に稼働率に着目します。長時間にわたって連続的に分析する手法や、反対にランダムなタイミングで観測して分析するサンプリング的な手法があります。

8-6 資材のマネジメント

★★★☆☆

■ 生産計画に必要な3要素

生産を実行するためには、原材料や部品を必要量、用意しておかなければなりません。この必要量を算出するためにまず必要なのが、前節で説明したMPSです。これは需要予測や受注残（オーダーを受けても在庫がなくて出荷できなかった分）、自社が販売する商品の在庫に加え、工場の生産能力や人員、稼働率目標なども考慮して立案されるスケジュールのことでした。

MPSに必要な原材料や部品は、「BOM（Bills of Materials）」と略される部品表を使って計算できます。次の図の左上のように、1つの商品を構成する原材料や部品と、その必要数がまとまったものです。これを継続的にメンテナンスすることで、常に正しく必要量を計算できるようにしておくことが重要です。ここにサプライヤーからの納品リードタイムや仕入単価も紐づけて管理できるとよいでしょう。ただし、これらは供給の不安

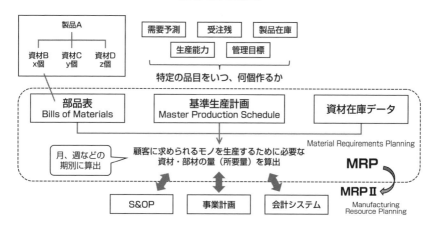

2つのMRP

定性によって変化する可能性があり、継続的なメンテナンスには一定のリソース投入が必要になります。

MPSをBOMで原材料や部品に展開し、自社にある原材料や部品の在庫を加味してサプライヤーに発注します。自社に十分な原材料・部品在庫があれば、生産計画が入っていても、新たに発注する必要はないからです。

MPS、BOM、原材料・部品在庫の3つの要素を管理し、原材料・部品のSKUごとに管理して、サプライヤーへ発注するモノと数を決めるのがMRPと略される「**資材所要量展開（Material Requirements Planning）**」です。1つの製品には複数の原材料や部品が使われる場合が多く、MRPで管理すべき種類は膨大になります。そのため、MRPはシステムで管理している企業が多いと言えます。

ちなみに原材料・部品のSKUごとの管理であるMRPに対し、製品に紐づけて原材料・部品を管理することを**製番管理**と言います[189]。MRPでは、複数の製品に使われる共通品目をまとめて発注してボリュームディスカウントを狙ったり、複数の製品間で融通し合って効率的に原材料・部品在庫を運用できたりするメリットがあります。一方、製番管理では顧客からのオーダーごとに管理でき、供給の進捗把握や納期回答がしやすいというメリットがあり、一企業内で使い分けられる場合もあります。

MRPや製番管理で必要と計算された原材料・部品を使う生産に必要なキャパシティを計画することは、**Capacity Requirements Planning（CRP）**と言います。RCCPよりも細かな期間別に生産キャパシティが不足しないかを確認するものです。生産計画に関連するさまざまな略語が登場しましたので、ここで一度整理しましょう（次図参照）。

各種生産計画の関係性

	所要量の計画	生産キャパシティの確認
製品	MPS（基準生産計画）	➡ RCCP（ラフカット能力計画）
原材料・部品	MRP・製番管理	➡ CRP

＊原材料や部品を使う生産のためのキャパシティ確認

■ 2つ目のMRP

近い業務領域に同じくMRPと略される概念があり、それは**MRPⅡ**と呼ばれて区別されます。これは「Manufacturing Resource Planning」の略であり、日本語では**製造資源計画**や**生産資源計画**と訳され[190]、資材所要量展開のMRPを含むさまざまな計画を経営管理に連携するオペレーションを指します。

SCM領域における需要予測やMPS、MRP、**生産キャパシティに関する計画（Resource Planning）**などだけでなく、事業計画やそれとSCMを連携させるS&OPも含め、製造業のあらゆるリソースを効果的に活用することを目指します。高度なMRPⅡでは、What-if分析（シナリオ分析）が実装されていて、たとえばある製品の需要予測を20％上げると、必要な生産キャパシティや原材料はどの程度増加し、財務指標にいくら影響があるかをシミュレーションできるイメージです。

これはサプライチェーンをデジタル空間に再現し、シミュレーションを行なうデジタルツインに近いものだと認識しています。ただ、筆者はシンプルな条件のWhat-if分析機能が実装されたツールは知っていますが、現実のサプライチェーンのように複雑な条件を考慮できる高度なデジタルツインは見たことがありません。6章で説明した需要予測AIや、7章で紹介した在庫計画、生産計画の最適化などは、高度なサプライチェーンデジタルツインに必要な要素になると考えています。このほかにも、資材発注量や物流における配車計画、トラックへの積み付け計画、配送ルートなどの最適化も必要になるでしょう。

高度なアルゴリズムの開発、機械の計算能力の向上、データ管理基盤の強化によって、現実の複雑なサプライチェーンに近いものをサイバー空間に再現できるときが近づいている印象はあります。しかし、業界やビジネスモデルによって、先述の各要素の詳細はアレンジが必要になるはずで、汎用的なデジタルツインの登場を期待するのはややむずかしいと筆者は感じています。

ノルウェー科学技術大学のSourav Senguptaらも、食品小売を例に廃棄

ロス"0"を目指すバリューチェーン構築のための、S&OPにおけるデジタルツイン活用について考察していて[191]、筆者に近い意見を整理しています。彼らはS&OPコンサルタントやデジタルツインにくわしい科学者らと共に食品小売業のマネージャーにインタビューし、関連する文献を調査した結果を以下の通りまとめました。

- デジタルツイン技術は、サプライチェーンの効率性や顧客へのサービスレベルを落とすことなく、廃棄ロス"0"を実現するバリューチェーン構築を主導できるポテンシャルがある
- これを実現するためには、デジタルツインの技術者だけでなく、**各業界のドメイン知識を持ったプロフェッショナルとの協働が必須**であり、汎用的なパッケージは適さないと考えられる
- デジタルツイン技術を使ったシナリオ分析やビジュアライゼーションは、意思決定者の思考の幅を広げることで、トレードオフの関係にある複雑なサプライチェーン課題（新商品の発売やキャンペーンの実施など）の解決を支援できる
- デジタルツインを構成する各種技術（AI分析・3Dモデリング・最適化・統計的モデリング・ルール＆ヒューリスティクス）によって、余剰在庫のフードバンクへの寄付の量や時期の予測など、比較的シンプルな課題は自動化し、在庫補充など状況に応じた判断が重要な課題は自律化（結果からの学習がある）させていくのが有効だと考えられる

　こうした研究知見も踏まえると、筆者は、需要予測や在庫計画、資材発注、物流など、各社の競争優位に重要な領域から順番に先進的な技術を試し、徐々にサプライチェーンのデジタルツインを目指すのが有効な道筋だと考えています。

8-7 企業ブランドを創る品質管理

★ ★ ★ ☆ ☆

品質管理の２つの活動

　作業改善で重視される項目の１つに品質があります。製造業だけでなくサービス業も含めて、商品の品質はマーケティングやロジスティクス同様に、競争優位の観点で重要になります。特にコモディティを扱うのではなく、製品差別化戦略を採用している企業において重要です。

　品質管理は生産現場を中心に行なわれますが、２つの活動があります。

- 不適合品を早期に発見する検査活動
- 不適合品を生産しないようにする改善活動

　品質検査では従来、人の五感を使ったプロセスが主流でしたが、画像認識AIによる異常検知など、データサイエンスの活用による進化が進んでいる領域です。たとえば、生鮮食品の加工工程で、傷んだ食材を画像解析で検知し、品質向上を目指すといった取り組みはすでに行なわれています[192]。ほかにもタイヤメーカーにおいて、原材料の加工に関する知見や生産工程で得られる膨大な情報、熟練技術者のノウハウなどをAIに学習させ、品質保証の判断の効率化が目指されています。

　品質の改善活動では、古くからQC（Quality Control）７つ道具と呼ばれる分析手法が知られています。これは多くの生産管理をテーマとした書籍[193]で解説されていますし、インターネットにも比較的信頼性の高い情報が掲載されているため、ここでは詳細は取り上げませんがパレート図や特性要因図といったものがあります。

　５－１で紹介したデータサイエンスの力で言うと、データを読み、分類し、法則性を見つけるのを支援するツールが多いです。そのため、この７つ道具は機械学習や最適化技術によってさらに進化すると思います。

関連して、生産のノウハウやトラブルなど、定性的な情報を整理、分析するための「新QC7つ道具」も提唱されています。こちらは言語情報を扱う場合も多いため、生成AIが進化を支援できる可能性が高いと思います。たとえば過去に発生した現場での事故に関する膨大なレポートを、場所や工程などで分類し、対策のポイントを生成AIで整理するなどのアイデアがあります。

新しい技術による進化は、従来から有効であった手法を熟知し、その課題も把握した実務プロフェッショナルでないと考えられないはずです。これからSCMに関わる方は、先進技術、事例だけでなく、ここで紹介したような古典的な手法も学んでおくとよいでしょう。

■ 品質管理のステージと目指す基準

品質管理は、「関わる人、グループが増えていく全社的品質管理（Total Quality Control）」→「改善対象が広がっていく総合的品質管理（Total Quality Management）」とレベルが上がっていきます。

全社的というのは、生産の現場（工場）だけでなく、商品開発を主導するマーケティング部門や商品設計を担当するエンジニアリング部門、サプライヤー選定を担う調達部門なども巻き込むという意味です。

品質管理

関わる人が多い　　　　改善対象が広い

Quality Control Quality Assurance 品質管理・保証	Total Quality Control 全社的品質管理	Total Quality Management 総合的品質管理
生産現場中心の活動	マーケティング、エンジニアリング、購買なども含めた全社的な活動	工程や製品だけでなく、職場の文化の改善も対象

不適合品を事前に見つける
検査活動　←AIによる異常検知などの
データサイエンスの活用が進む

不適合品を生成しないようにする
改善活動

QC7つ道具　データビジュアライゼーション
要因・相関分析

新QC7つ道具　ノウハウ・トラブルなど
定性情報の整理・分析

総合的というのは、生産工程や商品そのものの品質だけでなく、職場文化の改善も対象とするものです。商品の品質に関する課題は生産現場の努力だけですべて解決できるわけではなく、部門を越え、オペレーションを越えて、横断的に取り組まなければならないということです。

　品質管理はトレーサビリティとも深い関連があると指摘されています[194]。というのも、製品の品質に不具合があり、使用者などに被害が生じた場合、製造業にはそれを賠償する責任があり[195]、次のことなどを把握することが、迅速で効率的な対応につながるからです。

- どの製品が同じ工程や原材料で作られたか
- どの店舗でどの顧客に販売されたか

　グローバルにビジネスを展開する企業では特に、ISO（International Organization Standardization）という国際規格の審査基準を満たしておくことが競争力になります。品質管理に関する基準はISO9001としてまとめられていて[196]、品質管理のプロセス（組織の状況）やリーダーシップ、品質目標を達成するための計画策定や運用および、パフォーマンスの評価などに関する要求事項が挙げられています。

　製造業における品質不正の問題がニュースになることがありますが、組織の文化に起因しそうな事例も少なくない印象です。だからこそ総合的品質管理が重要になり、その中では行動リスクマネジメントによって、場合によっては組織の文化も変え、問題が発生する前に予防することを目指します。この行動アプローチでは、認知バイアスや組織に対する不信感などが不正の原因となることを踏まえ、業務プロセスや組織構造の分析から、リスク要因を見つけ出そうとします[197]。オランダのコンサルティングファーム、&サムハウドの行動エキスパートであるWieke Scholtenらによると、行動リスクの要因に対するアクションの1つとして、組織をアップデートするためのセッションが提唱されていますが、これはまさに総合的品質管理のための活動と言えるものです。

8-8 サイバー&フィジカル

★ ★ ★ ★ ☆

■ 輸送リードタイムがなくなる!?

　市場変化への適応力はSCM、ひいては事業運営において極めて重要ですが、これはニアタイムの需要変動察知と需要予測のリバイスに加え、生産のアジリティが支えるということを述べてきました。本書で言う生産のアジリティとは、生産計画の臨機応変な補正力だけを指すわけではありません。それを実行し、実際に商品を供給するまでが対象となりますが、ここで**特に増産が必要な場合に大きなボトルネックになるのが原材料・部品の調達とその輸送リードタイム**です。

　需要予測のリバイスに合わせて生産計画を変更し、工場内の設備、人員の体制を整えたとしても、原材料・部品が適切なタイミングで揃わないと増産できません。原材料や部品の生産はサプライヤーの管轄ですし、その工場が海外など、自社工場から遠く離れた場所にあれば、輸送リードタイムが長くなり、物流トラブルが発生するリスクも高くなります。

　こうした課題に対し、解決が期待されているのが積層造型法技術、**3Dプリンティング**です。**技術革新の兆候を掴んだら自社オペレーションにどう活かせるかを考え、他社に追従するのではなく、率先して試してノウハウをいち早く獲得するスタンスが競争優位を生む**と考えています。

　3Dプリンティングとは、原材料から立体的な形状を生成する技術です。こうした技術にくわしいpluszero の大澤遼一CSOによれば、3Dプリンティングのビジネス影響は次の通り、予想されています[198]。

- 売上機会損失の低減・商品の付加価値向上
- 物流費（輸送コスト）の減少
- 工場の人件費の減少
- 製造装置の導入・運用費用の発生

市場変化へのサプライチェーンの追従において、3Dプリンティングで原材料や部品を生産できれば、調達や輸送のリードタイムを劇的に短くすることができるでしょう。結果、需要が急増しても比較的早期に商品を追加供給でき、販売の機会損失を低減することが可能になります。

　また、消費地に近いところでの生産が可能になる可能性が高く、顧客に合わせた商品機能の調整がしやすくなり、これは付加価値も高めると言えます。

　消費地に近いところでの生産はムダな輸送を減らせる可能性があり、物流費減少が期待されています。筆者はこれに加え、需要変動対応の物流費を削減できると考えています。緊急の輸送はスポット契約になる場合が多く、物流費は高くなります。3Dプリンティングによって自社工場で対応できれば、これに関する物流自体が不要になるため、物流費は減ります。

　デメリットとして挙げられているのが、3Dプリンティングの設備導入および運用コストです。需要が増加すれば価格は下がっていくはずですが、設備コスト以外にも、3Dプリンティングの品質や、金型の作成または入手、それに関するサプライヤーとの契約、原材料の、その原材料の確保・管理など、運用に向けて乗り越えるべきハードルは少なくない印象です。

　しかし、ゼネラル・エレクトリックは航空機のエンジン部品を3Dプリンティングで製造し始めていて、今後も機械部品やリペアパーツなど、比較的小さく、限られた原材料で多様なサイズバリエーションなどが展開されているモノから、活用が広がっていく可能性があると思います。

　リペアパーツは、市場における稼働台数や稼働率、使用年数などからある程度は需要を予測することができますが、そうしたデータが入手できないと、その確保はかなりむずかしくなります。特に製品が終売になった後も、しばらくの期間は保守対応する必要がある場合もあり、生産・物流のリードタイムを鑑みて在庫を多く抱えがちになります。このように需要規模が小さく、一方で長期的に供給責任があるモノなどは、3Dプリンティングによって消費地の近くでアジャイルに生産できると、経営的な効果を創出しやすいと考えられます。

　新技術は、実際に試してみることで自社のビジネスに合った活用法を見

つけることができます。他社事例だけではわからないことも多いですし、なによりそれだとリーディングカンパニーにはなれません。

■ 日本メーカー浮上のカギになるCPS

3Dプリンティングに限らず、先進的なデジタル技術を駆使して効率性を高めるスマートファクトリーの構想が注目されています。画像認識AIによる危険領域への出入りの管理や、作業進捗の自動把握、音声認識や数値解析AIによる品質・設備の異常検知など、工場オペレーションにおけるさまざまな自動化・効率化の取り組みが挙げられます。

こうした要素を組み合わせることで、サイバー空間上に工場の状況を再現し、そこでのシミュレーション結果を現実のオペレーションに活かしていくCyber Physical System（CPS）がスマートファクトリーを実現する1つの方向性です。これはデジタルツインの概念を含み[199]、CPS上で、たとえば作業者の配置や生産順序などを変更した場合の生産性をシミュレーションし、現実の生産オペレーションの管理に活かします。

このためには各工程を標準化して、モデルと現実が整合するようにしなければなりませんし、各所からリアルタイムに近いデータをセンシングする仕組みの整備も重要になります。そのため、設備などから自動的にデータを収集するためのIoT（Internet of Things）とスマートファクトリーはセットで語られることが多いのです。

カリフォルニア大学のMohsen Attaran教授はデジタルサプライチェーンを可能にする以下の8つの技術を挙げています[200]。

① ロボティクス：工場の生産だけでなく、この後の9章で取り上げる物流の各種機能でも、荷下ろしやピッキング用のロボットが導入されています。

② ブロックチェーン技術：6-3でも取り上げましたが、製造業ではサプライチェーンのトレーサビリティやロジスティクスにおける事務処理の削減、詐欺行為の防止などが目指されています。需要予測においても、原材料・部品から店舗の売り場までの（source-to-shelf）、これまで入

手できなかったデータによって、より深く需要の因果関係を考え、分析を高度にすることが期待されています[201]。

③ 3Dプリンター

④ IoT：機器からサプライチェーンの状況をリアルタイムに可視化することが期待されますが、一方でセキュリティやプライバシー保護などが課題として挙げられています。

⑤ クラウド技術：サプライヤー、自社、顧客の情報を1つのネットワークで連携でき、サプライチェーン全体での最適化を目指すことが期待されます。

⑥ Advanced Analytics：本書でSCMと対になる重要テーマとしてフォーカスしているもので、AIや量子コンピューティングなどの先進的な技術による高度な分析のことです。4～7章で解説したように、需要予測や在庫計画などに活用され、需給インテリジェンスを進化させると筆者は考えています。

⑦ 拡張現実（Augmented Reality）：専用のメガネなどをつけることで、現実の空間にデジタル情報を映し出す技術です。工場や倉庫における作業補助や研修に有効活用できます。

⑧ RFID（Radio Frequency Identification）：工場や倉庫の人員や在庫、設備などに付ける無線チップであり、バーコードよりも多くの情報伝達が可能です。在庫管理の効率化および精度向上、荷物の位置の把握などへの活用が始まっていて、今後はこうした情報を基にした在庫補充なども目指されています。

　CPSで価値を創出するためには、こうした技術を使いながらも、実際にオペレーションを実行するフィジカルが重要です。サイバー空間で効率的なシミュレーション結果が得られても、現実でそれを再現できなければ競争力は生み出せません。日本の「ものづくり企業」のフィジカルは信頼性が高く、グローバルでの競争でも勝ち上がっていくカギとして、CPSは重要視されている[202]のです。

第9章

顧客体験をデザインする
ロジスティクス

　9章では競争優位性の創出でインテリジェンスと双璧を成すロジスティクス、その中でも主要機能である物流にフォーカスして、近年、重要性が増している背景を解説していきます。本書「はじめに」でも説明した通り、物流で商品が顧客の手に渡る接点をデザインすることが、購買体験の価値を高めるのです。この意味で、事業戦略やマーケティングを完結させるのが物流と言っても過言ではないと思います。

　コアコンピタンスへのリソースの集中を目的に、物流を3PLなどの協力会社に任せている企業も少なくありません。しかし、荷主企業も自社の物流については状況を把握し、競争力に活かせるように考えられるケイパビリティは重要です。2024年問題を1つのきっかけに、荷主企業へも物流を変革することが期待されています。

　需要予測と連携し、調達から販売までを自律的につなぐ物流で知っておくべき基礎知識を学び、近年の前線事例の解釈を通じて、ロジスティクスが生み出す競争優位性について考えてみましょう。

　ちなみに本書では、需給情報の収集と分析（需給インテリジェンス）に基づく戦略的な物資の移動を「ロジスティクス」、実際にモノを動かす機能を「物流」と表現し分けています。

9-1 物流の価値とサプライチェーンデザインの変化

★ ☆ ☆ ☆ ☆

■ 物流重視の時代へ

　戦争同様に、ビジネスも規模が大きくなるとロジスティクスの重要性が増していきます。それは前線までの距離が伸び、従事者・関係者が増え、必要な物質も多くなるからです。前線における物資の需要を予測するのがむずかしくなり、一方で多くの物資を調達し、長距離を輸送するほど、トラブルに見舞われる確率が高くなります。これは、需要と供給の不確実性が増したと言い換えられます。

　サプライチェーンでは従来、生産コストを抑えることが重視され、それによって原価を下げ、販売価格を下げることで競争力を生み出してきた側面があります。生産コストは工場の土地代や人件費が大きく影響することから、そうした費用が比較的安い海外の地域へオフショアリングされました。

　海外の人件費が安い地域で生産するということは、基本的には輸送距離が伸びるため、物流コストは上がる傾向があります。しかし、生産コストと比較すると影響が軽微な業界が多く、また海運や航空貨物の運賃は見通しやすかったこともあり、トータルサプライチェーンコストの低減を目指して生産コストの抑制が重視されたのです。

　しかしパンデミックや自然災害、紛争などによって、物流コストが上がるどころか、そもそも物流が滞るという事態が事業の継続性に大きな影響を及ぼし始めました。COVID-19に起因してコンテナ運賃が5〜10倍になり、日本は抜港されるなど、物流が大混乱した業界もありました[203]。パンデミック後も、地球温暖化と天候の影響でパナマ運河の通航が制限されるといった話や、テロ組織の脅威でスエズ運河を通航しづらいといった話が出ています。

　こうした事態を受け、経営層は物流コストや安定供給を意識せざるを得

278

なくなり、これがサプライチェーンデザインを見直すきっかけとなったのです[204]。海外製品の販売や外資系企業の参入、訪日外国人数の増加などによって市場がグローバル化し、競争が激化して、需要の不確実性が注目されたのはすでに昔と言えます。近年ではそれに加え、供給の不確実性を意識した、BCPのためのSCMを考えなければならないのです。

■ 10の要素で決まるサプライチェーンデザイン

ロジスティクスのパフォーマンスには、需給情報の収集と分析である需給インテリジェンスと、ロジスティクスのフローを決める**サプライチェーンデザインが大きく影響します。サプライチェーンデザインとは、工場や倉庫、販売店舗などのノード（結節点）の配置と、トラックや航空機、船といったモード（輸送手段）の組み合わせです。**サプライチェーンデザインは、次の図に示す10個の要素が影響すると整理されています[205]。

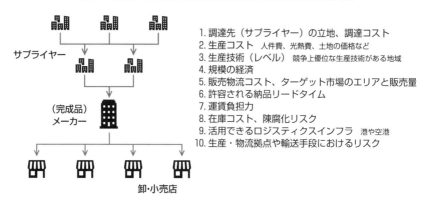

グローバルサプライチェーンデザインの形成要因

1. 調達先（サプライヤー）の立地、調達コスト
2. 生産コスト　人件費、光熱費、土地の価格など
3. 生産技術（レベル）　競争上優位な生産技術がある地域
4. 規模の経済
5. 販売物流コスト、ターゲット市場のエリアと販売量
6. 許容される納品リードタイム
7. 運賃負担力
8. 在庫コスト、陳腐化リスク
9. 活用できるロジスティクスインフラ　港や空港
10. 生産・物流拠点や輸送手段におけるリスク

まずはサプライヤーの立地です。たとえば重厚長大な原材料・部品であれば、その調達物流コストが高くなるため、サプライヤーの工場近くに生産工場を配置したくなります。原材料や部品の価格が高い場合も同様で、できるだけ原材料・部品在庫を持ちたくないと考えると、調達リードタイムを短くするために、サプライヤーの工場と生産工場を近くしたいと考え

ます。

　生産コストについてはすでに述べた通りですが、同時にその地域の生産技術レベルや加工環境の適切さも考慮する必要があります。生産においては規模の経済によるコストダウンも有効であり、それが大きく働く業界では特に重視されます。

　調達物流同様に、販売物流のコストもサプライチェーンデザイン、特に**在庫拠点（物流倉庫）**に影響します。これにはターゲット市場の広さや販売量も影響しますが、基本的には物流コストが高ければ、できるだけ輸送距離を短くしたくなるものです。顧客に関連する要素としては、販売物流コストに加えて納品リードタイムが挙げられます。在庫拠点は顧客が許容できる納品リードタイムを踏まえて配置しなければなりません。

　物流コストのビジネス影響は商材によって大きく異なります。基本的には小さくて高価なモノは、売上や利益に対して物流コストの影響が小さい傾向があり、運賃負担力が高いなどと言われます。運賃負担力が高ければ、輸送スピードの速い航空機もモードの選択肢として有力になります。

　在庫の陳腐化リスクもサプライチェーンデザインを決める際には重視されます。これは在庫のデカップリングポイントにも関わりますが、在庫をどの状態で多く保管するかによって、在庫拠点の配置や数が変わると言えるでしょう。

　空港や港といった、大型のロジスティクスインフラの位置も重要です。これらは1社で整備することができないものであり、規定の前提条件として、自社のサプライチェーンデザインを考えることになります。さらに近年では、自然災害や地政学的リスクなども考慮して、どのノードやモードに代替案を検討しておかなければならないかを考える必要があります。

　各社でサプライチェーンデザインを見直す機会は多くはないでしょう。しかし、一度決めたら見直さないということもなく、ビジネス環境の変化の中で、ここで挙げた要素を踏まえ、自社の競争力を高めるためのサプライチェーンデザインに変更できるケイパビリティが重要になってきていると言えます。

9-2 商品開発も知るべき 物流の基本機能①

★ ★ ☆ ☆ ☆

■ モノを動かす３つの基本機能

物流には６つの基本機能があると整理されます。本書ではそれらの基礎知識を簡単に説明しつつ、ここからの２節で物流の各種機能が競争力を生み出している事例を解釈していきます。まずは**モノを動かす３機能、輸送、荷役、保管**です。

一般的には、物流と聞いて一番イメージしやすい機能が輸送でしょう。もちろん、ただ運べばよいわけではなく、着荷主の求める時期に、汚したり壊したりせず、届ける必要があります。同時に、発荷主や物流企業が事業を継続できるよう、適切なコストに抑えることも重要です。

荷役は「にえき」や「にやく」と読みますが、工場や倉庫、店舗などの各種拠点における荷物の積み下ろしの作業を指します。海上コンテナのような大きな貨物は別ですが、日本では従来、契約には明記されないものの、荷役を現場でトラックドライバーが請け負うことが多くありました。荷主企業はサービスの一環だと思っていたわけです。

しかし、トラックドライバーの人数が不足し、2024年４月から罰則ありの残業規制も始まったことから、契約に明記せず荷役をトラックドライバーに期待する荷主はサービスを受けづらくなってきています。

モノを顧客の望むタイミングで届けるためには保管機能も重要な役割を果たします。生産者と最終消費者・ユーザーの間には空間的なギャップがあり、ビジネスがグローバルに拡大するほど、それは大きくなります。一方で、消費者・ユーザーはある程度の待ち時間で欲しいと思っていて、この要望を満たすためには途中で在庫として保管しておくことが有効になるのです。

保管もただ置いておけばよいわけではありません。温度管理が必要な商材もありますし、危険物として厳重に管理しなければならない商材もあり

ます。つまり、保管には管理のためのコストがかかるのです。一般に物流コストというと、輸送コストと保管コストの合計を指し、現状ではこれに荷役費も含まれる場合が多いと言えます。

■ グローバル物流と国内物流の主役

グローバル物流における主要な手段は、海を越える必要があるため、**船と航空機**です。航空機は輸送コストが高いため、**物量では圧倒的に船**であり[206]、グローバル海運企業の寡占状態になっています[207]。物流に携わるロジスティシャンの間では、船での輸送を「sea」、航空機での輸送を「air」と呼ぶこともあります。

一方、**日本国内の物流の主要手段はトラック**です。国土交通省のデータによると、2021年において、重さ（トンベース）では9割以上、輸送距離と荷物の重さを掛け合わせる「トンキロ」ベースでは半分以上がトラック輸送でした[208]。トンキロベースだと2番手の内航海運を合わせて9割以上になります。

トラックはドア・ツー・ドアの輸送が可能であり、その利便性から多く選ばれてきましたが、ドライバー不足や環境負荷低減への意識向上といった理由から、鉄道輸送へのモーダルシフトを検討する企業が増え始めています。

to Cの宅配便市場シェアNo.1のヤマト運輸では、ドライバー不足への対応として、貨物専用の航空機での輸送サービスを開始することを発表しました[209]。このほか、一部地域ではドローンを使ったラストワンマイルの輸送が試験されたり、空飛ぶクルマの開発が進められたり[210]と、技術の進歩を活かした新しい物流が始まろうとしています。

自動運転の活用も政府主導で進められていて、先進的テクノロジーを使った物流の効率化が目指されているのです。

9-3 付加価値を生む物流の基本機能②

★ ★ ☆ ☆ ☆

■ 捨てられる包装の役割

　つづいて、商品の付加価値を生む物流の3機能を説明します。

　まずは**包装**です。包装には複数の階層があり、商品保護を目的とする一次包装、店舗などでの陳列のためのケースや箱といった二次包装、輸送や荷役を効率化するためのダンボールやパレットなどの三次包装が挙げられます。

　古くは中身の保護が主目的でしたが、一次包装には宣伝が取り入れられ、1980年代以降はサステナビリティが着目され、リサイクルやリユースの観点が取り入れられていきました[211]。1990年代以降はインターネットが進歩し、直近ではECが大きく伸長する中で、捨てられる包装が増え、改めて包装の削減が注目されています。

　住宅設備機器メーカーのTOTOでは、包装はゴミになるからこそ、技術開発に注力して課題解決を目指したそうです[212]。主力商品の1つであるウォシュレットの包装では、次の4点が重要になります。

1. 商品を守るための包装強度
2. 包装のコスト
3. 輸送時の扱いやすさ
4. 施工時の取り出しやすさ

　上から3つは基本的にほかの商材でも同様に重要ですが、施工時の取り出しやすさは、ウォシュレットなど一部の商材に特有だと考えられます。これは、日本ではウォシュレットの販売が工事とセットになる場合が多いためであり、包装はそのやりやすさも考慮する必要があるということです。

　輸送時に壊れにくくするためには、包装の強度を高めればよいですが、

283

それはコストを増加させ、取り出しにくくし、施工現場での片付けの手間も増えてしまいます。そこで、商品そのものの強度や設計まで踏み込み、包装でカバーする強度を考えたそうです。

つまり、包装設計は販売のされ方も含めた商品知識と、輸送や荷役などの物流知識の両方が必要になる業務であり、知見やノウハウによって付加価値を高めることができるのです。品質が担保され、かつ施工時の負荷や手間が少ないことは、商品の価値を高めますね。

■ 流通加工がマーケティングを進化させる

包装のほかにも商品の付加価値を高める物流の機能として、**流通加工**が挙げられます。これは**工場や倉庫において、物流や販売を考慮した加工を行なう機能**です。

わかりやすい例が、お弁当やお惣菜です。物流センターで食材をまとめて調理し、店舗へ運びます。これらは消費期限が短いため、販売エリアの近郊で調理されるのが望ましく、そこから離れた工場ではなく、より近い物流センターで加工される場合があるのです。

また、物流中の温度管理を徹底できるコールドチェーンが発達し、冷凍・冷蔵商品も遠隔地へ届けられるようになりました。これがマーケティングの幅を広げます。

お菓子メーカー、ロッテのヒット商品にチョコパイがありますが、2021年にこのチョコレートを生チョコにした商品が発売されました[213]。従来の物流であれば、消費期限の短い生チョコを遠隔地へ運ぶことはむずかしく、商品化ができないものでした。

しかし、工場でフローズンの温度帯で生産、出荷し、店舗に届く頃にちょうどチルドの温度帯になるよう進化したコールドチェーンを使うことで、生チョコパイを全国に届け、販売できるようになったのです。これはフロチル加工[214]と呼ばれますが、単にフローズン帯で運ぶだけではダメで、物流で絶妙な温度管理が可能になったからこその商品開発と言えるでしょう。

従来の物流は、マーケティング・営業部門の販売計画や顧客からの発注に合わせて、調達・生産された商品を運ぶという需要充足の役割が期待さ

れていました。しかし、コールドチェーンの進歩によってチルド物流網が
整備され、地産他消を可能にし、販路拡大や商品開発のアイデア拡張を促
進するようになったのです。ここで紹介した生チョコパイ以外にも、生酒
や無濾過ビールなどはコールドチェーンによって実現された商品であり、
物流も需要創造に貢献し始めていると言えます。

■ 物流から得られる情報の価値

　物流の基本機能として、**情報管理**も挙げられます。物流には調達物流と
販売物流があり、自社を取り巻くサプライチェーンをどうモノが動いてい
るかの情報がセットになっています。これを的確に把握することで、需要
と供給の最新動向を解釈することができるのです。

　調達でも通関で停滞しているのか、海運でトラブルに見舞われたのかに
よって対処方法は異なります。また、どこにどれだけの利用可能在庫があ
るのか、エリア別に顧客からの需要に変化はあるのか、などをモノの流れ
から知ることができ、それを分析することで、サプライチェーンを最適化
するためのアクションを考えることもできます。

　たとえば、過去の出荷情報から未来の出荷を予測する（需要予測の1種）
ことはSCMのためによく行なわれますが、まさに物流の情報です。さら
に物流情報には、顧客からの発注に対して商品ごとに欠品やバックオーダ
ー（受注残）はどの程度あったかも含まれるため、これらを考慮すること
で出荷よりも正確な顧客の需要を掴むことが可能です。

　次節では特に輸配送や荷役、倉庫業務における先進的な技術活用につい
ての事例を見ていきましょう。

9-4 先進技術で高度化する ロジスティクス

★★★★☆

■ モノを動かす物流3機能における技術活用

本書で参照しているLOGI-BIZ（月刊ロジスティクス・ビジネス）といったSCM専門誌やAIの専門家が執筆した書籍、企業のプレスリリースなどの情報を基に、9-2で説明した物流3機能の軸で先進的な技術活用を整理したのが次の図です。

物流領域におけるAI活用

倉庫業務 　出庫
入庫 　ピッキング

輸送	荷役	保管
• 宅配ロボット • トラック隊列走行 • 内航船自動操船 • ドローン配送 • 配車計画・配達ルート最適化 • 共同輸配送マッチング • 交渉AI • RFIDによる 　トレーサビリティ向上	• AI搭載ロボットによる1次仕分け自動化 • AGV（Automatic Guided Vehicle） • 自動倉庫 • パレタイジングロボット • フォークリフトのドラレコによる危険察知	• AI搭載ロボットアームによるピッキング自動化 • 画像認識AIによる不良品検知 • 画像認識AIによる自動検品 • AIによる梱包サイズ最適化 • RFIDによる棚卸効率化 • 倉庫人員の配置最適化

リアルタイムの状況把握

↓

高度なシミュレーション

↓

オペレーション最適化

保管機能は倉庫で担う役割です。工場で生産された商品は、そのまますべて店舗に運ばれて販売されているわけではなく、必要なタイミングで届

けられるように倉庫に保管されます。つまり**倉庫は、商品を受け入れ（入庫）、保管し、顧客オーダーに合わせてピッキングして出庫するという機能を担います**。商品を保管せず、送り先別の仕分けだけを行なうクロスドッキングセンターもあり、前節で紹介した流通加工を担うセンターも含め、顧客への出荷のための完成品倉庫を**物流センター**（Distribution Center）と呼びます。

　日本では高齢化が進み、労働者人口が減少する中、物流業務も人手不足に悩まされています。また、作業者の労働環境も整備していくことが求められています。たとえば膨大な量の商品から顧客の注文分をピッキングし、梱包するのは、時間に追われる細かな作業で、目や精神的な負荷が小さくないものです。大きな荷物や重い荷物を扱い、フォークリフトが動いている現場では、事故にも気をつける必要があります。こうした物流領域における課題に対し、先進的な技術を使った変革が期待されているのです。

　輸送機能では、宅配ロボットや自動運転、ドローンによる配送などのトライアルが実施されています[215]。安全性やセキュリティに留意する必要がありますが、人手不足への対応として、機械による物流の自動化が期待されています。

　また、こうしたアセットを効率的に運用するための配車や配送ルートの計画最適化も行なわれ始めています[216]。ここでは企業を越えた連携である共同輸配送も目指されていて、AIを使ったマッチングも行なわれています[217]。調達におけるAI交渉も始まっています。物流領域でも交渉AIの活用が提案されていて[218]、パートナー企業間での交渉のあり方も変わろうとしていると感じます。

　物流においては、RFIDの有効活用も進んでいます。これは1990年代以降、戦争における補給物資のロジスティクスで大活躍しました。それまではコンテナに何が入っているか、開梱しないとわからず、想定と異なる物資が入っていて前線で混乱が生じるといった事態があったそうです[219]。RFIDによって内容物、発送地、目的地がデータで管理されますし、トレーサビリティも明確になり、これが前線の競争力を高めたと言えます。こうしたトレーサビリティの向上は、ビジネスにおいても同様に効果的です。

■ 荷役におけるロボットの活躍

　荷物の積み下ろしや、倉庫内での運搬などではロボットが活躍しています。特に敷地面積が広い大規模倉庫や、高層階がある倉庫で有効です。荷物、商品の色やサイズ、形などから一次仕分けし、AGVと呼ばれる無人搬送車で保管棚へ運ぶといったイメージです。AGVの開発や運用は中国で先行していて[220]、日本でも中国製のAGVを代理で販売する企業が出てきています。

　輸送のためのパレットへの積み上げを担うパレタイジングロボット[221]や自動倉庫は、日本企業の物流センターでも比較的使われている印象です。近年ではフォークリフトに搭載したドラレコの画像をAIが分析することで、危険運転などを評価して改善に活かすといった取り組みも行なわれています[222]。

　荷役における先進技術活用では、単に肉体労働をロボットで代替するだけでなく、画像認識AIなどを組み合わせることで、状況や商品に合わせたロボットの自律的判断や、業務評価に基づく改善を促すことが可能になります。つまり、人手不足への対策だけでなく、物流リードタイムの短縮や物流品質の向上といった付加価値を期待でき、ここでも物流からの競争力の創出が目指されていると言えます。

■ ダーク倉庫を目指して

　Amazonの倉庫では、商品の仕分けをロボットアームが行なっています[223]。このロボットには画像認識AIが搭載されていて、商品の色や形で判別してピッキングし、仕分けします。膨大な種類の商品の大きさや形、硬さに合わせて適切な力加減で掴むのは簡単ではなく、現状ではAmazonでもすべての商品に対応できるわけではありません。

　画像認識AIは検品の自動化、効率化にも活用されています[224]。検品は倉庫における重要業務であり、入庫時と出庫時に行なわれます。入庫時はASN（Advanced Shipping Notice）という事前の出荷明細を活用することで、現場での検品が効率化されていますが、出庫時は商品の種類や数量

の間違いがないように確認する必要があり、画像認識AIや重量測定などによる検品支援が有効になっています。

検品に関連し、不良品の検知にも画像認識AIが使われています。不良品が混在する確率が1/1000などと非常に低くても、たとえばAmazonでは扱う物量が多いため、これを検知できないと返品への対応負荷も大きくなります[225]。不良品を事前に検知できれば、こうした対応を減らすことができ、倉庫業務は効率化されます。

検品済みの商品は梱包されますが、このサイズ選びにもAIが使われています。適切なサイズの段ボールを選択することで、空気を運ぶ量が少なくなり、輸送の効率を高めることも期待されています。

こうしたAIを搭載したロボットアームやAGV、自動倉庫などを組み合わせれば、完全自動の倉庫が実現し、人が不要となります。これは消灯された「ダーク倉庫」などとも呼ばれますが、現実にはまだ実現できないようです。

物流領域における先進技術の活用では、人の肉体労働を代替、支援するロボット系のソリューションが想像しやすいですが、RFIDや画像認識AIを組み合わせることで、輸配送の状況や倉庫内での業務をリアルタイムに把握できるようになります。このセンシングデータを機械学習などの高度なアルゴリズムで分析することでシミュレーションを行ない、現実のオペレーションの最適化を目指すことが可能になります。これは需要予測の章でも述べた内容と類似していて、広く散在している需給情報をいかにリアルタイムに近く収集し、そこから分析によって有益な示唆を抽出し、各種ステークホルダーの意思決定を支援していくという需給インテリジェンスに該当すると考えています。

9-5 オムニチャネルを駆使して顧客体験を変える

★ ★ ★ ★ ☆

■ シームレスな購買体験

　市場がグローバル化し、消費者は世界中の商品を購入しやすくなったこともあって、モノそのものの機能に加え、それを入手する過程が大きく商品価値に影響するようになりました。みなさんも、Amazonやヨドバシカメラ、ZOZOなど、買いやすいウェブサイトの中からニーズを満たす商品を探したという経験があるのではないでしょうか。これは、実際の店舗を見て回ったほうが商品についての理解は深まりますが、インターネットで簡単に買えるという購買体験の価値を重視した結果と言えます。

　しかし必ずしもすべてのカテゴリについて、こうした買い方が適しているわけではありません。すでに愛用していて、リピートで買うモノであればインターネットが便利ですが、たとえばジャケットや靴など、フィット感を実際に確かめたいモノもあるでしょう。化粧品であれば、感触や色味を試したいかもしれません。

　つまり**消費者やユーザーは、商品や状況に合わせて、適宜、購入チャネルとしてインターネットか実際の店舗（Brick and Mortarとも呼ばれます）を選びたいはずです**。その際、自身の購買履歴や還元ポイントは自動で連携されるのが望ましいでしょう。どのチャネルで購入しても、不便なく情報がつながることは“シームレス”と表現されます。ロジスティクスが目指すこれからの競争力の1つには、チャネルを越えたシームレスな購買体験があると言えます。

■ win-winのオムニチャネル戦略

　シームレスな購買体験を提供するために、企業はデジタル技術を使った高度なオペレーションを整備する必要があります。ECでも実際の店舗でも、欠品が発生しないように在庫を用意するとなると、基本的には在庫は増加

します。特にフィット感や感触、色など、実際に見たり試したりしたいモノほどバリエーションがあり、SKU数が多くなる傾向があります。たとえば靴には、サイズ、色、タイプ（幅広など）の掛け合わせで大量のバリエーションがあります。8サイズ、4色、2タイプであれば64 SKUになるといった具合です。

　これに対し、実際の店舗では試着と色の確認ができればよいというショールーミングの考え方を取り入れると、色とタイプの異なる8サイズさえ置いておけば、顧客のニーズには応えられることになります。購入したいSKUの在庫が店舗になくても、EC用の倉庫から顧客の自宅に直送すれば、実際の店舗で購入した場合と比べ1日から数日の遅れで使い始められます。実際ABCマートでは以前からこうした取り組みに注力し、顧客満足度の維持と在庫抑制の同時実現を目指しています[226]。さらに、ECでの発注に対し、EC倉庫に在庫がなくても、実際の店舗の在庫で対応するといったことまでできると、全体的にかなりの在庫削減を目指すことが可能になるでしょう。

　ここで課題になるのが、発注に対する在庫の紐づけです。ECの倉庫では、基本的に24時間365日、顧客からの発注に対応しているはずです。そのため特に日中では実際の店舗での購入と、ECでの注文で、在庫の取り合いになる可能性があります。これを防ぐためには、すべてのチャネルからの発注と在庫の紐づけをリアルタイムで行なえるようにしなければなりません。

　また、こうした情報に合わせて、実際の店舗オペレーションを連動させることが必要になります。具体的には、ECからの発注に対し、自店舗の在庫が引き当てられた場合、それを以降は販売しないように管理しなければなりません。接客もある中でリアルタイムの対応はむずかしく、取り組みが先行する外資系企業でも、実際の店舗の在庫引き当ては閉店後のみなどとしているようです。

　こうした実際の店舗とECという異なるチャネルの情報とオペレーションを連携させ、購買体験の付加価値向上を目指す方針は「**オムニチャネル戦略**」と呼ばれます。単に複数の販売チャネルで商品を流通させるマルチ

チャネルよりも進化した概念であり[227]、ここで例示したアパレル業界以外でもそれぞれのアレンジが期待されるところです。

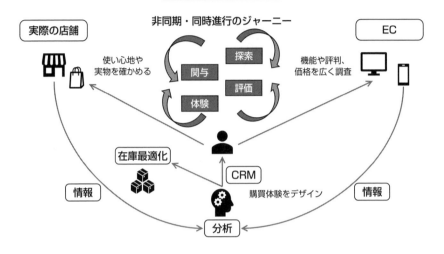

■ オムニチャネルからエクスペリエンスチェーンを描く

　消費者の購買心理、行動は、古典的にはマーケティングファネルの考え方で整理され、プロモーションに活用されてきました。しかし、この一方向のカスタマージャーニーは、ECチャネルでの購買が増加する中で、消費者の真の行動を捉えづらくなっていると指摘されています。消費者が企業からのマーケティングだけで商品を知る時代は終わり、インターネットも駆使して自らさまざまな情報にアクセスしているのは、みなさんも実践されている通りです。

　実際の店舗とECというオムニチャネルの購買接点から、非同期で同時進行する購買心理、行動を整理したものは「エクスペリエンスチェーン」と呼ばれます。ハーバードビジネススクールのFrank V. Cespedes上級講師によると、消費者・ユーザーは次の4つの行動を順序不定、場合によっては行ったり来たり、同時進行で行なうようになったと整理されていま

す[228]。

- ニーズを満たす商品の探索
- 最適なアクション（購買かリースかなど）のための評価
- 売り手とのコミュニケーション（関与）
- 商品を利用する体験

　オムニチャネルから、単一チャネルの販売データでは見えなかった顧客インサイトを考えることができ、それはマーケティング、需要予測、在庫管理、供給アロケーションなどに活かすことができるでしょう。さらに、**オムニチャネルから得られるデータだけでなく、その背景にあるエクスペリエンスチェーンを意識した解釈を加えることで、より付加価値の高い購買体験をデザインできるようになり、これが企業の競争力を生み出す**と考えられます。

　たとえば、化粧品のメイク落としと洗顔の購買行動を考えてみましょう。男性に想像しづらいかもしれませんが、これらは違うものであり、両方を使うことで肌についた汚れをよりきれいに落とすことができます（メイクには油分が含まれ、男性は皮脂が出やすいことを考えると、男性も洗顔の前にオイルタイプのメイク落としを使うとよいです）。

　小売店での購買データからは洗顔しか購入していない消費者がいたとします。データだけから考えると、この洗顔のメーカーはメイク落としの役割を伝え、購入を薦めるマーケティング活動を検討する可能性があります。しかし、この消費者はECで別のブランドのクリームタイプのメイク落としを購入しているかもしれません。また、この消費者がオイルタイプのメイク落としを検索しているデータも入手できた場合、自社のオイルタイプのメイク落としのサンプリングが有効になるかもしれません。さまざまなチャネルでの購買データを合わせて考えることで、顧客にとってより有益なマーケティング活動を考えることができます。

9-6 未来の物流で目指す方向性

★ ★ ★ ☆ ☆

■ SCMで目指すSBTi

サプライチェーンにおける環境対応は、パリ協定が定める目標に合わせたSBTi（Science Based Target initiative）を踏まえるのがよいと言えます。パリ協定とは、2015年に国連気候変動枠組み条約締約国会議（Conference of the Parties：COP21）で採択された、2020年以降の温室効果ガス削減などのための国際的な枠組みです[229]。世界的な平均気温の上昇を、産業革命前に対して2℃より十分低く保ち、1.5℃に抑える努力を追求することなどによって、気候変動の脅威への対応を強化することを目的としています。1.5℃に抑えるためには、2050年に世界全体で二酸化炭素排出量を実質ゼロにすることが必要です。

この目標に合わせ、科学的な知見に基づいた目標設定のガイドラインを作り、それを目指す企業の認定を始めたのがSBTiです[230]。これは次の4団体が共同で運営しています。

- 企業や自治体などからの、気候変動などに関する情報開示を支援・促進するNGOであるCDP（Carbon Disclosure Project）[231]
- 人権、環境、労働、腐敗防止で本質的な価値を認め、企業などに実行を求める国連グローバルコンパクト[232]（United Nations Global Compact）
- 自然資源の持続可能性を研究する国際的なシンクタンクである世界資源研究所[233]（World Resources Institute）
- 世界で活動する環境保全団体である世界自然保護基金[234]（World Wildlife Fund for Nature）

SBTiでは、自社の事業活動で排出する二酸化炭素だけでなく（SCOPE 1）、他社から提供された電気や熱などの使用で排出する二酸化炭素（SCOPE

2)、さらには原材料の調達やその輸配送、製品の販売、使用やサービスの提供、製品の廃棄など、サプライチェーンの各所で排出する二酸化炭素（SCOPE 3）までを対象とします。

　こうした国際的な関心の高まりを受け、各社のサプライチェーンにおける環境負荷低減の取り組みは、顧客だけでなく投資家や取引先からも注目されています。一部の顧客は、自身が使う商品が、生産の過程で環境への悪影響が大きかったか、人権が侵害されていないかといったことに関心があり、購買行動に影響しています。ESG投資という言葉が出てきたように、投資家も地球環境や社会への貢献を目指す企業に投資することで、間接的にサステナビリティに関わろうとしています。サプライチェーンパートナーとなる企業も、環境汚染や人権侵害に加担していると評価されないよう、そうした観点で取引先を選定するようになってきました。

　こうした各種ステークホルダーの関心の変化を受け、多くの企業がSBTiの認定を目指しています。2024年に入り、世界では4600社以上がすでにSBTiを設定していて[235]、これは引き続き増加していくことが予想されています。

■ 物流における脱炭素化

　物流における脱炭素化に有効な施策として、次の5つが挙げられています[236]。

① **貨物輸送の削減**
② **二酸化炭素排出が少ない輸送手段への転換（モーダルシフト）**
③ **資産利用効率の向上**
④ **エネルギー効率の向上**
⑤ **二酸化炭素排出が少ないエネルギーへの転換**

　これらのうち、製造業やサービス業、卸・小売業などで主体的に取り組めるのは上から3つです。貨物輸送の削減は一見、売上規模の減少を連想してしまいそうですが、そうではなく、ムダな輸送を減らすということで

す。つまり、需要予測の精度を高めることが重要なのですが、特にエリア別・日別など、細かなセグメントにおける精度が重要になります。

　生産のための需要予測の精度を測定している企業はありますが、物流のための精度を評価している企業は多くありません。6章で需要予測AIの新たな価値を提唱しましたが、Edge-forecastingの精度向上が重要だということです。全国計の需要予測の精度が高くても、エリア別の按分精度が低い場合、物流センター間の横持ち輸送が増加します。これは削減すべき輸送に該当するでしょう。

　JR東日本で新幹線を使ったB to B荷物輸送が始まっています[237]。しかし、いまのところ、国土の狭い日本国内で鉄道輸送を大きく増やすのは簡単ではありません。内航船も含め、モーダルシフトが検討されますが、ラストワンマイルは引き続きトラックが主となり、代替手段での輸送はむずかしいと言えます。

　そこで期待されるのが**資産利用効率の向上**です。これは積載効率の向上が該当し、企業や業界を越えた協働や、帰り便の有効活用にチャンスを見出すことができます。これらは中長期の契約になるはずであり、顧客からの発注に基づく日々の物流ではなく、エリア・企業別の需要（荷量）予測が必要になると考えられます。

　これまで物流には、需要予測は直接使われるというより、生産や調達のための大きな粒度、広いセグメントでの予測が分解されて活用されてきたと言えます。しかし、ムダな輸送を削減し、資産利用効率を向上させるためには、物流を意識した細かな需要予測が必要になると考えています。

　エネルギー効率の向上や、そうした技術を使った輸送手段への転換は、トラックや鉄道、船舶を製造するメーカーや、それらのアセットを採用する物流・インフラ企業が主導することになるでしょう。しかし、荷主企業もエネルギー効率を考慮した輸送手段を選択していく必要があり、コストダウンだけではない、サプライチェーンの持続可能性を目指す判断基準が求められるようになっていくと考えられます。

9-7 共同と共創

★★★★☆

■ 共同輸配送

　物流における脱炭素化のための施策として、資産利用効率の向上がありましたが、企業、業界を越えた連携として有力視されているのが共同輸配送です。これは、販売やマーケティングでは競合する企業とも組む可能性があり、むしろ販売チャネルや物流課題が近いため、食品業界では合弁会社が作られた例もあるくらいです。全国的に有名な企業でも、地域別や繁閑差などを考慮すると、常に積載効率が高いわけではありません。そこで、他社と物流アセット、具体的には主にトラックのスペースをシェアすることで効率を高めようとするのが共同輸配送です。

　この狙いを踏まえると、以下のような条件がマッチする企業と組むのがよいということになります。

- 積載効率が低い地域が近い
- 生産地と主要な消費地の地理的位置が逆である
- 扱っている商材の需要のピークシーズンが異なる
- 商材が重量勝ちか体積勝ちかが異なる

　積載効率が低い地域が同じ企業同士はもちろんですが、行きは満載でも帰りは空荷ということがあり、工場から物流拠点、物流拠点から販売店といった拠点の地理的な位置が逆である相手も有望な共同輸配送パートナー候補になります。

　同様に、たとえば日焼け止めと鍋のつゆ、コーンスープなど、需要のピークシーズンが夏と冬で逆といった組み合わせも基本的には共同輸配送に向いています。

　このほか、荷物が重量勝ちか体積勝ちかの違いも重要な確認ポイントに

297

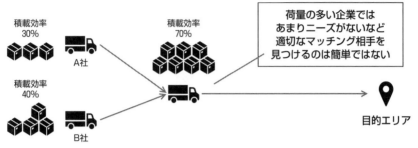

なります。重量勝ちのモノとは、大きさの割に重いモノのことであり、金属や液体でできた機械や部品、原材料などが挙げられます。こうした荷物はトラックのスペースがいっぱいにならなくても、重量制限で一定以上は積めないといった制約があり、積載効率が低くなりがちです。

一方、体積勝ちのモノとは、重さは軽いものの嵩張る荷物です。商品のパッケージ内に空気が多く含まれると体積勝ちになりやすく、具体的にはお菓子やカップラーメンといった食材や、玩具、アパレルなどが該当しやすいでしょう。これらはトラックの重量制限に引っかかる前に、スペースを埋め尽くしてしまう可能性が高いと言えます。

そこで、重量勝ちの荷物と体積勝ちの荷物を混載することで、トラックの重量制限とスペースを効率よく使うことが目指されるのです。この際、積みつけの順番には気をつけなければなりません。トラックへの荷物の積み付けは通常、配送ルートを踏まえて行なわれます。しかし、軽いモノの上に重いモノを置くと荷物が潰れてしまう懸念があり、こうした積み付けの条件も踏まえ、逆に配送ルートを考え直す必要が出てくる可能性があります。

化粧品のように、におい移りを気にしなければならない商材もあり、配送ルート、トラックへの積み付けの順番、商材の特性など、多様な制約条

件を考慮して共同輸配送は計画しなければならないのです。さらに、パレットや段ボールのサイズを合わせるといったオペレーションの標準化も重要になり、関係企業がどうコストを分担するかも決める必要があります。

　つまり、**共同輸配送はただ複数社で一緒に運べばよいわけではなく、両社にとってwin-winの関係性を構築できるか**が重要になります。そのため、共同輸配送に適したパートナー企業を探すマッチングソリューションが注目されています。また、物流領域のマッチングには、荷主企業と物流企業をつなぐ目的のソリューションもあり、こうした物流マッチングは国内の物流の担い手が不足していく中で、さらにニーズが高まっていくと考えられます。

■ 食品業界がリードする企業を越えた物流共創

　食品業界は他業界に先駆けて、共同輸配送に力を入れていると言えます。2019年に味の素、ハウス食品、カゴメ、日清製粉ウェルナ、日清オイリオの5社の出資で、味の素物流、カゴメ物流サービス、ハウス物流サービスを統合してF-LINE株式会社を設立しました[238]。この前身には、2015年に立ち上げられた「食品企業物流プラットフォーム」があり、早くから北海道地区で共同輸配送にチャレンジするなど、物流領域での協調を進めてきました。

　この大きな目的は、持続可能な加工食品物流です。そのためにはトラックドライバー不足に対応する必要があり、労働環境の改善とデータプラットフォーム構築のための物流標準化が目指されました。これらは日本が目指す物流改革の方向性と基本的には同じです。

　特に後者は共同輸配送のマッチングや最適な配車・配送計画の立案、物流ステータスの可視化、ロボットの活用といったスマート物流のために重要です。具体的には次のことなどが取り組まれています[239]。

- 納品伝票の電子化（デジタルデータ化）
- 外装サイズ・表示の標準化
- コード体系の標準化

AIなど高度な分析技術を使うには、情報がデジタル化されている必要があります。筆者はテクノロジーベンダーに移籍し、さまざまな業界のAIを使ったサプライチェーン分析に関わっていますが、分析を開始するまでのデータ収集、デジタル化、前処理などに大半の時間がかかっていると感じています。PoCであればこれが明確になることも目的なのでよいのですが、定例の実務では分析スピードも重視すべきであり、各種情報の日常的なデジタル化は必須と言えます。

また、物流においては外装（外函）の規格や表示を統一することで、ロボティクスが活用しやすくなります。商品だけでなく拠点コードも含め、企業を越えて標準化していくことで、企業を越えたデータ連携や分析が可能になり、配車や積み付けなどの最適化が計算できるようになります。

食品業界は商品単価が比較的低いこともあり、売上における物流費が高い傾向があります[240]。そのため、物流の効率化が経営に寄与するインパクトは大きく、販売やマーケティングでは競合する企業とも一緒に物流改善に取り組むことには意味があるのです。

■ 日用品の物流標準化

物流の標準化については、日用品業界もかなり早くから課題認識を持ち、企業を越えた連携が進んでいます。流通経済研究所と日用品のVAN（Value Added Network[241]）を運営するプラネット、日用品メーカー12社、物流企業9社で、22年1月に「日用品における物流標準化ガイドライン」を発表しました[242]。プラネットの前身とも言えるプラネット物流自体が、日用品メーカーなどによる出資で設立された、共同物流（保管・配送）を目指す企業です（2016年に解散）。

このガイドラインでは、外装、パレット、納品伝票の標準化の考え方や具体的な内容が整理されています。すでに述べた通り、複数のメーカーの商材で共同物流を目指すには標準化が必要であり、日用品業界ではなんと、1989年から外装とパレットの標準化が進められていたのです。さらに1996年からは納品伝票の標準化も目指されました。以降、社会構造や生活者の

行動の変化、技術の進歩などもあり、近年のビジネス環境を踏まえ、標準化のガイドラインがブラッシュアップされたということです。

このように、日用品業界ではかなり早くから共同物流に取り組み始めたため、うまくいかせるポイントや乗り越えるべきハードルが整理されています。成功要因としては、次の点が振り返られています[243]。

- 商流の標準化ノウハウを物流に転用した
- 早期にVANを取り入れた
- 卸売業が上位集中した

VANとは取引文書の電子的なやりとりであるEDI（Electric Data Interchange）などが付加された通信であり、企業間のオペレーションが効率化されます。これらから、やはりデータ連携と強固なパートナーシップが重要だと言えそうです。一方、環境変化などに合わせて各社が自社の効率や利益の最大化を目指すと、共同の仕組みが崩れていくこともわかりました。

最初から全社のデータを連携して、全体的に最適な配車計画や配送ルート、バース予約、積み付けを目指すのはむずかしいと言えます。しかし、次の具体的なステップが見えていて、効率的な共同物流を目指す合意形成が始まっているのです。

① ASN（Advanced Shipping Notice[244]）で伝票と検品レスを目指す
② ASNの情報を基に配送計画を最適化し、各社の荷待ち時間を減らす
③ 卸業者に集まる発注データで効率的なマッチングペアを見つけ、配車計画を最適化する

9-8 パーパスとしてのフィジカル インターネット構想

★★★★☆

■ インターネットの効率性を現実世界へ

前節では業界ごとの共同輸配送、共同物流の事例を紹介しましたが、その先にはどんな世界があるのでしょうか。その理想的なフレームワークが「**フィジカルインターネット**」です。これはサーバーを経由して世界中でデジタル情報をやりとりできるインターネットの仕組みを、現実の物理的な空間に適用し、効率的にモノを動かせるようにしようというコンセプトです。

フィジカルインターネット構想

効率性　継続性

インターネットのパケット通信のようにオープンにつながった物流

輸送　保管

荷役

包装　輸送形態の標準化・規格化（Ⅱコンテナ）　流通加工

情報

A社　B社　C社　D社

自社、業界を越えた最適化

インターネットではTCP/IP（Transmission Control Protocol/ Internet Protocol）という世界標準の通信規約がありますが、フィジカルインターネットでも世界中の物流拠点とそれらをつなぐ航空機や船、鉄道、トラックなどの輸送手段を企業や業界を越えて共有し、規格が統一された荷物を

動かそうという考え方になります。日本で国土交通省や経済産業省、農林水産省といった国の機関と、アカデミア、ビジネス界をつないでフィジカルインターネットの実現を主導している上智大学の荒木勉教授によれば、「究極のオープンな共同配送・共同輸送」と表現されています[245]。

大元のアイデアは2009年にジョージア工科大学のBenoit Montreuil教授によって提唱され、パリ国立高等鉱業学校のEric Ballot教授がヨーロッパの専門家や企業に紹介したことで、2013年にはヨーロッパで物流の効率と持続可能性向上を目指す民間主導のALICE（Alliance for Logistics Innovation through Collaboration in Europe）が発足しました。

Benoit Montreuil教授らが2015年に報告書を発表し、2050年までにフィジカルインターネットの実現を目指すことが提案されましたが、2017年にはその目標達成が2040年に変更され、先進的な業界では2030年の実装が期待されるようになりました。こうした欧米の動きを受け、日本でも2021年にフィジカルインターネット実現会議が発足し、2022年3月には「フィジカルインターネット・ロードマップ」が公表される[246]など、政府主導で大きなムーブメントになっています。

■ フィジカルインターネットの特徴

Benoit Montreuil教授らによって、フィジカルインターネットの特徴は次の通り整理されています。大きな概念なのでぼんやりとしたイメージになりがちですが、具体的な特徴を知ることでそれを明確にすることができると思います。

① 標準化されたエコロジカルなコンテナ

② グローバルな相互連携

③ 標準コンテナ（πコンテナ[247]）に合わせた荷役の進化

④ πコンテナのネットワーク

⑤ 分散型の複合一貫輸送

⑥ 多層構造のフレームワーク

⑦ オープンなサプライヤーネットワーク

⑧　省スペースで収納できる製品設計
⑨　インテリジェンスベースの最小限の保管と輸配送
⑩　品質モニタリング
⑪　ネットワークの安全性
⑫　イノベーティブなビジネスモデル促進
⑬　オープンなイノベーションインフラ

　また、本章でもここまでで述べてきた通り、物流の効率を高め、持続可能性を目指すためには、次の項目が重要であり、さらに視野を広げて、環境負荷の低減、物流を考慮した商品デザイン（Design for Logistics）も考慮できるとよいということでしょう。

- 企業、業界、国を越えた仕組みの標準化
- サイバーでもフィジカルでもオープンで信頼できるネットワーク
- 高度な分析による各種計画の最適化

　本書がメインテーマとしてきた「需給インテリジェンスとロジスティクスによる競争優位の獲得」には、デマンド&サプライプランニングの領域において、次の2つが極めて重要であると総括できそうです。

- サプライチェーンパートナーとの連携
- 高度な分析技術の活用による意思決定の質とスピードの向上

■ リーディングカンパニーが目指すフィジカルインターネット

　日用品業界のリーディングカンパニーである花王は、サプライチェーンの垂直統合、つまり販売会社や物流子会社をグループとして運営し、小売店舗へ直接納品する形態を採用してきました。これにより需給情報の統合的管理とロジスティクスの制御を可能にし、需要予測精度の向上や供給リードタイムの短縮、在庫削減などを目指していました。市場シェアも高く、基本的には物量が多いため、他社と比較すると効率的な物流を実現できて

いたと言えます。しかし、世界の潮流を踏まえてESG経営を宣言し、日本の物流クライシスを考慮して、フィジカルインターネットを目指す方針へと転換しました[248]。

積載効率が比較的高い花王にとって、共同輸配送は組む競合メーカーのほうが、メリットが大きくなりがちです。しかし、物流の継続性と二酸化炭素排出量の削減という、より大きな社会課題の解決を主導するほうを優先したのです。今後は共同輸配送だけでなく、物流拠点を共有することも検討しているようです。

花王ではすでに、豊橋のモデル工場にて、パレットへのRFIDの装着、パレタイズロボットやAGVの導入、バース予約システム、遠隔管理による24時間稼働など、スマート倉庫と呼べるオペレーションを実現しています。企業間パートナーシップと先進的技術の活用でフィジカルインターネットを目指していて、これは業界内のリーディングカンパニーが主導するフィジカルインターネットの1つの型と言えるでしょう。

フィジカルインターネットがどんな形で実現されていくかは、まだいろいろな意見がある状態だと認識しています。ヨーロッパのように民間の団体が主導するエリアもあれば、日本のように政府が主導する国も出てくるでしょう。さらに、北海道で始まった地域フィジカルインターネット[249]のような、課題の大きなエリアから始動する場合もありますし、ここで紹介したように特定業界内での連携や、リーディングカンパニーが主導する場合もあります。それぞれが自律的に、物流の持続可能性や環境負荷低減という大きな目標を目指し、フィジカルインターネットが実現していくのかもしれません。

9-9 グローバルサプライチェーンデザイン

★｜★｜★｜☆｜☆

■ Chief Logistics Officerとは

2023年に発表された「物流革新に向けた政策パッケージ」の中で、荷主企業に物流を統括する役員クラスの設置が求められています。これは海外ではCLO（Chief Logistics Officer）やCSCOと呼ばれるポジションに該当するという見方があります。日本企業ではSCMを統括する組織を設置している割合が3割程度と少なく[250]、役員クラスのポジションを設置している企業はさらに少ないと考えられます。

野村総研の藤野直明シニアチーフストラテジストが整理しているCLOの役割を見てみましょう[251]。

① 輸送契約の締結
② 物流業務水準の契約への反映
③ 物流網の設計・運用・カイゼン

トラックドライバーの残業規制や人数不足の問題をきっかけに、物流契約を見直す場面が増加すると思われます。CLOにはそこで、ドライバーの荷役業務や待ち時間の実態などを踏まえ、物流契約を明確にして締結する責任があります。

また、契約には現在の業務のレベル感（水準）を反映する必要があります。具体的には、納品リードタイムや発注フォーキャストの精度、緊急時の両社の対応プロセスなどを把握したうえでの判断になります。

そして目指す業務レベルを達成できるよう、サプライチェーンをデザインから見直し、運用の中で改善を主導する役割も求められます。3章で解説したように、SCMは事業戦略を踏まえて意思決定する必要がありますし、逆にSCMからの情報で、環境変化に合わせて戦略を深化させていくこと

も重要です。CLOはこの戦略連携を主導するポジションとも言えるのではないでしょうか。

Gartner 社はCSCOに就任したら最初の100日でやるべき4つのことをまとめています[252]。

① 社内外のパートナーとの関係性構築
② サプライチェーンのリスク管理プロセスの強化
③ SCM人材のスキルと組織のケイパビリティ強化
④ 長期のSCM強化戦略を策定する

先述のCLOに期待される役割と比較すると、より長期、広範な目線での役割が期待されていると感じます。社内のCxOや部門長クラスはもちろん、本書でも重要性を述べてきたサプライヤーや物流企業、顧客といったサプライチェーンパートナー、さらには規制に関わる政府機関などとの関係性構築も重視されています。

この後の10章でも取り上げますが、近年のSCMに求められるのは短期的な需給バランスの調整だけでなく、中長期の需給リスク管理と言えそうです。そのためのプロセス整備は優先度が高いということでしょう。

また、中長期的にSCMのパフォーマンスを維持、向上させていくためには、人材のスキル育成や組織ケイパビリティの強化が欠かせません。そのために次世代のSCMを担う人材を見つけることも重要になります。

そしてやはり、SCMリーダーに期待されるのが長期戦略の策定です。特に進歩が著しいデジタル技術をどう自社のSCMに活かしていくかは、常に情報を仕入れて考えなければなりません。一方で、自社のサプライチェーンのボトルネックを見つけ出し、何を優先的に変革していくべきか提示する必要があります。

こうした客観的な評価には学術的なフレームワークの活用が有効です。たとえば筆者は複数のSCM成熟度を診断するフレームワークを組み合わせたツールを構築し[253]、SCM課題の整理に使っています。

CLOやCSCOといったSCMのリーダーは、現場業務を把握してパートナ

ーシップ強化に責任を持つことや、中長期的な目線で組織パフォーマンスを向上させるために、新技術や業務プロセス、人材に目を配り、戦略を考えることが期待されると言えるでしょう。

■ CLOに期待されるサプライチェーンリデザイン

CLOに期待されるサプライチェーンリデザインにおいて把握しておくべき近年のトレンドが「リショアリング」です。過去、生産コストの低減や、海外市場や技術に関するノウハウの獲得などを目的に、バリューチェーンの一部を海外に移転するオフショアリングが行なわれました。しかし、進出国の人件費高騰や地政学リスクによる供給の寸断などを踏まえて戦略を転換し、海外に移転していた生産機能を自国や周辺地域に回帰させるリショアリングが増え始めているそうです[254]。帝国データバンクによる2022年の調査では、調達や生産の国内回帰または国産品への変更を、約25%の企業が実施したという回答でした[255]。

ローランドベルガーの調査によると、米国企業は海運運賃の変動可能性や中国との貿易摩擦、近隣国のインフラの整備などを踏まえ、メキシコを新たな生産拠点の有力候補として考え始めているそうです[256]。

これらの要因としては外部環境変化のほかに、メリットが想定を大きく下回った場合や、政府の政策転換なども挙げられています。たとえば化粧品は日本製というのが信頼につながっていた側面があり、特にアジア市場におけるプレゼンスに寄与していたのですが、これは海外生産を増やしたことによって想定外に売上が下降してわかったという話も聞きます。

政策転換でわかりやすいのがCOVID-19によるパンデミックの影響を大きく受けた半導体に関する事例でしょう。経済産業省はサプライチェーンの強靱化を目的に、2020年から生産拠点の国内回帰支援策を実施しています。有事の際には各国が自国優先の対応を取ることが改めて確認されたため、ナショナリズムが高まったという指摘もあります。

しかし、サプライチェーン拠点の国内回帰が必ずしも正解とは言えません。1-1で紹介したトリプルAトライアングルのArbitrageを活用することは、グローバルサプライチェーンにおいては特に有効であり、自然災

害に対するリスク分散なども踏まえて、サプライチェーンのデザインを見直す必要があると考えられます。

本章の最後に、グローバルサプライチェーンで問題になりやすいポイントを整理しておきましょう。

- サプライチェーンの広域化に伴う複雑性の増大
- 輸送ネットワークの長距離化
- 物流コストの上昇
- 通関などによる供給リードタイムの長期化
- トレーサビリティの不透明化

これらはリショアリングによって基本的にはリスクを低減させることが可能です。しかし、それはArbitrageやイノベーション、リスク分散といった観点ではビハインドになります。こうしたトレードオフの中で、外部環境の変化や先進的技術の登場に目を配りながら、中長期のSCM戦略を策定し、実現を主導していくことがリーダーには求められると言えるでしょう。

グローバルサプライチェーンの自国回帰

オフショアリング → **リショアリング**

バリューチェーンを自国から海外へ
- コスト削減（主に労働力）
- 収益拡大
- 現地事情やノウハウの習得
- 柔軟性の向上

特に生産活動を自国や周辺地域へ回帰
- 進出国における品質の低下
- 戦略の転換
- 外部環境の変化
  （コスト差の縮小・リソース不足・成長機会逸失など）
- サプライチェーン活動の高度化

- 貿易戦争
- 武力紛争
- パンデミック
- ナショナリズムの高まり
- 物流費の高騰

第 **10** 章

需給インテリジェンスとしてのS&OP

　需要と供給、両サイドの不確実性が高まる中で、日本でも改めて着目されている概念がS&OP（Sales and Operations Planning）です。これは1980年代に米国で原型が提唱されたと言われています[257]が、トップダウン型のマネジメントであり、製造現場が強い日本企業には合いにくかったのか、現在でも広く導入されているわけではありません。

　しかし、本書で述べてきたような外部環境とECやスマホなどの技術進歩を受けた購買行動の変化の中で、SCMによる競争優位が見直され、関連してS&OPに関心を持つ企業が増えています。ただ、時代に合わせて概念自体が進化していることもあり、S&OPを適切に解釈するのは簡単ではありません。

　本章では40年程度の歴史の中で整理されてきたS&OPの標準知見を解説すると共に、近年のビジネス環境変化を受けて拡大しつつあるS&OPへの期待を整理します。S&OPはすでに製造業のオペレーションだけに有効な概念ではなくなり、サービスや公共インフラといった幅広い業界、さらにファイナンスや経営層といった部門でも競争優位を生み出すために活用され始めているのです。

10-1 S&OPのグローバル共通見解

★ ★ ☆ ☆ ☆

■ S&OPの定義と解釈

まずはS&OPの定義を確認しましょう。

S&OP（Sales and Operations Planning）……新商品・既存商品の顧客重視型マーケティング計画と、サプライチェーンの管理とを融合し、継続的な競争優位性の確立へ向けて戦略的に事業を推進する能力を経営者に提供する、戦略的計画の策定プロセス
（『第15版　サプライチェーンマネジメント辞典 APICSディクショナリー対訳版』より）

筆者が感じるポイントは、次の3点です。

- マーケティング計画とサプライチェーン管理の融合
- 継続的な競争優位性の確立
- 戦略的に事業を推進する能力を経営者に提供する

　これはオペレーションの視点では、やや曖昧な定義だと感じる方もいらっしゃると思いますが、本質とはおそらくそういうものであり、こうした定義と自身の知見を掛け合わせて具体化し、実務で有効活用するのが重要だと考えています。そのため、企業ごとに細部が異なるS&OPの定義があってよいと思っています。
　筆者が整理したS&OPの本質は、本書のメインテーマである「**需給インテリジェンス**」です。需要と供給に関する情報を収集、統合管理し、分析によって示唆、仮説を組み立て、それを戦略立案機能に提言していく役割が期待されていると解釈しています。近年ではこれに、事業リスクへのプ

ロアクティブな対応という方向性を加えるのがよいと考えているところです。

　筆者自身は2015年からS&OPの実務に携わり、なかなかうまくいかない中で、2021年に新設グループのマネージャーとしてS&OPプロセスの再設計を主導しました。いくつかの幸運が重なったこともあり、初年度から成果を創出できたため、おそらくこの経験による認知バイアスがあるものの、先述の解釈にたどり着きました。

　偶然、その期間で入山章栄教授に指導いただいたこともあり、かなり多くのS&OPに関する海外論文や書籍を参照したことや、さまざまな業界のSCMプロフェッショナルと議論を交わしたことも大きく影響しています。

　本書を締めくくる10章では、こうした過程で調べ上げ、整理したS&OPの知見をお伝えしていきます。これを1つの参考に、ぜひみなさまのビジネスに合ったS&OPについて考えてみてください。

■ S&OPプロセスのフレーム

　改めて、S&OPでは短くても会計年度の来年度くらいまでをカバーする期間を対象に、需給に関するリスクを可視化・評価し、プロアクティブに対策を実行していくための意思決定を行ないます。この意思決定はSCMに関わるものであり、販売やマーケティングがブランドや事業、エリアなどで分かれていてもサプライチェーンを共有している場合は、組織横断的なポジションが主導する必要があります。そのため、かなりの上位層によるトップダウン型のプロセスになるのです。

　S&OPの細かな特徴として、次のことが挙げられますが、これらは先述の本質や背景を踏まえると理解しやすいものだと思います。逆に言うと、細かな要素が重要なのではなく、本質的に目指すべきことが推進できればよいのです。

- 短期的な需給調整とは異なるプロセス
- 数量ベースだけでなく金額ベースでの管理も必要
- 関与する部門が需給調整よりも多い

そしてこのS&OPは具体的に４つの重要なステップ[258]を含む４〜７程度の業務・会議をくり返して推進されます。学者や企業によっていくつかの考えが提唱されていますが、共通しているのは次の図の４ステップです。

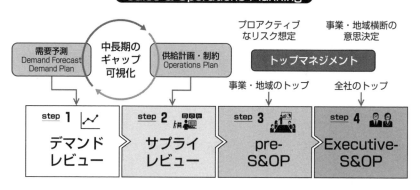

> ナレッジマネジメントを伴うローリングプロセス
> 需給情報を基に早期にビジネス環境の変化を捉え、アジャイルに意思決定を行なう

まず、需要（デマンド）に関するレビューが行なわれます。データドリブンで毎週のように更新していく需要予測や、企業として対外的にも発表する事業計画、そこから落ちてくる販売計画など、粒度や単位が異なる各種計画の前提を合わせます。ここで必ずしも数字を合わせる必要はなく、そこにリソースを割くよりも、市況に対する認識の整合、自社のマーケティングに関する抜け漏れのない共通認識、競合のアクションに関する情報共有などを確認することが有効です。

こうして認識が統一された需要の計画に対し、サプライチェーンの各種制約を確認するのがサプライレビューです。具体的には、サプライヤーの供給制約、自社工場の生産キャパシティ制約、作業人員の制約、物流パートナーにおけるアセットや人員の制約などがあります。

これらのプロセスで１〜２年先までの需給ギャップが可視化されます。これに対し、まずは１事業や１エリアなど、比較的小規模の組織内で、ギ

ャップを埋めるためのアクションを検討します。ここで意思決定しきれない大きな課題について、より上位のマネジメント層（多くの場合でCxOレベル）で対応します。

　前者をプレS&OP（Pre-S&OP）会議、後者をエグゼクティブS&OP（Executive-S&OP）会議などと呼び分けますが、基本的にはプレS&OP会議のほうがアジャイルに実行できるため、ステップを分けるのが一般的になっていると言えます。たとえばこれも、教科書通りにすべて毎月や毎週行なう必要はなく、サプライレビューは各担当グループが実務の中で確認してS&OP推進チームへフィードバックする、エグゼクティブS&OPは必要に応じて、別で行なわれているビジネスレビュー会議の中に差し込む、などとアレンジしてうまく運用している企業もあります。

　これら主要4ステップに、次の要素などを加えて定義している文献もあります。

- 需給情報の収集と整理
- 商品ポートフォリオ管理
- SKUマネジメント

　この後の10-7でくわしく論じますが、企業のビジネスモデルや戦略、サプライチェーンデザインなどによって重要なS&OPアジェンダは異なり、学術的に整理されたフレームワークを参考に、適切にアレンジできるスキルが重要になると考えています。

10-2 MP&Cの中のS&OP

★|★|★|☆|☆

■ MP&Cの構造

近年、S&OPへの関心が高まっていると述べましたが、古くは**MP&C**（**Manufacturing Planning & Control**）という枠組みの中に位置づけられてきたものでした[259]。S&OPをより深く理解するために、この位置づけも確認しておきましょう。

Manufacturing Planning and Control System……**製造計画管理システム**。プロダクションプラン（S&OP）、基準生産計画、資材所要量計画、能力所要量計画などの計画立案機能を含む閉ループ型情報システム。計画が現実的と受け入れられれば実行に移される。（後略）
（『第15版 サプライチェーンマネジメント辞典 APICSディクショナリー対訳版』より）

MP&Cとは言い換えると、本書でも4～8章で解説してきたデマンド&サプライプランなど、サプライチェーンに関わる各種計画を連携し、その実行を適切に制御するという概念です。筆者の解釈では、MP&Cには大きく2つの軸があります。製品カテゴリ、SKU、資材（原材料・部品）という物的単位（Granularity）の軸と、調達、生産、物流というSCM機能の軸です。

まずは物的単位で見ていきましょう。起点は近年では企業によって異なります。4－2で説明したように、どの物的単位で需要予測を行なうかは、Top-downやMiddle-outといったアプローチがありました。ちなみに原材料・部品から需要予測することは基本的にはなく、それは8－6で説明したMRPなどで展開されるのでしたね。

製品カテゴリ（ファミリー計、商品群などさまざまなまとめ方がありま

316

す）の粒度では、工場におけるリソース、つまりは既存の生産設備が対応できるかの確認（リソースプランニング）に連携されていきます。SKU別の需要予測は、それを基に生産計画を立案できるため、基準生産計画（MPS）に連携されます。このSKU別の需要予測をカテゴリごとなどに集計すると、リソースプランニングに活用できますし、逆にカテゴリ計の需要予測をSKU別に分解してもMPSに使えます。

このカテゴリ計の需要予測・計画を確認するのがS&OPであるというのが元々の整理でした。工場のリソースプランニングは、設備増強といった大きな意思決定を伴う可能性があり、また需要予測はある程度、事業計画と整合している必要もあることから、S&OPは経営にも影響する重要な概念として期待される役割が拡大してきたと筆者は想像しています。結果、近年では自社工場のリソース（人員や生産設備）だけでなく、サプライヤーの供給キャパシティや人権・環境リスク、物流会社の倉庫・輸配送キャパシティや環境リスクといったところまで視野に入ってきたと言えます。

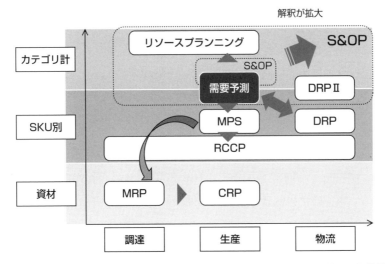

＊『工場のしくみ』（日本実業出版社）や『世界標準のSCM教本』（日刊工業新聞社）を参考に筆者作成

自社にとって有効なS&OPを考えるには、アカデミアや他業界のS&OP経験者と話すことも重要になりますが、その際にはここで紹介したような基本概念を知っておくとスムーズでしょう。というのも、10-1で述べた通り、S&OPは企業や人によって若干、解釈がバラついているものであり、一方ではこの基本概念からの拡張であるという点では共通だからです。

　筆者のように、S&OPを通じて需要予測でどう経営層を支援できるかにフォーカスしている例もあれば、ファイナンス領域における金額ベースの管理にSCMの情報を統合させることに焦点を当てている説明もあります。従来からの定義通り、製造業の生産管理のためにS&OPを機能させようと奮闘されている例もあるでしょう。どれも間違いではなく、最終的にはつながってくるものの、スモールスタートでクイックウィンを目指す領域が異なるだけなのです。

■ MP&Cも起点は需要予測

　このように、物的単位のアプローチは、必ずしも古典的なカテゴリ計でなくてもS&OPは機能しますが、どちらにせよ起点は需要予測です。ここから、SCMの各種機能へ計画が展開されていきます。

　前ページの図の上から説明します。

　まず、カテゴリ計の需要予測と自社工場におけるリソースプランニング、S&OPへの連携はすでに述べた通りです。S&OPではデマンドレビューで事業計画との乖離を確認するため、1年以上先までの事業計画を実現するための、生産を含む供給キャパシティの確保を目指します。需要を満たす供給が用意できないのであれば、設備増強などを選択肢に入れられる中長期の意思決定が行なわれます。

　つづいて、より短期をスコープとするMPSは、SKU別の需要予測や現在の保有在庫、今後の納品計画やバックオーダーなどを考慮して立案されます。このMPSに対し、サプライチェーンの主要な供給制約を確認するのがRCCPでした。これは自社工場の生産キャパシティだけでなく、サプライヤーの供給キャパシティ、物流企業の保管・輸配送キャパシティや人員制約も確認します。

ここで需要に対し、供給が不足することがわかった場合は、工場の残業で対応するなどが検討されますが、供給を増やす選択肢には限りがあるタイミングであり、供給先の優先順位づけなど、需要を調整することも少なくありません（さまざまな選択肢の例は2-3を参照）。

　また、物流の制約を確認するためには、地理的なセグメント別の需要予測が必要になります。これをDRP（Distribution Requirements Planning：物流所要量計画）と呼びます。細かな粒度での需要予測はむずかしく、全国計などの需要予測を過去の構成比を使って分解するといった方法が使われてきました。しかしAIの実務活用が広がり、筆者が言うEdge-forecastingが可能であれば、地理的セグメント別の需要予測を基にMP&Cを組み立てていくのもよいでしょう。

　関連して、DRPⅡ（Distribution Resource Planning：物流資源計画）というものもあります。これは倉庫スペースや人員、トラックなどを需要予測に合わせて計画するもので、S&OPで確認すべき対象に含まれるようになってきています。

　さらに、MPSからMRPが展開され、製品生産に必要な資材の所要量と使用時期が明確になります。これを設備や人員で対応できるかの詳細確認がCRP（Capacity Requirements Planning）でした。

　このように、製造業においてはMP&Cの枠組みの中で、需要予測を起点に生産、調達、物流の各種計画が立案され、供給のためのキャパシティ調整が行なわれます。その過程で計画の物的単位が大きい粒度に集計されたり、小さい粒度に分解されたりしますが、S&OPは大きな粒度でより長い期間をスコープとする需給のバランス調整を担うことがわかります。

　「S&OPは需給調整とは異なる」と言われるのは、より正確にはMPSに対するRCCPを受けた短期的な調整ではなく、より長期の事業計画や需要予測とリソースプランニングの整合を図るものだということを指しているのです。このように、MP&Cの枠組みを理解することで、S&OPについての理解も深まると言えます。

10-3 S&OPエコシステム

★ ★ ★ ☆ ☆

■ S&OP Geekによる最新の全体像

　S&OPの成り立ちをふりかえったところで、つづいては最近の論文から概念の進化を解釈してみましょう。S&OPに関して世界でトップレベルにアイデアを発表している、自称"S&OP Geek"、combe incorporatedのシニアディレクターであるPatrick Bowerが、2022年にS&OPエコシステムとしてビッグピクチャーを整理しました[260]。ビジネスゴールという事業の目標、つまりは事業戦略の下、次の3つの計画がS&OPの構成要素として示されています。

- 事業計画や売上予算といったファイナンス計画
- 商品企画や流通計画を含むコマーシャル計画
- BCPシナリオと紐づくサプライチェーン計画

　10-1で示した4つのS&OPプロセスを推進することだけに意識が向きがちになってしまいますが、次の図の通り、これはS&OPエコシステムの一部に過ぎないことを意識する必要があると指摘されています。

　筆者は10年以上、製造業で需要予測を担い、需給調整を行なってきましたが、これに集中していてもビジネスは進められる一方、事業計画との整合を図らないと、特に成熟市場では成長を実現できません。一方で、市場が変化する中で期首からの事業計画通りにサプライチェーンを動かしつづけるのもリスクが大きく、S&OPの3つの計画を連動させ、常に市場と自社のアクションを整合させていく必要があるのです。トリプルAのサプライチェーンで目指すAgilityとAdaptabilityですね。

　図を見ると、ファイナンス、コマーシャル（営業・マーケティング）、SCMなど、バリューチェーンを支える複数の部門で協調しなければ、事

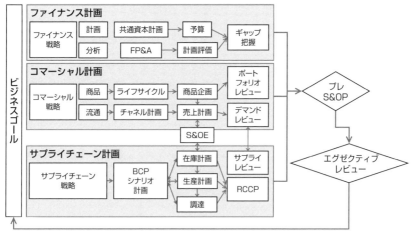

Patrick Bower (2022) を参考に筆者作成

業戦略の実限がむずかしいことがわかると思います。これはトリプルAのAlignmentが重要になるということです。

ここで紹介したビッグピクチャーは、S&OP推進チームが各種ステークホルダーを巻き込む際の説明に有効なので、ぜひみなさまもご活用ください。

ファイナンスとサプライチェーン

米国の書店や家電メーカーなどでFP&A領域を17年以上担ってきたDon Clarkは、自身の実務経験からS&OPとファイナンスの関わりの重要性を指摘しています[261]。

ファイナンス部門は財務諸表やファイナンスモデルを扱うだけでなく、事業を理解することが重要であり、それはS&OPを担う需要予測や調達、生産、物流など、各機能のプロフェッショナルからプロセスの中で学ぶのが効率的だと述べています。実務を理解してこそ、財務指標の背景にあるストーリーを想像できるからです。

一方で、ファイナンス部門はS&OPで決定された各アクションがどの程

度の財務インパクトを与えるかをフィードバックできます。このコラボレーションによって財務目標の達成を協働して目指せるようになるのです。

■ コマーシャルとSCMをつなぐS&OE

コマーシャル計画には、商品開発やライフサイクルマネジメントを含むマーケティング系の計画と、販売チャネルや売上に関する営業系の計画が含まれます。

S&OPの前半プロセスに含まれる商品ポートフォリオレビューやデマンドレビューは、コマーシャル領域のプロセスとして捉えることもできるでしょう。筆者はSCM部門のデマンドプランナーとしてデマンドレビューを長年主導しましたが、コミュニケーションの相手は基本、マーケター（ブランドマネージャー）であり、まさにコマーシャル部門と一体となって推進してきました。

また、マスマーケティングが主のブランドを担当していたときは、販売チャネル・アカウントごとの商談計画が重要であり、営業部門とのコミュニケーションを踏まえて需要予測を組み立てていました。

この経験から「需要予測はマーケティングとSCMをつなぐ」という役割の重要性を発信していたのですが、Patrick Bowerの図もこれを表していると感じられます。

この境界に位置づけられているのが**S&OE**[262]です。筆者は過去、S&OEに関する複数の文献レビューからS&OPとの違いを次の図の通り整理しました[263]。S&OEは、S&OPよりも短期を照準とし、主には**デマンドシェイピング**[264]と物流による供給アロケーションで需給バランスを調整するという概念です。

長くても数カ月程度の期間であるため、生産ラインの増強や新商品発売時期の変更といった時間のかかるアクションはむずかしく、供給のアロケーションでできるだけ公平に対応しつつも、商品供給の優先順位づけも行ないます。この意味でPatrick Bowerは"Demand Control"とも表現しています。

SCMにおける在庫（補充）計画、（基準）生産計画、調達やRCCPなど

S&OPとS&OEの違い

比較軸	S&OP	S&OE
ホライゾン	3～18ヵ月先	短期の戦術的アクション
デマンド レビュー	• 予測精度向上を目指す • SKU数マネジメント • 出荷調整	• 直近実績に合わせた計画修正 • 顧客注文への対応 • バックオーダー対応
サプライ レビュー	• 中期の生産キャパシティ管理 • サプライヤーの納期管理 • 供給リスクの評価	• 受注に対する供給確認 • 週次の納期管理 • 物流リードタイム管理
コンセンサス	• 需給ギャップと事業計画の乖離対応 • 計画の前提と直近需給トレンドの比較 • シナリオ分析に基づく意思決定	• 週次トレンド分析 • 短期の需給ギャップ対応 • 条件変化に合わせたマスタ更新

Steven Hainey（2022）を参考に筆者作成

は主に10-2で説明した通りですが、コマーシャル計画を踏まえた需要予測と足元のS&OEでの対応を考慮し、サプライレビューでより長期の需給バランスの調整へつなげていくのです。

そしてこの3つの計画から、事業計画の達成における需給リスクを整理し、S&OP会議でプロアクティブな意思決定を促します。

10-4 S&OPへの期待

★｜★｜★｜★｜☆

■ S&OPで何を決めるのか

S&OPは短期的な需給調整ではないため、SKU別の生産計画がアウトプットにはなりません。正確に言うと、実現可能な生産計画を立案し、資材を調達したり、日別・時間帯別の生産スケジュールを立案したりといった、オペレーションには落ちません。

カテゴリやファミリー計の需要予測をSKU別に分解し、在庫計画から生産計画立案につなげていく企業もありますが、生産リードタイムが2年などと長い業界、企業はめったになく、それはより短期にフォーカスした別のオペレーション、需給調整で行ないます。

では、中長期を対象とするS&OPでは何を意思決定するのでしょうか。そこでは中長期のスコープでより大きな需給バランスを整合させるアクションを決めます。これは需要と供給、両方のレバーがあります。

需要の調整では、「新商品の発売時期の変更」「マーケティング施策の実施時期の変更」などが挙げられます。

たとえばCOVID-19によるパンデミックが長引きそうだと感じられてきた2020年5月などでは、市場環境の悪化を踏まえ、マーケティング施策の実施時期を後ろ倒しした企業も少なくないでしょう。消費者・ユーザーのニーズが大きく変化したため、当初のROIを実現できる見通しが立たなくなったためです。需要の減少を一時的に受け入れ、供給もそれに合わせて減産するといったアクションになります。

こうしたマーケティング施策の実施時期は、営業部門から顧客へ、SCM部門からサプライヤーへ情報が共有された後では変更しづらく、数ヵ月以上先などでないと調整できない場合が多いため、中長期の需給リスクを踏まえて行なう必要があります。

供給の調整では、次の要素などが挙げられます。

- 生産ラインの増強
- 製品の共通モジュール化
- 代替サプライヤーとの契約
- 新規物流パートナーとの契約

　たとえば短期的な増産は工場の夜間稼働などで対応できますが、中長期的に供給が不足しそうであれば、生産ラインを増強したり、OEMに依頼したりといった抜本的な対応が必要になります。しかし、これらは通常、数ヵ月程度でできるアクションではなく、中長期の需給リスクを踏まえての意思決定が必要になるものです。

　サプライヤーや自社の生産キャパシティの問題で、需要の増加にどうにも対応できない場合は、供給のアロケーションを行なわなければなりません。原材料や部品が不足すれば商品の優先順位づけが必要になり、商品が不足すれば顧客の優先順位づけが必要になります。

　これを早い者勝ちや声の大きな相手優先などとすると、意思決定の根拠が不透明になり、組織が混乱して、結果、顧客の不満を生むことにつながってしまいます。そこで、S&OPでは中長期的に拠り所にできるアロケーションのガイドラインなども整備します。

　こうした**中長期の需給バランス整合を目指す意思決定で重要になるのが、需要予測と供給制約の管理です**。古典的には、S&OPの需要予測はカテゴリ・ファミリー計で、移動平均や単純指数平滑などのシンプルなロジックで行なうと想定されてきましたが[265]、近年のVUCAな環境下でこれが通用する業界は多くありません。供給の条件も、たとえば原材料価格や納品リードタイムは、長年変わらないというものではなくなり、最新の情報を常に入手、活用できる仕組みを整備する必要があります。この管理を担うのがS&OEとされます。

　機械学習を使った需要予測モデルやサプライチェーンのデジタルツインなどを駆使した、シナリオ分析によるシミュレーションなどは、まさにこうした不確実性の高まった環境下のS&OPに有効活用できる可能性が高い

と考えています。筆者はこれを「Advanced-S&OP」と呼び[266]、それを支える技術開発を研究者やデータサイエンティストと進めています。

S&OPとは事業、特に需給リスクに対処するための意思決定プロセスであり、その質やスピードをAIなどの先進的な技術によって高めていくことが、VUCAな環境下で企業の競争優位を創出していくはずです。

■ S&OPに期待できる効果

では、こうしたS&OPには具体的に、どれほどの経営的な効果創出を期待してよいのでしょうか。ここでは2つの調査結果を紹介します。

1つは戦略系コンサルティングファームが公表している[267]、170社の調査結果です。もう1つは本書でも複数の記事を参照している、Institute of Business Forecasting & Planning（IBF）という、世界中のSCM、中でも需要予測やS&OPに携わる実務家と研究者が数万人以上メンバーになっている教育・研究団体による調査です。

どちらの結果にも共通している指標は、（顧客）サービスレベルと在庫などの資本コストです。前者は1から欠品率を引くなどして算出しますが、要は顧客からのオーダー通りに商品を出荷または提供できたかを測る指標

S&OPの効果

取り組み前のレベル感によって異なるものの

調査結果① マッキンゼーによる170社の調査結果

販売機会損失	サービスレベル	輸送・資本コスト
40〜50%	5〜20%	10〜15%

Sales and Operations Planning Implementation Tips | Toptal®

調査結果② IBF*による2016年の調査結果

予測・計画精度	サービスレベル	在庫金額・量
1.4〜83% （中央値は15〜21%）	5〜20%	1.7〜20%

*Institute of Business Forecasting & Planning

筆者の経験でもサービスレベルと在庫コストで5〜20%程度の改善は期待できる

です。後者は在庫コスト以外にも物流（保管・輸配送）コストが含まれる、サプライチェーンコストを指します。

　SCMの定量的な目標はこれら2つの指標が採用される場合が多いですが、どちらもS&OPプロセスの導入によって数％～20％程度の改善が期待できると言えそうです。これは元々のオペレーションレベルにもよりますが、筆者自身の経験からも、この幅は十分期待できるものだと言えます。

　ただし、留意すべきは単に他社のS&OPプロセスを導入するだけではこうした効果は望めないという点です。自社のビジネスモデルや組織構造、既存のオペレーション、過去からの歴史などを踏まえたアレンジと、S&OPへのインプットとなる需要予測と供給制約の管理レベルを高めることが必須となります。

　おそらく需要予測に関しては世界一、知見が蓄積されていて、発信もしているIBFの調査[268]では、予測精度の改善度合いも調べられていて、かなりバラつきが大きいものの、中央値としては15～21％程度となっています。しかしこれは、筆者の理解ではS&OPプロセス導入の成果ではありません。S&OPの中で議論しても予測精度が上がるとは言えないからです。むしろS&OPにおける意思決定を高度化するために、需要予測を高度化する6つの要素[269]を整備し、その結果として精度が改善されたと考える方が自然でしょう。

　ちなみに需要予測を高度化する6つの要素とは以下であり、この詳細な解説については『需要予測の戦略的活用』（日本評論社）第10章をご参照ください。

① 需要予測のためのデータ
② 需要予測モデル
③ 需要予測支援システム
④ 予測精度管理プロセス
⑤ 需要予測を担う組織
⑥ デマンドプランナーのスキル

■ 需要予測はS&OPを介して新たな価値を生む

IBFが発行しているJournal of Business Forecasting[270]には需要予測をテーマとした記事が掲載されます。一方で、S&OPに関するものも多く、生産計画や調達、物流に関するものはあまり発表されません。ここからも、需要予測はSCMの起点となる重要な機能であると同時に、S&OPともかなり関係性の深い機能であると思われます。

S&OPは需給の観点から事業リスクを評価し、プロアクティブに組織横断のヘッジアクションを決めていくものですが、中長期の未来をスコープとするため、需要予測がベースになります。需給調整であれば、受注生産のビジネスモデルだと需要予測は不要ですが、そうした企業でもS&OPを行なうとなると需要予測が必要になるはずです。2年先までの受注をもらえるビジネスはそうそうないからです。

6-4で説明したようなRange-forecastingができるレベルであれば、需要のシナリオ分析が可能になり、S&OPで意思決定できる幅も広がります。移動平均で見通した需要に対する供給とのギャップを見ても、効果的な意思決定はできそうにないですよね。自社のマーケティング施策や新商品の発売情報、外部環境や競合のアクションの想定などを踏まえた、シナリオ別の需要予測ができれば、それぞれにおける需給リスクを定量的にシミュレーションすることができ、ヘッジアクションを具体的に検討できるのです。

もちろん、高度な技術を使ったからと言って、必ずしも精度の高い需要予測ができるとは限りません。しかし、5-8で説明したような専門的なメトリクスによる管理で、需要変動リスクも評価して対応できるのです。

こうした意味で、S&OPは需要予測（それ自体とその管理）によってパフォーマンスレベルが決まると言っても過言ではないでしょう。"S&OPプロセスをどういった組織が主導すべきか"という議論が実務家の間では発生しますが、筆者の答えは「需要予測を熟知したSCMプロフェッショナルの集団」です。

S&OPの推進チームについては、海外でも重要性が指摘されていて、プ

ロセスを主導するS&OPマネージャー（マスタースケジューラー）や、需要と供給に関する情報の収集、整理、分析を担うS&OPアナリストなどの役割が挙げられています[271]。S&OPマネージャーは本書で紹介しているようなS&OPやSCMの専門知識を持つプロフェッショナルであり、S&OPアナリストは需要予測や在庫計画などのプランニング実務経験があるプロフェッショナルなどとスキルを定義できるとよいでしょう。

　S&OPを通じた需要予測の新しい価値創出については次の動画でも解説しているので、興味を持った方は併せてご参照ください。

需要予測入門① なぜ品切れが発生するのか
需要予測の基本のキ

・需要予測の役割
・SCMと経営の関わり
・S&OPとは
・デマンドレビューのアジェンダ

10-5 S&OPで成果を出す

★|★|★|★|☆

■ S&OPで成果を出せる組織

S&OPに関する研究は数多く発表されています[272]が、実務家に特に関心の高いテーマは、S&OPで成果を創出するには何が必要かというものです。ここで言う成果というのは、前節で説明した納期遵守率（サービスレベル）や在庫回転率、予測精度のほか、売上高や利益率といった上位の目標や、イレギュラーな生産調整の少なさというオペレーションに関するものも含まれます。

売上高や利益は、もちろんS&OP以外の業務領域や外部環境も大きく影響しますが、S&OPが貢献できる度合いも小さくなく、むしろ目指すべき目標は売上高や利益、市場シェアなどの上位指標を設定すべきだと考えられています。

ケネソー州立大学のSwairnらがPatrick Bowerと、S&OPを導入している企業を調査した結果、次の4つの要素が重要であることがわかりました[273]。

- 組織内のコラボレーション
- S&OPプロセスの標準化
- 組織としてS&OPへの注力
- 組織におけるS&OPの優先順位

また、これらがすべて直接的にS&OPによる成果創出に影響しているのではなく、間接的に、つまりは影響する順番があることが示されています（次ページの図参照）。

まず、組織内の部門を越えるコラボレーションがS&OPプロセスの標準化を進めます。S&OPはSCM部門だけでなく、ファイナンスや営業、マー

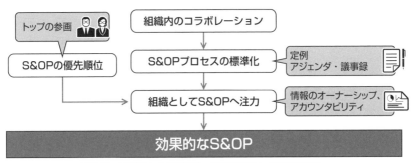

Swaim, J.A.ら (2016) を参考に筆者作成

ケティング部門などの参画も重要であり、各部門からの定期的な情報インプットがないと、十分な議論ができません。プロセス標準化とは具体的に、定例アジェンダの設定および事前案内と会議後の議事録配信が含まれ、これは各部門の定例参加が確約されないとむずかしく、コラボレーションの意識が必須ということだと解釈しています。

ただし、プロセスの標準化は硬直したオペレーションを意味しないことに留意が必要です。シンガポール社会科学大学のShao Hung Gohらが568名のSCM実務家を対象に調査した結果[274]、環境変化に柔軟に対応できないS&OPスケジュールは、サプライチェーンのパフォーマンスを低下させることを示しました。S&OPを重視する組織文化（S&OP Culture）は、組織内のコラボレーションや情報共有を促進しますが、過度に厳密なスケジュールには注意すべきだと指摘されています。

つづいて、組織としてS&OPに注力すること、つまりは各部門が積極的に情報を持ち寄り、自分たちが行なうべきアクションを考えることが、プロアクティブなリスク対応を促進し、S&OPの成果につながります。この組織としての注力のためには、S&OPプロセスが組織内で合意され、安定的に運用されている必要があります。そのため、プロセス標準化が組織としての注力を促すと言えます。

筆者がメーカーの中でS&OPプロセスを設計し、推進を担っていた際、この知見を踏まえ、各部門からの協力を引き出すにはどうしたらよいかを考えました。そこで心がけたのが、次の2つです。

- **各部門にとってのメリットを明確にすること**
- **意思決定の結果を全員にフィードバックし、感謝すること**

ファイナンス、営業やマーケティングの方々も忙しい中で参画してもらうため、それぞれのミッションを踏まえて、S&OPから提供できる有益な情報を整理しました。これについては次節でくわしく解説します。

また、S&OP会議における意思決定ポイントを明確にし、その結果を会議の冒頭で共有するというのを定例アジェンダにしました。S&OPで決めることは比較的長い期間であり、推移や結果を追いづらい場合があります。そこで、S&OP推進チームでこれを管理し、S&OPでの意思決定が経営に貢献していることをたびたび示す必要があると考えました。これは論文の中でも指摘されている、サプライチェーン（需要と供給）に関する情報のオーナーシップとアカウンタビリティ（説明責任）に該当すると認識しています。

加えて、**組織としてS&OPに注力するためには、その優先順位を上げる必要があり、これは経営層の関与によって実現できます。**日本におけるS&OPの認知度は高いとは言えず、その効果もわかりやすいものではないため、経営層がメリットを理解し、組織の動きを主導しなければ、中長期での成果創出は狙えないと言えます。

筆者は幸運にも、事業本部長（トップ）にS&OPを理解し、必要性を感じてもらえたため、その方からの投げかけで、営業部門を統括するポジションやブランドを横断してマーケティングを統括するポジション、ヘッドクォーターのファイナンスと連携する経営管理のポジションといった管理職の方々に参画してもらえました。

これらの知見と経験を整理すると、次のようなアクションがS&OPで成果を創出するポイントになると考えられます。

① 専門知識を持ったS&OP推進チームが自社のS&OPをアレンジし、目的とオペレーションを明確にする
② 事業のトップにS&OPの必要性を理解いただき、各機能のトップの参画を促してもらう
③ 各機能のトップも前向きにS&OPに関われるように、推進チームがそれぞれのメリットと全社的な効果を発信する

■ S&OPの始め方

こうした成果創出のポイントを押さえつつ、実際に運用を開始する際の留意点も整理しておきましょう。IBFのThought LeadershipのディレクターであるWilsonは、S&OPプロセス導入時には以下の2点に気をつけるべきだと述べています[275]。

- 他社のS&OPの型をそのまま導入しない
- 小さく始めて成果を出し、拡大展開する

ここまででも少し述べましたが、S&OPに含まれるプロセスの一部は、すでに各社で行なわれている場合がほとんどです。特に需要予測に対する供給制約の確認や、1つの事業内における需要予測の集計と事業計画の比較などは、需給調整やビジネスレビューといったオペレーションの中でも行なわれているでしょう。当然ですが、こうした既存のオペレーションをやめる必要は全くなく、むしろS&OPに必要な、たとえば半年以上先の需給ギャップの可視化とその対策検討などをどのプロセスに加えていくか、といったアレンジを考えることが有効です。そのために標準的なS&OPプロセスや他社事例を参考にし、自社の既存オペレーションにない要素を明らかにすることが重要なのです。

また、特に筆者が重要だと感じているのが、**プレS&OP会議のセグメンテーション（切り分け方）**です。各社の組織体制やレポートライン、つまりは意思決定が機能する構造を踏まえて、S&OPプロセスを分割すること

が有効だと考えています。マーケティングや販売を担う組織とサプライチェーンの組織が同じ切り分け方である企業は多くないでしょう。国や販売チャネルによって顧客属性が異なり、それに合わせてマーケティングや販売を分ける一方、工場や物流といったサプライチェーンは共有するという企業もあります。地域やブランド、事業など、S&OPプロセスを分ける軸はいくつかあり、それは各社の組織体制やレポートラインを踏まえて決めるのが有効です。

　もう1つ重要だと指摘されているのが、"Small Start, Quick Win"です。S&OPのように、多様な部門が関わる一方、認知度がまだ低く、重要性の理解が進んでいない概念を、最初から全社的に展開することは極めてむずかしいと言えます。まずは先述のような分け方による1つのセグメントを選定し、プレS&OPの実現を目指して始めるのがよいと筆者は考えています。

　もちろん、エグゼクティブS&OPで行なうような大きな意思決定はできませんが、1つのセグメントの中でも中長期の需給リスクを評価し、バランスを整合させることは価値を生み出します。これは複数の事業を展開している企業や、グローバルにビジネスを拡大している企業、扱っているSKU数が多い企業などで特に有効になる始め方です。

　小さなセグメントで成果が見えてくると、それをほかのセグメントに展開しようという話になるでしょうし、社内にS&OP推進のノウハウが蓄積されるため、展開のスピードは上がっていきます。その頃には社内にS&OPに前向きな賛同者も増えているはずであり、組織内のコラボレーションもスムーズになるので、成果創出にかかる時間も短くなっていくでしょう。

　Patrick Bowerは、S&OPにおけるQuick Winとして、成果がわかりやすい在庫削減から取り組むのがよいと述べています[276]。具体的には次のアクションなどが数ヵ月間で効果を出せる可能性が高いとして挙げられています。

- 在庫と需要の分析から在庫を分類し、陳腐化在庫を処分する
- f-Biasの分析から、過剰な在庫の持ち方を見直す

- **製品のライフサイクルにおけるステージを踏まえて、生産ロットや EOQなどを見直す**

　本書でも予測精度を管理するメトリクスのレビューを推奨してきました
が、S&OPでQuick Winを目指す在庫削減でも、まずはブランドや商品グ
ループ、カテゴリごとなどにf-Biasを可視化することがファーストステッ
プとして挙げられています。これをデマンドレビューで確認し、S&OP会
議でマネジメント層に報告して、削減アクションの意思決定を行なってい
くのが有効です。

　業界によっては、研究開発のための在庫や、品質管理（微生物検査など）
のためのリードタイムなど、在庫削減の視点では見逃されてきた領域にも
Quick Winのヒントがあるかもしれません。また、これらのアクションよ
り時間はかかりそうですが、顧客との供給に関する契約条件の見直し（許
容されるリードタイムや量の変動など）、部品の共通化や処方の統合など、
Design for Logisticsとして紹介した、サプライチェーン効率化の観点での
商品設計も有効なアクションとして挙げられています。

　ただ、IBFの調査結果[277]を鑑みると、S&OPの理解浸透と運用の安定、
そして大きな成果創出までには5年などの時間がかかることを認識してお
くべきだと言えます。S&OPプロセスを主導するチームはこうした学術知
見や他社事例を踏まえつつ、ある程度の時間をかけて組織内にS&OPカル
チャーを定着させていく役割も担うと考えるのがよいと思います。

10-6 S&OPの 部門間コミュニケーション

★★★★★

■ S&OPステークホルダーの協調を引き出す

　前節で、S&OPで成果を創出するために、部門間コラボレーションが重要であるという研究結果を紹介しました。ここではそのために、どんなコミュニケーションが有効になるかを整理します。

　新しいプロセスを導入する際には、次の4点を明確にすることが重要だと言われます[278]。

① 取り組みの意義
② 自社にとって新しい取り組みが必要な理由
③ 新しい取り組みに関する専門知識
④ 各ステークホルダーが関与すべき理由

　S&OPであれば、それに取り組むことがどんなメリットをもたらし、自社に必要であるという理由を明確に示すことが、ステークホルダーの協調を促します。S&OPのメリット、つまりは得られる効果はすでに述べてきた通りですが、プロアクティブに需給リスクに対処することで、持続的な競争優位を生み出す意思決定を支援することです。

　自社にとっての必要性は、平時には理解してもらいづらいかもしれません。しかし、インバウンド需要の急増やパンデミック、地政学的なリスクによる原材料価格の高騰など、サプライチェーンが混乱した際には逆にそれがチャンスになります。需要と供給の不確実性が増加した時こそ、プロアクティブなリスク管理が重要になり、それは平時からの準備が必要です。

　これを納得してもらうためには、S&OPに関する専門知識が必要になります。本書で紹介した学術知見のほか、他社の成功事例や苦戦していることなどに関する情報を整理し、啓蒙活動を主導します。

加えて、前節でも述べた通り、各ステークホルダーには何が期待され、参画することでどんなメリットがあるかも示すことが有効です（次図参照）。

S&OPコミュニケーション

・経営層含め、多様な関係部門に腹落ちしてもらうことが重要

S&OPの意義	必要性	専門知識
・需給リスクへのプロアクティブな対応 ・マーケティングとオペレーションの融合 ・ビジネス環境変化の早期察知 ・持続的な競争優位獲得 ・VUCAな環境下における経営のかじ取り	・外部環境（需要と供給）の不確実性増加 ・業界内競争の激化 ・事業範囲の拡大 ・サステナビリティへの関心の高まり ・人権や倫理的観点への関心の高まり	・S&OP/SCMの世界標準の知識 ・S&OPプロセスの推進ノウハウ ・自社サプライチェーンに関する知識 ・需給データ分析スキル（AI・最適化など） ・S&OPの成功事例 ・各種ステークホルダーのミッション理解 ・自社事業の市場や競合に関する知識

関与の理由
【営業】顧客への需給コミュニケーション・供給への要望提示 【マーケティング】未来の施策共有・市場からのフィードバック入手 【SCM】需給情報の共有・供給調整・市況の把握 【経営管理】投資配分検討・より高精度の利益見通し入手 【経営層】各トップの参画促進・需給情報の把握・組織横断の意思決定・戦略とオペレーションの融合

　たとえば営業部門であれば、供給が逼迫した際に、顧客とコミュニケーションすることによって需要をある程度、コントロールすることが求められます。急な欠品を防ぎ、事前に丁寧に今後の供給について案内するなど、自社への信頼を失わないようなコミュニケーションが求められるのです。このために必要な供給リスクの情報は、S&OPプロセスに参画することで早期に入手できますし、供給の優先順位に関する要望も出すことができます。

　マーケティング部門には、未来の施策に関する情報の共有が求められます。これは需要を高めますが、それに供給が対応できそうかを確認しておくことが混乱を防ぎます。サプライヤーの変更や生産ラインの増強などは、製品原価に影響する可能性が高く、この意思決定にもマーケティング部門の関与が必要になります。

経営管理部門は、商品別の需要予測を基にした売上と利益の見通しをS&OPプロセスで得ることができます。これを参考に、売上や利益目標を達成させるための投資配分の見直しといったアクションをとることができます。経営管理部門でも売上や利益の見通しを立てている企業が多いと思いますが、SCM部門（プランニング機能）の専門的な需要予測ほど時間をかけていない、また利益率の異なる商品別の需要予測まではできない、直近の供給制約や在庫状況を加味できていない場合がほとんどであり、S&OPプロセスで得られる情報は貴重と言えます。

　経営層には、これらの各部門を動かせるトップマネジメントの参画を促すことが求められます。こうした方々が関与しないと、組織横断の大きな意思決定はできないですし、関係者も迅速に動けないからです。経営層はS&OPプロセスに参画することで、需要と供給に関する全社的な統合情報を把握することができます。セグメント別の需要予測や変動リスク、供給に関する短期および中長期的な問題、事業計画とのギャップと今後のマーケティング施策など、自社と競合やパートナーを含むビジネス環境についての情報を広く入手できるのです。

　また、それぞれの専門家が参加しているため、必要に応じて各種情報の詳細も質問することができ、基本的にはその場で回答を得られるでしょう。こうしたアクションによって、プロアクティブに需給リスクへの的確な対応を指示することができるようになり、市場における持続的な競争優位の獲得を目指すというのが、S&OPに取り組む目的になります。

■ パーソナリティの理解や行動特性もS&OPの成果に影響する

　ほかにも、部門やKPIではなく、関係者のパーソナリティやKBI（Key Behavioral Indicators）に着目した研究も始まっています。南デンマーク大学のJan Stentoftらは、ケーススタディから、個人のパーソナリティを分類するMBTI（Myers-Briggs Type Indicator）を踏まえてコミュニケーションし、予測精度や生産効率、OTIF（On-Time, In-Full）などに影響するKBIを設定することが、S&OPの成果につながると提唱しています[279]。

　自己診断ツールであるMBTI[280]では、次の組み合わせでパーソナリティ

が分類されます。

- 外向性か内向性か
- 物事を思慮深く考えるか直感的に捉えるか
- 判断の際は客観的か主観的か
- 物事に取り組む際は計画的か柔軟性があるか

　自身とコミュニケーション相手のパーソナリティを理解することが、S&OPプロセスにおける情報収集やその解釈における共通認識の醸成をスムーズにすると考えられます。
　KBIとは具体的に、予測精度に関するものだと、次のような行動が挙げられています。

- 需要予測について積極的に顧客とコミュニケーションする

生産効率に関するものだと、次のものなどがあります。
- 継続的な改善を行なう
- プロアクティブなメンテナンス計画を立案する

　これらは予測精度や生産効率といったKPIではなく、それらに影響する行動と言えます。
　本書ではAIによる需要予測や最適化技術を使う供給計画などで、S&OPにおける意思決定を高度化するという考えを述べてきましたが、技術やシステムの側面だけでなく、ステークホルダー間のコミュニケーションにも学術的な理論を持ち込み、進化させる余地があると言えるでしょう。

■ S&OPにおけるリーダーの役割

　このようにS&OPプロセスでは、マーケティングや営業、SCM（プランニング、生産、調達、物流）、経営管理などの各部門のマネージャー（課長）以上のポジションが関与することになります。つまりは各機能のアクショ

ンを決め、主導できるリーダーたちと言い換えられます。ブラジルにある教皇カトリック大学のMarcelo Xavier Seelingらはリーダー（論文ではシニアマネージャーと表記）がS&OPですべきことを整理しています[281]。

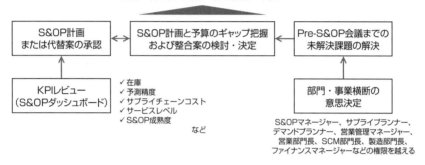

Marcelo Xavier Seelingら（2021）を参考に筆者作成

　最終的には、売上や利益の目標（予算）を達成し、企業価値を高めることを目指します。そのために、顧客へのサービス率と共に資産効率を高め、コストの最適化を図ります。これを実現するための具体的なアクションは、S&OP計画と予算のセグメント別のギャップを把握することで考えることができます。

　ここで言うS&OP計画とは、商品別まで分解できる需要予測に、供給制約や直近の在庫状況を加味したものであり、その時点で最も信頼性の高い見通しであることが理想です。少なくとも、直近の外部環境と未来の自社の主要なマーケティング施策は反映されていて、かつ予測根拠も明確に説明できる必要があります。

　S&OPで先行する企業ではここにシナリオ分析やシミュレーションも加わります。外部環境には予測がむずかしい、不確実性の高い要素が含まれ、それはシナリオでリスクを評価することが有効になるためです。これが意思決定の幅を広げます。

このS&OP計画と予算のギャップを埋めるアクションを考えるために、リーダーには大きく2つのやるべきことがあります。

1つは、各種KPIのレビューに基づくS&OP計画の理解と承認です。S&OPに関連する指標としては、次の要素などが挙げられています。

- **需要予測精度（セグメントやタイミング別など）**
- **在庫回転率（在庫日数・金額）**
- **顧客サービスレベル**
- **トータルサプライチェーンコスト**
- **S&OP成熟度**

S&OP成熟度とは、需要予測や供給管理、意思決定プロセス、推進チームのスキルなどの評価のことであり、S&OPのパフォーマンスに影響する重要なものです。

これらの指標を、その背景にあるビジネス環境の変化を踏まえて解釈し、S&OP計画と予算の間の整合ポイントを決めます。まだ期首からそんなに時間が経っていない時期でしたら、予算を変えるということはあまりなく、S&OP計画のほうを調整する場合が多くなります。一方、期末が近づくほど実行できるアクションが限られ、S&OP計画の精度も高くなるため、それを踏まえて利益確保を図るといった意思決定になる傾向があります。

リーダーに求められるもう1つのやるべきことは、自分が意思決定できる範囲の課題解決方針を示し、エグゼクティブS&OPに挙げるべきアジェンダをしぼり込むことです。デマンドレビューやサプライレビュー、プレS&OP会議などで、できるだけ需給リスクへの対処を決めていきます。そこで意思決定できる方が、アクションが迅速になるためです。しかし複数の事業や地域に関わる意思決定となると、経営層でしか対処できず、エグゼクティブS&OP会議ではこれに時間を割けるようにすることが重要です。

S&OP推進チームは各種ステークホルダーの協調を引き出すとともに、各機能のリーダーに期待することを整理し、伝えていかなければならないのです。

10-7 戦略別のS&OP

★ ★ ★ ★ ☆

■ マーケットリーダーの戦略と商品ポートフォリオ

マーケットリーダーとは、10年以上などの長期にわたり、競合よりも高い売上高や利益率、成長率などを実現しつづけている企業を指します。こうした企業に共通するのは、事業の戦略が明確であり、オペレーション部隊を含めて組織の全メンバーがそれを実行していることだと指摘されています[282]。このために必要なのが、戦略に適したS&OPの理解です。ここでは3つの代表的な戦略ごとに有効な、商品ポートフォリオ管理の特徴とS&OPアジェンダを解説します。

まずは3つの戦略を簡単に確認しつつ、それぞれの商品ポートフォリオ管理の特徴を見ていきましょう（次図参照）。

マーケットリーダー企業の戦略

10～20年以上、コンスタントに競合よりも好成績を残している企業

マーケットリーダー企業は戦略を明確にし、組織メンバーが実行している

【戦略の3タイプ】 *サプライチェーンコストを商品、顧客ごとに配分

Product Leadership	Customer Intimacy	Operational Excellence
• 3M、P&Gなど • 技術ドリブン • 技術革新と潜在的な 　ディスラプターに敏感	• 顧客ドリブン • 多品種のポートフォリオ • 複雑なサプライチェーン • 商品と顧客の 　セグメンテーション	• コストと効率性ドリブン • Cost-to-Serve*による 　商品・顧客別のコスト可視化 • C-t-Sに基づく 　価格・利益設定

Product Management		
• 少なくとも1/3は 　発売5年以内 • 商品改廃も開発同様に重視 　Discontinuance	• 顧客レベルや商品グループ 　レベルでの利益管理 • ROCEなどによる 　ポートフォリオ評価	• パレートの法則の適用 • コストコなどでは面積あたり 　の売上・利益をモニタリング

Bram Desmet（2022）を参考に筆者作成

Product Leadershipとは、技術ドリブンで新しい商品を開発し、市場を切り開いていく戦略です。そのため、技術革新に関する情報を積極的に入手するとともに、潜在的なディスラプターにも目を光らせています。

この戦略を採用する企業は、扱っている商品の少なくとも1/3以上は発売から5年以内のものにするといった商品ポートフォリオ管理を行ないます。このポートフォリオを維持するためには、顧客の期待を超える新商品を継続的に発売しなければなりません。同時に、市場において独自の価値を提供できなくなった商品は販売を終了していくという判断も必要になります。

Customer Intimacyとは、幅広い顧客のニーズに応えるため、多様な品種を取り揃える戦略です。そのため、サプライチェーンが複雑になりがちで、管理の難易度は高くなります。

こうした企業では、商品や顧客の数が多いため、グループごとにまとめて利益を管理するのが効率的になります。SOLVENTUREというサプライチェーンソフトウェア企業のCEOであるBram DesmetによるとROCE（Return on Capital Employed）による管理が推奨されていますが、要は商品・顧客グループごとに利益を生み出せているかを把握して、顧客のニーズに応えつつも、商品ポートフォリオを適宜組み替えていくことが重要ということです。

Operational Excellenceは、コスト低減と効率性向上によって競争力を生み出す戦略であり、Cost-to-Serveと呼ばれる、サプライチェーンコストの商品別・顧客別の配賦による可視化が重要です。

有名なパレートの法則を参考に、売上や利益の大部分を占める商品や顧客を重視したり、たとえばコストコでは（店舗の）面積あたりの売上や利益を評価したりして、商品ポートフォリオを管理しています。

■ 企業の戦略で変わるS&OPアジェンダ

このように商品ポートフォリオ管理は事業の戦略に応じて方針が異なってくるのですが、同様にその後につづくS&OPにおいても重視するアジェンダが変わります。

事業戦略とS&OPアジェンダ

戦略	製品差別化	顧客起点	オペレーショナル エクセレンス
需要 予測	• 新製品需要予測が重要 • デルファイ法やAHP 　など判断的予測も有効 • センスメイキング	• プロダクトミックス 　の構成比 • AランクのCPFR • セグメンテーション	• 需要の平準化 　（プロモーションしない） • 受注生産も検討
供給 計画	• 需要変動への追従 • 戦略的な在庫計画	• 在庫デカップリング 　ポイント 　(Make-to-Assemble) • Design for Logistics • 多めの安全在庫	• 規模の経済 • 生産コスト最適化 　（設備稼働率）
S&OP 意思決定	• ヒット商品の 　スケールアップ • 残在庫の対処 • 新製品のシナリオ分析	• 顧客・商品軸の 　セグメンテーション • 利益シミュレーション • 供給アロケーション 　ルール	• 効率性重視のKPI • 非効率事業・ 　商品の終了判断

Bram Desmet（2022）を参考に筆者作成

　Product Leadershipの企業では、新商品が圧倒的に重要であるため、需要予測においてもさまざまな工夫をすることが有効になります。どの業界でも新商品の需要予測はむずかしく、かつ属人的になりがちで、パフォーマンスが安定しない傾向があり、統計的な予測モデルやAIだけでなく、判断的なモデルをうまく組み合わせることにもチャレンジすべきと言えます。

　判断的と言ってもデマンドプランナーに任せきりにするのではなく、科学的に集合知を活用するロジックを考案するという意味です。また、ここでセンスメイキングが重要になると提唱しているのは、4−8で述べた通りです。

　それでも新商品の予測精度は高くなりにくいため、この戦略の企業では需要変動に対応できる供給のアジリティを高めることも重要です。同時に戦略在庫（7−3参照）を適切に設定する組織スキルも有効になります。

　そしてS&OPでは、こうした需要と供給、両サイドのアクションでうまくいった事例を蓄積し、売上だけでなく利益確保もくり返せるように、過去の対応を整理するナレッジマネジメントが重要になります。

　Customer Intimacyの企業では、プロダクトミックスの構成比を予測す

ることがむずかしく、**商品設計や生産でこれをカバーできるのが理想です。**つまり、顧客からの発注を受けた後で、色や仕様などを最終調整できるような設計、生産方式にするということです。これはMake to Assemble[283]と呼ばれます。

S&OP会議では、商品・顧客のセグメンテーションについて定期的に見直すことが重要になります。需要予測でも、主要な商品や顧客にしぼったCPFRなどの協調的な取り組みが有効になりますし、市場や商品配置が変わっていく中で、そのセグメンテーションを更新していく必要があります。また、顧客のセグメンテーションを踏まえた供給のアロケーションガイドラインを整備することも重要であり、これは部門を越える意思決定が必要になる場合が多いため、S&OP会議でのアジェンダになります。

Operational Excellence企業では、需要予測を容易にし、不要な在庫コストや物流コストを抑制するために、施策をできるだけ行なわず、需要の平準化を目指します。可能なら一部の商品だけでも受注生産にすることさえ検討します。

生産においても工場の稼働率や効率を重視し、多少の欠品を容認してでも安定稼働を優先します。緊急の発注や物流手配も基本的には行ないません。よって、S&OP会議でも効率性を測る指標を注視し、非効率な商品は大胆に販売や取り扱いをやめていくという決断をします。

このように、S&OPといってもアジェンダ次第で意思決定の対象は大きく異なります。さらに、その前工程である需要予測への取り組み方や、供給で注力するポイントも変わってくるのです。

一企業の中で一連の機能の活動が整合していないと、狙った競争力を生み出すことがむずかしくなります。たとえば新商品で価値を生み出していこうと、次々と開発し、需要予測にもリソースを投入する一方、供給では効率性を重視し、まとめて生産するという対応を取ると、過剰在庫や欠品を生み、コストばかりが嵩んでいくという事態になりかねません。

マーケットリーダーを目指すには、組織のメンバーが事業戦略を理解するとともに、各種オペレーションでもそれに合わせた動きをすることが重要であり、これはS&OPで整合させていくのが効果的だと言えるでしょう。

10-8 S&OPの先へ

★｜★｜★｜★｜★

■ SCMのDXとS&OP

　本書では需要予測や在庫計画、生産計画といった計画系業務における
AI活用や、生産、物流現場の実行系業務におけるロボティクスの活用など、
SCMにデジタル技術を活用する意図や事例、留意点などについて紹介し
てきました。こうしたデジタル技術を駆使したビジネス・社会的価値の創
出であるDXは、ただシステムや機械を導入すれば実現できるわけではあ
りません。同時にオペレーション改革を実行し、デジタル技術の優位性を
十分に発揮できる仕組みを整備する必要があります。本章の最後は、
SCMのDXで価値を生み出すための、S&OPプロセスの変革の方向性につ
いて述べたいと思います。

　マサチューセッツ工科大学のDavid Simchi-Levi教授は、次の3つのプ
ロセス変革アプローチを提唱しています。

① コンセンサス予測を需要の統一見解にする
② サプライチェーンの管理方針を万能型からセグメント型にする
③ ファミリー計からSKU別需要予測ベースのS&OPを目指す

■ ワンナンバーの限界

　1つ目の指摘はいわゆるワンナンバーの問題です。S&OPプロセスに限
らず、短期的な需給調整においても、需要に関する計画（需要予測、販売
計画、売上予算、事業計画など）はSCM、マーケティング、営業、経営
管理、事業企画など、さまざまな部門の多様な物的単位（カテゴリ計や
SKU別・数量ベースや金額ベースなど）を持ち寄り、コンセンサスを目
指すというアプローチが採用されている場合が少なくありません。

　ここまででも述べてきた通り、それぞれには異なるミッションがあり、

346

別のKPIで管理されるため、各計画の粒度が異なるだけでなく、それぞれの意図が計画に影響していることもあります。その結果、これらの計画を1つの数字に整合させるには多くの人の関与や時間が必要になり、かつ市場は時間と共に変化していくため、計画の見直しと整合ばかりにリソースを割くことになりかねません。

そこで提案されているのが、最新の市場情報を基にしたデータドリブンの需要予測をベースに、次の要素などに関する情報をそれぞれの部門が共有し、情報量と認識を合わせることを目指すというアプローチです。

- **未来の市況の見通し**
- **サプライチェーンの変化**
- **自社の目標**
- **自社のマーケティング施策**
- **競合の動向**

"餅は餅屋" ということで、各部門はその専門性を発揮できる領域に専念することが重要ですが、このためにAIなどの技術を使った、データドリブンの需要予測を導入することが有効です。さまざまな部門が需要に関する属人的な計画を持ち寄ると、その妥当性の議論に時間がかかります。そこに時間を使うのではなく、信頼できる需要予測をベースに、需要に影響する情報の解釈の整合や、目標達成に向けたアクション検討に時間を使えるようにすることでDXを目指すのです。

ちなみに筆者は専門部隊による需要予測をベースとする"ワンパーセプション（One Perception）"を提唱しています[284]。

■ セグメント別のSCM戦略

2つ目の指摘は全方位型SCMの問題点です。海外の企業でもサプライチェーンの管理方針は万能型になりがちだそうです。これは、すべての顧客やサプライヤーといったサプライチェーンパートナー、商品などについて、コミュニケーションや在庫を同じような方針で対応するということで

す。しかし、市場やパートナーの戦略、商品の需要特性などによって本来
は適する方針が異なるはずであり、これを暗黙知ではない仕組みとして対
応できるのが望ましいと言えます。

　ここで有効になるのが、**需要の規模や変動可能性および傾向、利益率や
成長性など、さまざまな軸によるパートナーや商品のセグメンテーション**
です（商品のみに言及される場合が多く、巻末に掲げた参考文献も同様で
すが、筆者は市場や顧客も同様だと考えて加えています）。

　これも1つ目のアプローチでフォーカスされた需要予測同様、外部環境
や自社の商品配置の変化などを踏まえて、くり返し更新していく必要があ
るため、高度で迅速なデータ分析を可能にする技術を活用することで実現
を目指すことができます。商品だけの分析でも、売上規模や利益率だけで
なく、過去の需要の変動可能性を表す予測精度や、市場変化の方向性を示
すforecast-Biasなどを組み合わせることで、より深いセグメンテーション
が可能になり、工夫の余地は大きいと言えます。さらにサプライチェーン
パートナーを対象とする場合は、8－3で説明したようなサプライヤー管
理指標なども組み合わせられるため、セグメンテーションは簡単ではあり
ません。

　本書の各所で紹介してきたメトリクスを使った分析や、5－2で説明し
た目的を明確にしたビジュアライゼーションを実現するBIダッシュボー
ドなど、次々と登場するデジタルツールをうまく使っていくことがオペレ
ーションの質とスピードを高めるでしょう。

■ SKU別需要予測ベースのS&OP

　3つ目に挙げられているのが、S&OPプロセスのあり方です。実は本書
では、筆者の実務経験も踏まえ、すでにSKU別の需要予測も前提とした
S&OPとして解説してきました。商品ファミリー計での需要予測の分解も
含め、Middle-out型とBottom-up型の需要予測アプローチをうまく組み合
わせることを推奨してきましたが、これがS&OPプロセス、特にデマンド
レビューにおいてより深い考察を可能にします。

　同じ商品ファミリーの中に位置づけられているとしても、需要も同じよ

うに動くとは限りません。たとえば化粧品のアイシャドウでは、春にはピンク系やオレンジ系、夏にはブルー系やグリーン系、秋にはブラウン系やベージュ系の売上構成比が高くなるといった季節性や、コーヒーでもブラックと微糖で価格改定によるトレンドの変化度合いが異なるなど、SKU別に違った売れ方をするものが少なくありません。つまり、商品ファミリー計の需要予測をSKU別に分解するのは、そんなに単純ではないのです。

しかし、SKU別の需要の背景を考えることは、ファミリー計から考えるよりも深い考察を可能にします。競合の新商品発売や、価格改定といった外部環境の変化、場合によっては自社のマーケティング施策さえも、需要に想定外の影響を与えることがありますが、それはSKU別の影響度合いの差を考察することで、より深い背景を探ることができます。実際、予測誤差を解釈する際は、その商品のことだけを考えるのではなく、近いカテゴリの誤差も併せて分析しているでしょう。

そこで、SKU別の需要予測やSKUごとの需要特性を考慮したプロダクトミックス（特定カテゴリ内における商品の売上構成）の予測を機械学習モデルなどのデジタル技術を使って行なうことが、S&OPを進化させると考えられているのです。

これら3つのオペレーション変革のアプローチに共通しているのは、どれもデジタル技術を導入することによって、既存オペレーションの精度向上だけを目指しているわけではないという点です。すでに各業界では、豊富な業務知見を持ったプロフェッショナルがこうしたオペレーションを担っている場合が多く、単にデジタル技術に同じ業務を代替させるだけでは、むしろ精度は悪化する可能性すらあります。

既存オペレーションの代替やそれによる精度向上ではなく、思考・アクションの幅を広げるために、デジタル技術の活用を前提とした新しいオペレーションを設計することを目指すべきだと言えるでしょう。

■ S&OPで目指すリスクマネジメント

本書ではS&OPを「需給インテリジェンス」と言い換え、需要と供給に関する情報の高度な分析から、意思決定層に有益な示唆を提供する機能・

プロセスだと提唱してきました。それが目指すのは、中長期の事業リスク管理になりそうです。S&OPの先にリスク管理を目指すべきだというのは、筆者の発案ではありません。

IBFのシニアコンサルタントMark Lawlessは、"Beyond S&OP"として、これからのビジネス環境で目指していくべきS&OPの方向性を示しました[285]。

Mark Lawless（2023）を参考に筆者作成

筆者の理解では、これは事業のリスクマネジメントであり、現在でも多くの会社で行なわれてはいるものの、組織として体系的に、かつサプライチェーン全体のリスクを網羅したものではない場合が多いと感じています。紛争やパンデミック、自然災害といった大きな外部環境変化があった場合に、経営層や一部の部門長クラスで集まって議論する場に、S&OPを組み合わせていこうということです。

これは3つのステップで進められます。

① 自社ビジネス、サプライチェーンにとって重大な外部環境変化を察知

する

② そのファイナンシャル（財務的）とオペレーショナル（業務的）かつ、短期と中長期での影響を評価する

③ 各リスクを決められた軸でプロットし、対策のベネフィットとコストを整理する

このプロセスを通じて、リスク対策の優先順位を定め、その影響をプロアクティブに回避、抑制していこうという仕組みです。

■ 需給リスクの整理と評価

最初のステップである外部環境変化は、営業やマーケティング、製品開発のほか、オペレーションや需要予測、在庫管理、物流といったSCM、ファイナンスなど、各領域のプロフェッショナルが日常業務の中から察知します。参考文献に書かれているのはこうした属人的な仕組みですが、筆者はここに生成AIを活用することで、組織として再現性の高いリスク関連の情報収集ができるようになることを考えています。

この多様な部門による社内外の情報共有の場には、まさにS&OPのデマンド・サプライレビューや、そこでの情報を統合するセグメント別のプレS&OP会議が適しているでしょう。

つづくビジネス影響評価のステップでは、財務と業務、両方の視点で行ないます。あるリスクが特定の事業や地域、ブランドの売上や利益にどれくらいの影響を及ぼすのか、調達や生産、物流といったオペレーションを止めてしまう懸念があるのか、などを同時に評価するということです。

これらは必ずしもすべてが定量評価になるわけではなく、リッカートスケールのような程度感の判断を併用することも有効です。筆者は影響度の大きさと発生確率を組み合わせた評価が必要だと考えています。

また、その影響が数週間程度で収まる一時的なものなのか、数ヵ月以上にわたって長引くものなのかという、時間軸での評価も実施する必要があります。

こうした影響度のシミュレーションは、データサイエンスを使ったモデ

リングなどが必要であり、デジタル技術の活用とオペレーション変革がセットで必要になる1つの事例と言えます。

需給リスクへの対応

最後のステップでは、ここまでのプロセスで洗い出された各種リスクへの対策を検討します。リスクが多い場合は、優先順位づけも重要になりますが、都度の属人的な判断にならないよう、組織としてはこのガイドラインも整備しておく必要があるでしょう。

具体的には、リスク対策ごとに必要なリソース、コストとその期待効果（ベネフィット）をまとめていきます。これをたとえばリスクの影響度と影響期間の2軸などでプロットし、S&OP会議で意思決定層へ提案していくのです。

このステップも言語解析系の生成AIを使って、過去の自社のアクションや、競合などのアクションを選択肢として整理、提示できると、組織のパフォーマンスレベルを維持できそうですが、これには高度なデータ処理やプロンプトエンジニアリングが必要になり、さらなる技術進歩や各社での技術活用のノウハウ蓄積が期待されるところです。

そのために、まずはオペレーションの整備と各業界を熟知したプロフェッショナルの参画によって、事業リスクの管理も見据えたS&OPを始めるのがよいと考えています。運用の中で各社に合った具体的なS&OPプロセスを考えていけるはずですし、デジタル技術の有効活用法も見つけていけるでしょう。

S&OPの未来

S&OPが提唱され、製造業のオペレーションにおける生産リソースの確保が目指されてから40年、企業の戦略を実現するための事業計画との連携、中長期の需給バランスを整合させるためのファイナンス目線での判断など、S&OPの提供価値の解釈が拡がっていきました。筆者も需要予測を中心としたS&OP領域の研究や実務、さらにはそれらの領域をデータサイエンスで進化させる取り組みなどを通じて、本書で提唱した「需給インテリジェ

ンス」という解釈を考えました。

　そして近年では、事業のリスク管理をS&OPプロセスで目指していくという方向も示され、改めてS&OPは企業の競争力を生み出す強力な概念であると感じています。こうした概念の進化においては、これから一層、デジタル技術の活用が必須となっていくはずです。

　これは海外でも同様の方向性が提唱されています。チャルマース大学のPatrick Jonssonらが過去のS&OPテーマの論文を精査した結果、企業のリスク管理を強化し、サプライチェーンのレジリエンスを高めるためには、S&OPには以下の4つの進化が必要だと整理しています[286]。

- S&OPの対象をinside the boxからoutside the box、さらにはecosystemへと広げていく
- 月1回などの固定的なオペレーションからS&OEを組み合わせたダイナミックなオペレーションへ変革する
- 需要のセンシングやビジュアライゼーション、サプライチェーンのデジタルツインを使ったシナリオ分析など、オペレーションのトランスフォーメーションを目指すためにデジタル技術を駆使する
- プランニング重視の組織文化を醸成する

　本書でも8章を中心に、サプライヤーや顧客、物流企業などとのサプライチェーンパートナーシップの重要性を述べてきましたが、VUCAな環境下のS&OPではサプライチェーン全体を視野に入れていく必要があるということです。

　さらに、定例化されたスケジュールやアジェンダは重要である一方、S&OEなどの短期スコープのオペレーションを組み合わせることで、特に不確実性の高い条件にアジャイルに対応していくことも重要です。具体的には新商品の需給調整があり、筆者も過去、定例の需給調整と並行してより高頻度のオペレーションを進めてきました。サンカルロス連邦大学のGustavo Bagniらも、新商品の需給調整オペレーションをS&OPと並行して推進するプロセスを提唱しています[287]。

デジタル技術の活用も5章以降で述べてきた内容と重なっていて、やはりこれからのSCMの進化にDXは必須であり、S&OPではそれで解決すべきサプライチェーン課題の設定や分析結果の適切な解釈を主導すべきと言えます。

　そしてこれらの変革を進めるには人やお金といったリソースの投入が必要です。組織として需要予測やS&OPというプランニング業務をより重視し、高度にしていこうというマインドを醸成していかなければならないでしょう。

　ここで目指すのは、トランスフォーメーションと述べている通り、既存業務の代替や改善ではありません。

　各領域のプロフェッショナルの意思決定は変わらず重要であり、その質とスピードを高め、ビジネスや社会にとっての新しい価値創出を目指していくのがよいと考えています。

おわりに 「物語を理論にし、知を継承する」

本書では、需給に関する情報を収集し、統合的に分析して、そこから経営のかじ取りに有益な示唆を提供する「需給インテリジェンス」という概念を提唱し、SCMの標準知識や前線事例、学術研究および、データサイエンスの基礎知識などを交えながら、どのように企業の競争力を生み出していくかを述べてきました。こうした知は、環境変化の中で実務家が試行錯誤していくことで進化していきます。

そこで本書の締めくくりとして、需要予測を1つの例に、知の継承を取り上げます。

■ 需要予測の属人性

多くの業界で、需要予測の業務は属人的になりがちだという意見を耳にします。筆者もこれには同意しますが、次の理由があると整理しています。

- 比較的よく使われてきた時系列モデルは、過去の水準やトレンド、季節性を考慮するものであり、直近の環境変化や未来の施策は実務担当者が加味する必要がある
- 時系列モデルで高い精度を維持するためには、欠品や一時的なカニバリ、施策の影響、棚落ちなどによる水準の変化などの背景を踏まえ、過去実績を補正したり、パラメータを調整したりする必要がある
- 古典的な重回帰分析などを使う因果モデルでは、需要の因果関係を実務担当者が想定し、それを説明変数として表現する必要がある
- こうした統計的なモデルを使わない、判断的モデルのようなロジックは、予測を行なう担当者の経験や知見に基づくものが多い

つまり、時系列モデルや因果モデルなどの統計的なモデルを活用していても、実務である程度の予測精度を維持していくためには、適宜、実務担当者がデータやアルゴリズムを調整しなければならないのです。指数平滑

355

法が在庫管理のために使われ始めて60年以上が経過しても実務家の感覚として残っている通り、各社の需要予測業務には属人的な要素が不可欠なのです。

これはAIなどの高度なロジックを導入しても同様です。6－1で説明した通り、機械学習にもさまざまなアルゴリズムがあり、需要予測で比較的精度が高くなる商材が多いのは、決定木、特に勾配ブースティング系です。非線形の関係性に対応できるものもあるため、重回帰分析よりも複雑な因果関係を表現でき、近年はかなり使用頻度が高くなっている印象です。しかし、需要の因果関係を想定するのは実務担当者ですし、数字の背景を踏まえた補正なども有効なのは、古典的な予測モデルと変わらないため、属人的な要素が残ります。

■ 組織の知が創造されるメカニズム

属人性というと、これまでは排除すべきものと捉えられがちな一方、筆者はAI時代において、むしろ人材育成のために注視すべき要素だと考えているというのは、6章などでも述べた通りです。というのも、需要予測においては感覚的な予測値の提示を指すのではなく、数字の背景にある因果関係の想像に基づくアクションを指すからです。予測モデルの構築や予測値の算出などが効率化、自動化されていく一方で、実務家は需要の因果関係、つまりは顧客、消費者の心理、（購買）行動についてより深く理解し、それをデータとして表現するクリエイティビティを磨くことが有効になるのです。

この意味では、属人性というよりも暗黙知と言ったほうが適切かもしれません。

そしてこのスキルや、そのベースとなる知見を個人頼みにするのではなく、組織の力として高め、維持していくことをマネージャー以上は考える必要があります。ここで参考になるのが一橋大学の野中郁次郎名誉教授が提唱したSECI理論です。

この理論自体は哲学をバックグラウンドに、かなり深い考察に基づいたものなので、正確に理解したい方は参考文献に挙げた原著論文[288]やインタ

ビュー記事[289]をご参照ください。ここでは、実務への応用を目的に、組織知の創造プロセスを取り上げます。

SECIとは、この知識創造プロセスの4ステップの頭文字です。

① Socialization（共同化）：対話（知的コンバット）を介して行なわれる暗黙知から（他者の）暗黙知への移転
② Externalization（表出化）：比喩や仮説構築による暗黙知の形式知化
③ Combination（連結化）：マニュアルや計画書、システムなどによる形式知の体系化
④ Internalization（内面化）：体系化された知を活用することによる知の学習

これら4つのステップを繰り返すことで、知が創造され、それがある人物から他者へ伝えられ、組織に埋め込まれていきます。

■ 需要予測の知を継承するオペレーション

このSECI理論を需要予測の実務に落とし込んでいきましょう。

まず、需要予測における「共同化」は、自社の商材やサービスの顧客、消費者に関するディスカッションの場で実現できると考えています。自分の需要予測がなぜはずれたのか、当たった理由も想定通りだったのか、そこにはどんな因果関係があり、直近で市場の変化があったのか。こうしたテーマで複数の意見をぶつけ合うことから、暗黙知が整理されていくというのは、筆者自身、過去に何度も体感し、定例プロセス化したものでもあります。

つづく「表出化」は、需要予測ではデータ分析のことです。ディスカッションで整理した仮説をデータで補強し、次の需要予測に使える知見になってこそ形式知と言えます。そのため、需要予測担当者のデータ分析スキルを育成することが重要になります。日本では、需要予測と他業務を兼務している企業が多くありますが、世の中の需要予測が高度になっていく中で、専門組織を設置し、専門家を育成していくべきタイミングになってい

357

ると感じます。

　3ステップ目の「連結化」はAI時代で特に注目すべき概念だと思います。なぜなら、需要予測の暗黙知はAIなどの高度なアルゴリズムに「連結」し、体系化していくことがマネジメント目線で有効だからです。マネジメント目線というのは、短期的な業務だけでなく、中長期の組織パフォーマンスや関連業務、後工程の意思決定への貢献といったより広い視野で考えることを意味しています。

　需要予測AIの有効活用については6－4などで整理していますが、この「連結化」が適切にできるかどうかにかかっているとも言えるでしょう。

　最後の「内面化」では、需要予測においてはユーザーインターフェースやデータライブラリを含む、システムの使いやすさが極めて重要になります。体系化された知見が素晴らしくても、システムが使いづらかったり、アルゴリズムの解釈性が低かったり、過去の知見を検索しづらかったりすると、担当者が替わっていく中でパフォーマンスを維持することが困難になります。

　需要予測や需給調整、S&OPを管轄するマネージャーやディレクタークラスの実務家は、各社の組織や既存業務に合わせ、こうした知見の継承プロセスを定例化することも主導していく必要があると考えています。このSECI理論の需要予測実務への落とし込みについては拙著[290]でも整理しているので、必要に応じてご参照ください。

■ 予測知の物語と理論

　野中名誉教授のSECI理論では、組織知の創造のために「ナラティブ（**物語ること**）」が重要だとされています。この理論における「物語」とは、“これから起こることの構造”だそうです。つまり、過去に起こったことの背景や因果関係について、その領域の有識者で徹底的にディスカッションすることで構造を解き明かし、それを仮説として体系化することだと筆者は理解しています。

　需要予測の知の創造、そして継承のためにも、同様にこのナラティブが重要になると考えていて、そこでは「歴史」を「物語」に変換するスキル

が必要になります。

　たとえば、日本では2020年2月くらいからコロナウイルスの感染が拡大し、当時、筆者がメインで携わっていた化粧品の日本の需要にも大きな影響がありました。ここには大きく2つの背景があり、訪日外国人と日本人の物語を想像することができます。

　訪日外国人は、各国の渡航規制によって日本に来ることができなくなりました。国によってその期間や程度は異なりましたが、2014年10月の化粧品の免税対象化以降、激増していたインバウンド需要が消失しました。

　日本人については、テレワークが拡大して外出機会が減ったことで、メイクのニーズが急減しました。外出をしてもマスクが必須だったことから、特に口紅やチーク、ファンデーションといったカテゴリの需要が激減したのです。

　コロナウイルスの感染拡大や、それを受けた緊急事態宣言、化粧品の中でもメイクの需要減は事実であり、「歴史」です。一方、ここで述べた訪日外国人と日本人というセグメンテーションや、需要減の背景ストーリー（因果関係）の想定は、必ずしも事実とは言えません。筆者や関係者が想像した「物語」です。

　しかし、こうして構造化することで、未来に何が起こりそうかを考える材料にすることができます。たとえば、次のような未来予測ができるということです（実際に、2023年はこうした動きが見られました）。

- 渡航規制が緩和され、訪日外国人数が回復すれば、インバウンド需要も回復する
- 感染が終息、またはウイルスの弱体化などによってマスクの使用頻度が減ると、日本人におけるメイク需要が回復する

　つまり、組織として「歴史」を「物語」にし、蓄積してメンバーで活用できるようにしておけば、需要予測の知を継承できると考えているのです。さらに筆者は、この「物語」にデータ分析を掛け合わせることで、需要予測の「理論」を構築できると考えています。先述の未来予測に定量的な情

報が加われば、需要予測ができそうですよね。需要予測の実務に落とし込んだSECI理論のプロセスは、「歴史」から「物語」、それを「理論」に昇華させていくものとも言えるのではないでしょうか。

歴史を物語にする

| 歴史 | 2020年2月
新型コロナウイルス
感染拡大 | 4月
緊急事態宣言 | ➡ | 2023年5月
第5類へ |

化粧品業界
メイク売上減少

どんな物語が
生まれるのか?

| 物語 | 外国人 | 渡航規制 | → | 訪日客数
減少 | → | インバウンド
需要消滅 | 類推 |
| | 日本人 | テレワーク
増加 | → | メイク
ニーズ減少 | → | 口紅・FD
売上減少 | |

　本書で紹介してきた知見や提唱したアイデアが、読者のみなさまの実務経験に基づく考えと掛け合わさり、そこから新たな「物語」が生まれるのを楽しみにしています。日本におけるSCMの世界はまだ狭いです。どこかでお会いできる日が来ると思いますので、そのときはぜひ、日本の未来のSCMを進化させる「理論」の構築を目指し、ディスカッションさせてください。

　謝辞　最後になりましたが、需要予測やSCM、さらには「需給インテリジェンス」というアイデアに価値を感じていただき、書籍化をリードしてくださった日本実業出版社の山田聖子さんに感謝申し上げます。

2024年7月　急な雷雨によるサプライチェーンの混乱に思いを巡らせつつ

山口　雄大

参考文献や注釈

1 石津朋之『戦争とロジスティクス』日本経済新聞出版 2024年

2 Association for Supply Chain Management：ASCM。2019年に組織名が APICSから変更された非営利団体。

3 APICS『APICS DICTIONARY 第15版 サプライチェーンマネジメント辞典 APICSディクショナリー対訳版【グローバル経営のための日英用語集】』生産性出版 2018年

4 サプライチェーン再考：人材・技術・プロセス 成功のカギはどこにあるのか｜スコット・ベス／デイビッド N. バート／ウィリアム・コパチーノ／クリス・ゴパル／ロバート・ポーター・リンチ／ハウ L. リー／サンドラ・モリス／ジュリア・カービー DIAMOND ハーバード・ビジネス・レビュー 2024年5月号

5 グローバルサプライチェーンの再編で考慮すべき4つのポイント レジリエンスを高めるために何をすべきか ウィリーC.シー DIAMOND ハーバード・ビジネス・レビュー 2024年7月号

6 「危機に強いサプライチェーンを築く法 リスクを洗い出し、レジリエンスを高める」ウィリー C. シー DIAMOND ハーバード・ビジネス・レビュー 2020年12月号

7 Volatility, Uncertainty, Complexity, Ambiguityの頭文字で、変動、不確実性が大きく、複雑で曖昧な近年の環境を表す言葉として知られています。

8 「SDGs（エス・ディー・ジーズ）とは？ 17の目標ごとの説明、事実と数字」国際連合広報センター (unic.or.jp)

9 他社の製品配送作業の全部または一部を管理する企業。『第15版 サプライチェーンマネジメント辞典 APICSディクショナリー 対訳版』より

10 トリプルAのグローバル戦略「規模の経済」「ローカル適応」「差異の利用」パンカジュ・ゲマワット DIAMOND ハーバード・ビジネス・レビュー 2007年6月号

11 これについての詳細な解説は以下の書籍第2章「サプライチェーンデザイン再構築」をご参照ください。
山口雄大／竹田賢編著『企業の戦略実現力 オペレーションズマネジメント入門』日本評論社 2023年

12 1.1 BCP（事業継続計画）とは 中小企業庁 (chusho.meti.go.jp)

13 独VW、中国生産に支障、半導体不足で 日本経済新聞 (nikkei.com)

14 米で「大離職」の波 脱低賃金、飲食・サービスで人材難 日本経済新聞 (nikkei.com)

15 コンテナ船運賃、マイナー航路5倍高の台所事情 日本経済新聞 (nikkei.com)

16 これについての詳細な解説は以下の書籍第3章「グローバルロジスティクスの

リスク管理」をご参照ください。

山口雄大／竹田賢編著『企業の戦略実現力　オペレーションズマネジメント入門』日本評論社　2023年

17　ルネサス、車載半導体の主力工場で火災　対策本部を設置　日本経済新聞 (nikkei.com)

18　資生堂など化粧品5社、在庫回転日数2割減　7～9月　日本経済新聞 (nikkei.com)

19　在庫管理の指標は以下の書籍第2章でわかりやすく整理されています。
石川和幸『この1冊ですべてわかる　在庫マネジメントの基本』日本実業出版社 2014年

20　試行錯誤を繰り返し、高精度なAI需要予測を実現! 資生堂ジャパンの飽くなき挑戦　TECH+（テックプラス）(news.mynavi.jp)
資生堂やニューロープの化粧品需要予測AIが叶える、過剰在庫や機会損失の低減 トレンドコラム (bustness.cosme.net)
「株式会社資生堂 DataRobot 導入事例」新製品の需要予測における資生堂の AI 活用の取り組み　DataRobot

21　救急車をAIで配置、到着最大3分早く　システムを開発　日本経済新聞 (nikkei.com)

22　コラム　第三次救急医療機関へのアクセス　国土交通省 (mlit.go.jp)

23　AIが人命救助? 消防・救急で超重要になる「需要予測」、先進的な川崎市の事例とは【連載】現役サプライチェイナーが読み解く経済ニュース　ビジネス+IT (sbbit.jp)

24　マスク生活長期化で上がる価格　カギはこだわりと大容量　日本経済新聞 (nikkei.com)

25　「ZARA」のインディテックス、前期は2桁増収増益　日本経済新聞 (nikkei.com)

26　李瑞雪／安藤康行編著『業界別 物流管理とSCMの実践』ミネルヴァ書房　2022年

27　文書・資料　G7広島サミット2023　外務省（https://www.mofa.go.jp/mofaj/gaiko/summit/hiroshima23/documents/）

28　session5_01_en.pdf　外務省（https://www.mofa.go.jp/mofaj/gaiko/summit/hiroshima23/documents/）

29　session5_01_jp.pdf　外務省（https://www.mofa.go.jp/mofaj/gaiko/summit/hiroshima23/documents/）

30　ブロックチェーンと企業戦略 技術普及の4フェーズから読み解く　マルコ・イアンシティ／カリム R. ラカーニ　DIAMOND ハーバード・ビジネス・レビュー 2017年8月号

31　Myerson, P. "The art and science of demand and supply chain planning in today's complex global economy". *Productivity Press. 2023.*

32　製造物責任（PL）法の逐条解説　消費者庁 (caa.go.jp)

33　Kenneth B. Kahn, Editor. "THE PDMA HANDBOOK OF NEW PRODUCT DEVELOPMENT". John Wiley & Sons, Inc. 2012.

34　Sheldon, Donald. "World Class Sales & Operations Planning: A Guide to Successful Implementation and Robust Execution". J. Ross Publishing, 2006.

35　梶田ひかる「ビジキャリ ロジスティクス管理2級 対策講座　復習③生産プロセスとロジスティクス」月刊ロジスティクス・ビジネス　2023年2月号　pp.74-79 ライノス・パブリケーションズ

36　これについての詳細な解説は以下の書籍第7章「未来に続く調達戦略」をご参照ください。
山口雄大／竹田賢編著『企業の戦略実現力　オペレーションズマネジメント入門』日本評論社　2023年

37　「KEIRETSU」マネジメント　トヨタとホンダのサプライヤー・リレーションシップ　ジェフリー K. ライカー／トーマス Y. チェ　DIAMOND ハーバード・ビジネス・レビュー　2005年6月号

38　松林光男／渡部弘編著『イラスト図解 工場のしくみ』日本実業出版社　2004年

39　ダイハツ不正、長引く調査　トヨタの死角をついた手口　日本経済新聞 (nikkei.com)

40　ダイハツ「できない」と言えず　試験データ偽装の背景　日本経済新聞 (nikkei.com)

41　宮下正房／中田信哉『物流の知識』日本経済新聞社　1995年

42　以下の番組の第7回「SCMの共通言語」でASCMのインストラクターが基礎用語を解説していますので、併せてご参照ください。
山口雄大の需要予測サロン「デマサロ！」：需要予測相談ルーム　NEC

43　物流コストの分析については以下の書籍第16章「メーカービジネスにおける物流問題」をご参照ください。
山口雄大／行本顕／泉啓介／小橋重信『全図解 メーカーの仕事』ダイヤモンド社　2021年

44　需要予測研究会｜公益社団法人日本ロジスティクスシステム協会 (logistics.or.jp)

45　クローズドの場で非公開ですが、筆者が選んだ、需要予測やS&OP、SCMをテーマとする海外論文、書籍について、数十の参加企業で意見交換するというものです。

46　トリプルAのサプライチェーン【2004年度マッキンゼー賞受賞論文】「俊敏性」「適応力」「利害の一致」　ハウ L. リー　DIAMOND ハーバード・ビジネス・レビュー　2005年6月号

47 IMD Business School for Management and Leadership Courses

48 マイケル・ウェイド他『対デジタル・ディスラプター戦略』日本経済新聞出版 2017年

49 ジェフ・ベゾス『Invent & Wander』ダイヤモンド社　2021年

50 アマゾンの活用は企業にとって最善の選択なのか　DIAMOND ハーバード・ビジネス・レビュー　2022年12月号

51 後藤文俊「米アマゾンのリアル店舗展開の最新動向」*月刊ロジスティクス・ビジネス　2022年1月号　pp.22-24*
小久保重信「米アマゾンにおける物流分野のAI活用」*月刊ロジスティクス・ビジネス　2023年11月号　pp.20-25*

52 Alan Milliken. "Learning from Tesla, Apple & Target: Connecting Supply Chain Planning to Enterprise Strategy". *Journal of Business Forecasting, Winter 2022-2023*, pp.19-22,48.

53 Larry Lapide. "A History of CPFR". *Journal of Business Forecasting, Winter 2010-2011*, pp.29-31.

54 後藤文義「米ウォルマートの脱チェーンストア戦略」*月刊ロジスティクス・ビジネス　2022年1月号　pp.16-21*

55 上野善信「米アップル——超効率サプライチェーンの秘訣」*月刊ロジスティクス・ビジネス　2016年3月号*

56 Allen Jacques. "Strategy is not a Spectator Sport: Supply Chain Planning's Role in Strategy". *Journal of Business Forecasting, Winter 2022-2023*, pp.26-29.

57 VUCAな環境下におけるS&OPの課題と進化の方向性『S&OP』セミナーレポート第1弾【2023.08.16】NEC

58 Moon, Mark A. "Demand and Supply Integration: The Key to World-Class Demand Forecasting, Second Edition", DEG Press. 2018.

59 李瑞雪／安藤康行 編著『業界別 物流管理とSCMの実践』ミネルヴァ書房 2022年

60 近年では、化粧品業界を含めパーソナライズが注目されていて、アプリや店舗機器で肌色を測定し、それを受けた工場が最終工程で色を調整して、商品として販売するといったいわゆるマスカスタマイゼーションも広がっています。

61 Eva Dawkins. "The Alpha & Omega of Product Lifecycle Management". *Journal of Business Forecasting, Summer 2023*, pp.28-32.

62 ジム・コリンズ／ビル・ラジアー／土方奈美訳『ビジョナリーカンパニーZERO』日経BP　2021年

63 NECグループのPurpose　NEC

64 これについての詳細な解説は以下の書籍第1章「持続可能社会を支えるオペレーションズマネジメント」をご参照ください。
山口雄大／竹田賢編著『企業の戦略実現力　オペレーションズマネジメント入門』

日本評論社　2023年

65　アップルやテスラに見る、崩壊寸前のサプライチェーンで見つめなおすべき「意思決定」【連載】現役サプライチェイナーが読み解く経済ニュース　Seizo Trend (sbbit.jp)

66　経営の効率化と未来志向の投資を両立させる法　逆境下でも安易なコスト削減に走らない　ランジェイ・グラティ　DIAMOND ハーバード・ビジネス・レビュー　2023年10月号

67　Karl E. Weick, Kathleen M. Sutcliffe, David Obstfeld. *Organizing and the Process of Sensemaking. Organization Science. 16(4)*:pp.409-421. 2005.

68　ステークホルダー戦略をデータの力で実現する　直感的なアプローチに頼りすぎていないか　ダレル・リグビー,ザック・ファースト,ダニガン・オキーフ　DIAMOND ハーバード・ビジネス・レビュー　2023年10月号

69　予測誤差率の定義に関する具体的な議論については、以下の書籍第5章をご参照ください。
山口雄大『この1冊ですべてわかる　新版　需要予測の基本』日本実業出版社 2021年

70　Gattorna, John. "Dynamic Supply Chain Alignment: A New Business Model for Peak Performance in Enterprise Supply Chains Across All Geographies". Routledge. 2009.

71　パンデミック前の2017〜2019年にカナダ、メキシコ、アメリカ合衆国の企業に対して実施された調査です。
Chaman L. Jain. "Ingredients of a Successful S&OP/IBP Process". Institute of Business Forecasting & Planning, Research Report20. 2023.

72　Chaman L. Jain. "Benchmarking Forecast Error During COVID-19". Institute of Business Forecasting & Planning, Research Report 19. 2023.

73　Enno Siemsen, John Aloysius. "Supply Chain Analytics and the Evolving Work of Supply Chain Managers". Technical Report. August 2020.

74　販売チャネルではなく、顧客属性でのセグメンテーションもあり、化粧品を例に、日本人需要と訪日外国人需要に分けて因果関係を整理した例と解説は以下の書籍第12章をご参照ください。
山口雄大『マーケティングとサプライチェーンマネジメントをつなぐ 需要予測の戦略的活用』日本評論社　2021年

75　Kahn, Kenneth B. "The PDMA Handbook of New Product Development". John Wiley & Sons, incorporated. 2012.

76　Spurious Correlations (tylervigen.com)

77　説明変数間の相関関係が強い場合（VIF：Variance Inflation Factorという値などを算出して評価する）、重回帰分析によって推定される係数の信頼性が低くなってしまうという問題

78 国際的なデータサイエンス会議と言われるKDD（Knowledge Discovery and Data Mining）で、Microsoftのデータサイエンティストが、統計的なモデルとしてARIMAモデルを、機械学習モデルとしてLight-GBMモデルを、ディープラーニングモデルとしてDilated CNN（Convolutional Neural Network：畳み込みニューラルネットワーク）モデルを採用し、検証しています。
Chenhui Hu, Vanja Paunic. "Building Forecasting Solutions Using Open-Source and Azure Machine Learning". KDD '20, August 23-27, 2020, Virtual Event, USA.

79 Chaman L. Jain. "Ingredients of a Successful S&OP/IBP Process". Institute of Business Forecasting & Planning, Research Report20. 2023.

80 Yudai Yamaguchi, Akie Iriyama. "Improving Forecast Accuracy for New Products with Heuristic Models". *Journal of Business Forecasting, 2021 Fall Vol.40 Issue 3* pp.28-30.

81 Myerson, P. "The art and science of demand and supply chain planning in today's complex global economy". Productivity Press. 2023.

82 Chaman L. Jain. "Benchmarking New Product Forecasting and Planning". Institute of Business Forecasting & Planning, Research Report 17. 2017.

83 新商品のさまざまな予測モデルの解説と実務での使い方については、以下の書籍第4章をご参照ください。
山口雄大『この1冊ですべてわかる　新版　需要予測の基本』日本実業出版社 2021

84 Yudai Yamaguchi. "Combining Forecasting & Demand Creation for New Product Launches". *Journal of Business Forecasting, 2024 Spring Vol.43 Issue 1* pp.9-13.

85 Simon, H. A. "Rational choice and the structure of the environment". *Psychological Review, 63,* pp.129-138. 1955.

86 Tom Heskes, Evi Sijben, Ioan Gabriel Bucur, Tom Claassen. "Causal Shapley Values: Exploiting Causal Knowledge to Explain Individual Predictions of Complex Models". 34th Conference on Neural Information Processing Systems (NeurIPS 2020).

87 この概念は、現在筆者が所属するNECの研究者らとともに、2種類の独自AIで実現し、特許出願中の状態です（2023年12月時点）。アイデアの学術的な背景や、技術的な実現方法に興味のある方は、筆者とNECの研究者による講演の抄録記事をご参照ください。
新製品の需要予測に決め手あり！　注目を集める「センスメイキング」とは？ (wisdom.nec.com)

88 孝忠大輔編著　川地章夫／河野俊輔／鈴木海里／長城沙樹／中野淳一著『紙と鉛筆で身につけるデータサイエンティストの仮説思考』翔泳社　2022年

89 どちらも実際の財務情報から筆者が作成したものですが、ここでは個社ごとの話にフォーカスしないため、あえて業種のみの記載としています。

90 2 所得の分布状況 厚生労働省 (mhlw.go.jp)

91 一例を挙げると、予測誤差の分布が正規分布の形と大きく異なっていたら、統計安全在庫（7 − 4で解説）は使わないといったイメージです。

92 花王はほかにも「ハイジーン＆リビングケア事業」や「ケミカル事業」などがありますが、ほかの化粧品メーカーとある程度、カテゴリが類似しそうな3事業に限定しています。

93 スコット・ベリナート『ハーバード・ビジネス・レビュー流 データビジュアライゼーション』ダイヤモンド社 2022年

94 ir20230210_932.pdf (shiseido.com)

経営成績 財務ハイライト 株式会社コーセー 企業情報サイト (corp.kose.co.jp)

results-fy2022-all.pdf (kao.com)

会社概要 ポーラ公式 エイジングケアと美白・化粧品 (pola.co.jp)

95 2023 ANNUAL REPORT Amazon.com, Inc. (s2.4cdn.com)

96 巨大テック企業が活用するデータグラフとは何か アマゾン、グーグル、ネットフリックス…… ビジャイ・ゴビンダラジャン／N. ヴェンカット・ヴェンカトラマン DIAMOND ハーバード・ビジネス・レビュー 2022年10月号

97 現場の能力を引き出すデータ分析の6つの型 製造業からサービス業まで応用できる 河本薫 DIAMOND ハーバード・ビジネス・レビュー 2019年6月号

98 Robert G. Brown, Richard F. Meyer and D. A. D'Esopo. "The Fundamental Theorem of Exponential Smoothing". *Operations Research, Vol. 9, No. 5 (Sep. - Oct. 1961),* pp. 673-687.

99 ARIMAモデルの考案者の名前で、季節性も考慮できるSARIMAモデルや、原因要素となる別の時系列データも考慮できるARIMAXモデルなどは、現在でもさまざまな場面で有効活用されます。

George E. P. Box, Gwilym M. Jenkins, Gregory C. Reinsel. "Time Series Analysis : Forecasting and Control, FOURTH EDITION". John Wiley & Sons, Inc., 2008.

100 観測できないデータを、観測できるデータから推定するモデル。たとえば需要予測では、自社の自販機の売上データからさまざまなメーカーの飲料を扱う自販機の売上データを推定する、直営店の売上データから取引先の売上データを推定する、などが考えられます。定義式については以下の書籍をご参照ください。

GEORGE E. P. BOX, GWILYM M. JENKINS, GREGORY C. REINSEL. Time Series Analysis Forecasting and Control FOURTH EDITION. A JOHN WILEY & SONS, INC., PUBLICATION, 2008.

101 Winters, Peter R. "FORECASTING SALES BY EXPONENTIALLY WEIGHTED MOVING AVERAGES". *Management Science; Apr 1960; 6, 3;*

ABI/INFORM Collection, pg. 324.

102 移動平均などを使って季節性を除去するなどの方法がありますが、くわしくはWintersの論文やそのほかの時系列分析の専門書などをご参照ください。

Winters, Peter R. "FORECASTING SALES BY EXPONENTIALLY WEIGHTED MOVING AVERAGES". *Management Science; Apr 1960; 6, 3; ABI/INFORM Collection,* pg. 324.

103 ARIMAモデルの需要予測の文脈に合わせた日本語解説は以下の書籍第7章をご参照ください。

山口雄大『マーケティングとサプライチェーンマネジメントをつなぐ 需要予測の戦略的活用』日本評論社　2021年

また、定義式については以下の原著をご参照ください。

GEORGE E. P. BOX, GWILYM M. JENKINS, GREGORY C. REINSEL. Time Series Analysis Forecasting and Control FOURTH EDITION. A JOHN WILEY & SONS, INC., PUBLICATION, 2008.

104 ARIMAモデルは、バック演算子を用いた簡潔な表現で書かれることもあり、初見では数式を見ても理解がむずかしいものです。正確に理解するには時系列分析の基礎知識を学ぶ必要があり、興味のある方は専門書を参照いただくことを推奨します。

ちなみにバック演算子（backward shift operator）Bとは、次の式で定義されます。Xは時系列のtの変数です。

$$BX_t = X_{t-1}$$

つまり、バック演算子を掛けることで、過去の実績に変換できるという性質を持ちます。そこから、ARIMAモデルの階差は以下のように表現されます。

$$X_t - X_{t-1} = (1-B)X_t$$

105 タイの電力消費や外国人旅客数、為替レートなどをSARIMAXモデルで予測した事例などが公表されています。

Chalermrat Nontapa, Chainarong Kesamoon, Nicha Kaewhawong, Peerasak Intrapaiboon. "A New Time Series Forecasting Using Decomposition Method with SARIMAX Model". Springer Nature Switzerland AG 2020. H. Yang et al. (Eds.): ICONIP 2020, CCIS 1333, pp.743-751, 2020.

106 Sean J. Taylor, Benjamin Letham. "Forecasting at Scale". PeerJ Preprints. 2017.

Forecasting at scale (researchgate.net)

107 N. T. Thomopoulos. "Demand Forecasting for Inventory Control". Chapter 8 Forecast Sensitivity. Springer International Publishing Switzerland. 2015.

このシミュレーションでは、予測誤差は二乗和の平方根で計算されていて、それを需要の平均値で割った変動係数（Coefficient of Variation; cov）で精度評価しています。

$$s = \sqrt{\sum \frac{e(t)^2}{12-1}}$$

$$cov = s/a'$$

ここでeは予測誤差、tは時点、a'は12ヵ月間における月平均需要を表しています。

108 N. T. Thomopoulos. "Demand Forecasting for Inventory Control". Chapter 8 Forecast Sensitivity. Springer International Publishing Switzerland. 2015. outlierを取り除かなかった場合のcovが0.727、取り除いた場合のcovが0.380という シミュレーション結果が示されています。

109 シナリオ・プランニング：その歴史と貢献 未来にアプローチする手段 アン ジェラ・ウィルキンソン／ローランド・クーパーズ DIAMOND ハーバード・ ビジネス・レビュー 2013年11月号

110 Chaman L. Jain. "Fundamentals of Demand Planning & Forecasting". Graceway Publishing Company, Inc. 2020.

111 因果関係の議論については以下の書籍などをご参照ください。 ジューディア・パール／ダナ・マッケンジー 松尾豊監修・解説 夏目大訳『因 果推論の科学』文藝春秋 2022年

112 回帰直線と各プロットの距離は$ax+b$（xには数字が入る）と各プロットのy の値の差で表すことができますが、プロットは直線の上下に散らばるため、これ は正負のどちらにもなりえます。これをそのまま合計すると相殺されてしまうた め、二乗したものを合計し、それが最小になるaとbの組み合わせを算出するの が最小二乗法です。こうした計算は本書の主旨ではないため割愛しますが、興味 のある方はインターネットで簡単に調べることができるので、必要に応じてご確 認ください。

113 Yudai Yamaguchi, Akie Iriyama. "Improving Forecast Accuracy for New Products with Heuristic Models". *Journal of Business Forecasting, 2021 Fall Vol.40 Issue 3* pp.28-30.

114 デルファイ法の日本語でのより丁寧な解説は以下の書籍第6章をご参照くだ さい。 山口雄大『マーケティングとサプライチェーンマネジメントをつなぐ 需要予測 の戦略的活用』日本評論社 2021年

115 トライアル＆リピートモデルは販売店目線での発注をモデル化したものですが、 最終消費者・ユーザー目線での需要をモデル化した例は以下の書籍第4章をご参 照ください。いくつかの例を参考に、自社のビジネスモデルに合ったロジックを 整理されるのがよいでしょう。 山口雄大『この1冊ですべてわかる 新版 需要予測の基本』日本実業出版社 2021年

116 Rich Gordon. "Trial & Repeat: A Consensus Approach to New Product Forecasting". *Journal of Business Forecasting, Fall 2022,* pp.19-23.

117 山口雄大『この1冊ですべてわかる 新版 需要予測の基本』第4章 日本実業出版社 2021年

118 MAPEの定義に関するより詳細な議論は以下の書籍第5章をご参照ください。山口雄大『この1冊ですべてわかる 新版 需要予測の基本』日本実業出版社 2021年

119 APICS. "CPIM PART1 VERSION6.0". APICS. 2018.

120 Bogusz Dworak, Ramin Sahamie and David Young. "Forecast Value Added: Learnings from a Global Rollout". *Journal of Business Forecasting, Summer 2022*, pp.14-19,23.

121 オペレーションズ・マネジメントの領域における機械学習の応用例と、ピュアデータサイエンティストによるMLOpsの解説は以下の書籍第10章をご参照ください。山口雄大／竹田賢編著『企業の戦略実現力 オペレーションズマネジメント入門』日本評論社 2023年

122 予測不能な時代の戦略策定法 柔軟性と敏捷性を高める5つのステップ マイケル・マンキンズ／マーク・ゴットフレッドソン DIAMOND ハーバード・ビジネス・レビュー 2023年1月号

123 Mohsen Attaran 翻訳構成 大矢英樹 "Digital technology enablers and their implications for supply chain management" 「デジタルサプライチェーンの技術と実装」*月刊ロジスティクス・ビジネス 2023年1月号* pp.34-39

124 J. Eric Wilson. "Predictive Analytics for Business Forecasting & Planning". Graceway Publishing Company, Inc. 2021.

125 現実には各変数に関するデータ量が千サンプルを超えるといったことはほとんどありませんが、数百のサンプルサイズでAI予測を行わなければならないという状況は珍しくありません。

126 J. Eric Wilson. "Predictive Analytics for Business Forecasting & Planning". Graceway Publishing Company, Inc. 2021.

127 有名なタイタニック号の事故などを例としたよりくわしい解説は、以下の書籍をご参照ください。この書籍はそのほかの分析モデルについてもわかりやすく解説されているので、データサイエンティストではない実務家の方がモデルを学ぶのによいと思います。杉山聡『本質を捉えたデータ分析のための 分析モデル入門』ソシム 2022年

128 J. Eric Wilson. "Predictive Analytics for Business Forecasting & Planning". Graceway Publishing Company, Inc. 2021.

129 本橋洋介『業界別！AI活用地図』翔泳社 2019年

130 小林俊「ライフコーポレーション 需要予測×AIチューニングで発注を自動化」*月刊ロジスティクス・ビジネス 2021年8月号* pp.34-37

131 Vinod Kumar Dudeja. "Forecasting and Supply Planning for Spare Parts".

Journal of Business Forecasting, Spring 2014, pp.23-28.

132 藤原秀行「サントリーロジスティクス フォークのドラレコ映像から危険運転を検知」*月刊ロジスティクス・ビジネス 2021年8月号* pp.50-51

133 Chaman L. Jain. "The Role of Artificial Intelligence in Demand Planning". *Journal of Business Forecasting, Summer 2021,* pp.9-13,16.

134 ブロックチェーンと企業戦略 技術普及の4フェーズから読み解く マルコ・イアンシティ,カリム R. ラカーニ DIAMOND ハーバード・ビジネス・レビュー 2017年8月号

135 Vinit Dharma. "Blockchain-Its Role in Demand and Supply Planning". *Journal of Business Forecasting, Winter 2019-2020,* pp.9-11.

136 Yudai Yamaguchi. "4 Practical Ways to Drive Business Value with AI Forecasting". *Journal of Business Forecasting, Summer 2022,* pp.34-37.

137 Mark Lawless. "Going Beyond the Demand Plan Business Forecasting for Strategy Development". *Journal of Business Forecasting, Winter 2022-2023,* pp.30-33.

138 AIが社会の信頼を得るために企業は何をすべきか 来るべき規制強化に備える フランソワ・キャンデロン／ロドルフ・シャルメ・ディ・カルロ／ミダ・ドゥ・ボンド／テオドロス・エフゲニュー DIAMOND ハーバード・ビジネス・レビュー 2022年2月号

139 Olga Gerasymchuk. "Why aren't Demand Planners Adopting Machine Learning? Why you should Take the Leap". *Journal of Business Forecasting, Summer 2023,* pp.5-7.

140 山口雄大『マーケティングとサプライチェーンマネジメントをつなぐ 需要予測の戦略的活用』第5章 日本評論社 2021年

141 北米の863名の需要予測に関わる実務家への調査。POSデータを使っている企業のWAPEが22.08％に対し、出荷データのみの企業は24.6％。
Chaman L. Jain. "The Impact of People and Processes on Forecast Error in S&OP". Institute of Business Forecasting & Planning, Research Report18. 2018.

142 山口雄大「知の融合で想像する需要予測のイノベーション」第1回 "マーケティングプロフェッショナルの感覚を可視化する" *LOGISTICS SYSTEMS, 2019年春号* pp.18-21

143 Rebekah Brau, John Aloysius, Enno Siemsen. "Demand planning for the digital supply chain: How to integrate human judgment and predictive analytics". *Journal of Operations Management, 2023 ; 69 : 965-982.*

144 因果モデルへの意思入れの具体的な事例については、以下の書籍をご参照ください。
山口雄大『この1冊ですべてわかる 新版 需要予測の基本』第5章 日本実業出版社 2021年

145 Chaman L. Jain. "Ingredients of a Successful S&OP/IBP Process". Institute of Business Forecasting & Planning, Research Report20. 2023.

146 需要予測の基本 公益社団法人日本ロジスティクスシステム協会 (logistics. or.jp)

147 Olga Gerasymchuk. "Why aren't Demand Planners Adopting Machine Learning? Why you should Take the Leap". *Journal of Business Forecasting, Summer 2023*, pp.5-7.

148 コラボレーティブ・インテリジェンス：人間とAIの理想的な関係 代替するのではなく補完し合う H. ジェームズ・ウィルソン／ポール R. ドーアティ DIAMOND ハーバード・ビジネス・レビュー 2019年2月号

149 生成AIの潜在力を最大限に引き出す法 リスクを過度に恐れて、導入を躊躇していないか｜アンドリュー・マカフィー／ダニエル・ロック／エリック・ブリニョルフソン DIAMOND ハーバード・ビジネス・レビュー 2024年3月号

150 デジタルスキル標準 METI/経済産業省 (meti.go.jp)

151 データサイエンスと経営を結び付ける方法 分析結果をどう伝えるか｜スコット・ベリナート DIAMOND ハーバード・ビジネス・レビュー 2019年6月号

152 Larry Lapide. "Learn to Respect 'Good' Inventories: Rethinking Lean Methodology". *Journal of Business Forecasting, Fall 2022*, pp.16-18,39.

153 「ケーススタディ：ヤッホーブルーイング マーケティングとSCMを連携させる」 *月刊ロジスティクス・ビジネス 2023年11月号* pp.46-49 ライノス・パブリケーションズ

154 Maarten Driessen. "Still Optimizing Your Inventory in Siloes? Unlock the Power of Multi-Echelon Inventory Optimization". *Journal of Business Forecasting, Winter 2023-2024*, pp.22-23,26-27.

155 Larry Lapide. "Learn to Respect 'Good' Inventories: Rethinking Lean Methodology". *Journal of Business Forecasting, Fall 2022*, pp.16-18,39.

156 APICS『APICS DICTIONARY 第15版 サプライチェーンマネジメント辞典 APICSディクショナリー対訳版【グローバル経営のための日英用語集】』2018年

157 APICS.『APICS DICTIONARY 第15版 サプライチェーンマネジメント辞典 APICSディクショナリー対訳版【グローバル経営のための日英用語集】』2018年

158 Alan Milliken. "Linking Demand Planning & Inventory Management for Optimal Stock Levels". *Journal of Business Forecasting, Spring 2020*, pp.12-16.

159 くわしく知りたい方は統計学の書籍をご参照いただくのがよいですが、簡単に導出の式を記載しておきます。

$$V(X) = E(\bar{X} - X_i)^2$$
$$V(X + Y) = E(\bar{X} + \bar{Y} - X_i - Y_i)^2$$
$$= E\{(\bar{X} - X_i)^2 + (\bar{Y} - Y_i)^2 + 2(\bar{X} - X_i)(\bar{Y} - Y_i)\}$$
$$= V(X) + V(Y) + 2cov(X, Y)$$

ここで、XとYが独立の場合、共分散$cov(X,Y)$は0になり、分散の加法性が成り立つ。

ただし、$V(X)$はXの分散、$E(X)$はXの期待値、$\bar{X}$はXの平均値、X_iは時系列におけるi番目のXを表している。

160　いまでは同様の考え方がほかでも見られるかもしれませんが、少なくとも2010年代前半に複数のコンサルティングファームと議論していた中では、彼らが調査しても前例はなかったものでした。

161　上野善信「第30回サプライチェーン解剖 調達リードタイムの変動と在庫管理」『月刊ロジスティクス・ビジネス 2018年10月号 pp.78-81 ライノス・パブリケーションズ

162　最適化技術はオペレーションズリサーチの領域で古くからあり、サプライチェーンにおける各種計画の最適化に使われてきましたが、多くの企業で実務に使われているわけではありません。その理由として、現実の多様な条件をモデル化するむずかしさや、目指すのが単純なコスト削減のみではなく、トレードオフの関係にある複数の目的があり、このバランスを人が設定するむずかしさなどが挙げられます。しかし近年では後者を可視化する「意図学習」技術が開発されるなど、改めてSCMにおける最適化技術の活用にチャレンジすべき時期だと考えています。

意図学習: 最先端AI技術群「NEC the WISE」| NEC

163　安全在庫はエクセルのNORM.INV関数を使い、サービス率からカバーすべき需要変動幅を算出しました。

164　筆者はMITの"Micro Masters Program in Supply Chain Management"の中の"Supply Chain Analytics"という科目でソルバーを使ったサプライチェーン分析について学びました。本書で示したような在庫分析はなかったと記憶していますが、複数の物流拠点における在庫配置や、複数の工場における生産計画の最適化をソルバーで解きました。

165　Alina Davydova. "Calculating Safety Stocks: Analysis of Demand Vs Consumption Models". *Journal of Business Forecasting, Fall 2023, pp.30-32,34-35.*

166　Alan L. Milliken. "Volume-Variance Analysis for Better Inventory Management". *Journal of Business Forecasting, Spring 2022, pp.9-13,21.*

167　危機に強いサプライチェーンを築く法 リスクを洗い出し、レジリエンスを高める ウィリー C. シー DIAMOND ハーバード・ビジネス・レビュー 2020年12月号

168　日本企業のサプライチェーン戦略を再構築する アフターコロナを見据えて | 内田康介 DIAMOND ハーバード・ビジネス・レビュー 2020年12月号

169　Communication Promoters Group of the Industry-Science Research Alliance／日本語訳 空閑裕美子・藤野直明. "Securing the future of German manufacturing industry「戦略的イニシアティブ Industrie 4.0」の実現へ向けて

～Industrie 4.0 ワーキンググループ 報告書（日本語翻訳版）～". acatech, National Academy of Science and Engineering. 英語版2013, 日本語版2015.

170 自社のサプライヤーに悪評が立ったらどう対処すべきか 見て見ぬふりは顧客ロイヤルティの低下を招く ブリジッド・サティノバー・ニコルズ／ハンナ・ストルツ／ジョン・カーコフ DIAMOND ハーバード・ビジネス・レビュー 2020年9月号

171 坂口孝則『買い負ける日本』幻冬舎新書 2023年

172 グローバルサプライチェーンの再編で考慮すべき4つのポイント レジリエンスを高めるために何をすべきか ウィリーC.シー DIAMOND ハーバード・ビジネス・レビュー 2022年4月号

173 英国2015年現代奴隷法（参考和訳）（2021年12月） 調査レポート 国・地域別に見る ジェトロ (jetro.go.jp)

174 「世論という法廷」のメカニズムを頼りに意思決定をしてはならない 人権侵害に対する人々の認識を左右する要因に注意を払う マシュー・アメングアル，リタ・モタ,アレクサンダー・ラスラー DIAMOND ハーバード・ビジネス・レビュー 2022年11月号

175 トヨタ、国内全工場を停止へ 部品会社にサイバー攻撃 日本経済新聞 (nikkei.com)

176 サプライチェーンディクショナリーを参照すると、正確には、環境負荷低減だけでなく、サプライチェーンの中で発生するあらゆる課題を考慮して製品を設計することを指します。

177 プロジェクトマネジャーが持続可能な社会の実現に果たす役割 目標達成へと導く3つのステップ サステナビリティ アントニオ・ニエト＝ロドリゲス DIAMOND ハーバード・ビジネス・レビュー 2022年12月号

178 気候変動の会計学「E負債」のコンセプトがESG報告書を変える ロバートS. キャプラン／カシーク・ラマンナ DIAMOND ハーバード・ビジネス・レビュー 2022年4月号

179 APICS『APICS DICTIONARY 第15版 サプライチェーンマネジメント辞典 APICSディクショナリー対訳版【グローバル経営のための日英用語集】』2018年

180 checklist_2.pdf (meti.go.jp)

181 調達戦略についての詳細な解説は以下の書籍第7章「未来に続く調達戦略」をご参照ください。
山口雄大／竹田賢編著『企業の戦略実現力 オペレーションズマネジメント入門』日本評論社 2023年

182 危機に強いサプライチェーンを築く法 リスクを洗い出し、レジリエンスを高める ウィリー C. シー DIAMOND ハーバード・ビジネス・レビュー 2020年12月号

183 APICS『APICS DICTIONARY 第15版 サプライチェーンマネジメント辞典

APICSディクショナリー対訳版【グローバル経営のための日英用語集】』2018年

184 「KEIRETSU」マネジメント トヨタとホンダのサプライヤー・リレーションシップ｜ジェフリー K. ライカー／トーマス Y. チェ DIAMOND ハーバード・ビジネス・レビュー 2005年6月号

185 「ケーススタディ：アスクル サプライヤーの納品量平準化システムを構築」月刊ロジスティクス・ビジネス 2023年11月号 pp.32-33 ライノス・パブリケーションズ

186 持続可能なサプライチェーンの構築 パートナーとの連携による ハウ L. リー DIAMOND ハーバード・ビジネス・レビュー 2013年4月号

187 APICS 『APICS DICTIONARY 第15版 サプライチェーンマネジメント辞典 APICSディクショナリー対訳版【グローバル経営のための日英用語集】』2018年

188 APICS 『APICS DICTIONARY 第15版 サプライチェーンマネジメント辞典 APICSディクショナリー対訳版【グローバル経営のための日英用語集】』2018年

189 松林光男／渡部弘編著『イラスト図解 工場のしくみ』日本実業出版社 2004年

190 APICS 『APICS DICTIONARY 第15版 サプライチェーンマネジメント辞典 APICSディクショナリー対訳版【グローバル経営のための日英用語集】』2018年

191 Sourav Sengupta, Heidi Dreyer. "Realizing zero-waste value chains through digital twin-driven S&OP: A case of grocery retail". *Computers in Industry 148(2023)103890.*

192 本橋洋介『業界別！AI活用地図』翔泳社 2019年

193 松林光男／渡部弘編著『イラスト図解 工場のしくみ』日本実業出版社 2004年

194 梶田ひかる「ビジキャリ ロジスティクス管理2級 対策講座 復習⑩トレーサビリティ」月刊ロジスティクス・ビジネス, 2023年9月号, pp.76-81 ライノス・パブリケーションズ

195 製造物責任(PL)法の逐条解説 消費者庁 (caa.go.jp)

196 概要 ISO 9001（品質） ISO認証 日本品質保証機構（JQA）

197 職場の不正行為を未然に防止するアプローチ 行動科学の知見を活用する ウィケ・ショルテン／フェムケ・ド・ブリース／タイス・ベジュー DIAMOND ハーバード・ビジネス・レビュー 2022年10月号

198 pluszero 大澤遼一「3Dプリンターがもたらす変革の可能性」月刊ロジスティクス・ビジネス 2023年8月号 pp.32-35 ライノス・パブリケーションズ

199 IoTなどによって情報がモノからサイバー空間という一方向に連携される仕組みもCPSですが、これが双方向になった進化版がデジタルツインという整理です。

200 Mohsen Attaran 翻訳構成 大矢英樹 "Digital technology enablers and their implications for supply chain management". 「デジタルサプライチェーンの技術と実装」月刊ロジスティクス・ビジネス 2023年1月号 pp.34-39 ライノス・

パブリケーションズ

201 Vinit Dharma. "Blockchain-Its Role in Demand and Supply Planning". *Journal of Business Forecasting, Winter 2019-2020*, pp.9-11.

202 世界を制するために、日本企業はプロレスに学べ ものづくり研究の第1人者 藤本隆宏氏（早稲田大学）［後編］ 戦略 DIAMOND ハーバード・ビジネス・レビュー

203 世界的なコンテナ不足の真因に関する仮説については以下の書籍第3章「グローバルロジスティクスのリスク管理」をご参照ください。
山口雄大／竹田賢編著『企業の戦略実現力 オペレーションズマネジメント入門』日本評論社 2023

204 グローバルサプライチェーンの再編で考慮すべき4つのポイント レジリエンスを高めるために何をすべきか 戦略 DIAMOND ハーバード・ビジネス・レビュー 2022年4月号

205 橋本雅隆「グローバル・サプライチェーン戦略」東京工業大学CUMOT サプライチェーン戦略スクール 2015年度講義資料より

206 001348307.pdf (mlit.go.jp)

207 海運業界の世界ランキング2022：日欧中でしのぎ、コンテナ不足で運賃急騰のゆくえ 連載：あの業界のグローバルランキング｜ビジネス+IT (sbbit.jp)

208 001709358.pdf (mlit.go.jp)

209 旅客機がフレイター（貨物専用機）に生まれ変わるまで｜ヤマトホールディングス株式会社 (yamato-hd.co.jp)

210 NEC、空の移動革命の実現に向けて空飛ぶクルマの管理基盤構築に着手、試作機の浮上実験に成功 (2019年8月5日)：プレスリリース｜NEC

211 Silvia Escursellら 翻訳構成 大矢英樹 "Sustainability in e-commerce packaging: A review"「eコマースにおける包装の持続可能性」*月刊ロジスティクス・ビジネス 2023年4月号* pp.60-65 ライノス・パブリケーションズ

212 藤原秀行「ケーススタディ：TOTO "伝説の技師" が成し遂げた包装革命を継承」*月刊ロジスティクス・ビジネス 2022年12月号* pp.32-35 ライノス・パブリケーションズ

213 20211021115542.pdf (lotte.co.jp)

214 木島豊希「大手食品卸の低温物流マーケティング」*月刊ロジスティクス・ビジネス 2023年6月号* pp.26-29 ライノス・パブリケーションズ

215 無人自動配送ロボットを活用した個人向け配送サービスの実証実験を北海道石狩市の公道（車道）で11月8日（火）から開始｜ヤマトホールディングス株式会社 (yamato-hd.co.jp)

216 AIによる配送計画最適化サービス「LocoMoses™」の販売開始 プレスリリース OKI

217 NEC、「共同輸配送プラットフォーム」の運用実証を開始（2023年9月12日）

：プレスリリース　NEC

218　利害の異なるAI同士が交渉し、Win-Winな関係へ 自動交渉AI技術: NECの最先端技術　NEC

219　石津朋之『戦争とロジスティクス』日本経済新聞出版　2024年

220　my AGV NEW　Elephant Robotics

221　パレタイジング　産業用ロボット　安川電機の製品・技術情報サイト (e-mechatronics.com)

222　サントリーロジスティクス様において、フォークリフト操作のAI判定システムにより安全運転評価業務を効率化　富士通 (fujitsu.com)

223　Amazon introduces Sparrow—a state-of-the-art robot that handles millions of diverse products (aboutamazon.com)

224　SMITH&VISION　NEWS (smith-vision.net)

225　小久保重信「米アマゾンにおける物流分野のAI活用」*月刊ロジスティクス・ビジネス　2023年11月号*　pp.20-25　ライノス・パブリケーションズ

226　ABC-MARTの強み　エービーシー・マート

「ケーススタディ：エービーシー・マート〈オムニチャネル〉」*月刊ロジスティクス・ビジネス　2016年10月号*　ライノス・パブリケーションズ

227　物流の専門家である株式会社リンクス代表取締役の小橋重信氏によるオムニチャネルの解説も併せてご参照ください。

飛躍は"オムニチャネル"にあり ウォルマート に学ぶ リアルとネットの融合
145MAGAZINE

228　購買行動を「ファネル型」で考えるのはもうやめよう 変化する顧客に対応したテクノロジーの活用法　フランクV. セスペデス　DIAMOND ハーバード・ビジネス・レビュー　2023年5月号

229　2020年以降の枠組み：パリ協定｜外務省 (mofa.go.jp)

230　SBTi-Corporate-Manual_jp.pdf (env.go.jp)

231　Home　CDP (japan.odp.net)

232　グローバル・コンパクト・ネットワーク・ジャパン (ungcjn.org)

233　World Resources Institute | Making Big Ideas Happen (wri.org)

234　WWFジャパン (wwf.or.jp)

235　Ambitious corporate climate action　Science Based Targets

236　Alan McKinnon. "Decarbonizing Logistics: Distributing Goods in a Low Carbon World". Kogan Page Publishers. 2018.

237　「ケーススタディ：JR東日本 新幹線の客室使いB to Bの荷物輸送を本価格化 トラックとの連携にも対応して需要を創造」*月刊ロジスティクス・ビジネス 2024年3月号*　pp.66-67　ライノス・パブリケーションズ

238　Ｆ－ＬＩＮＥ　食品物流　持続可能な物流　価値ある物流品質を、ずっと。 (f-line.tokyo.jp)

239 堀尾仁「荷主が動かなければ解決できない」*月刊ロジスティクス・ビジネス 2022年3月号* pp.4-5 ライノス・パブリケーションズ

240 「上場企業1592社の支払物流費を調査 日本の物流費2023」*月刊ロジスティクス・ビジネス 2023年12月号* pp.14-67 ライノス・パブリケーションズ

241 付加価値通信網。一般通信事業者のサービスにEDI等のサービスが付加されたネットワーク。
EDI(Electronic Data Interchange)：電子データ交換。標準文書形式を用いた、購買オーダー、出荷承認、事前出荷通知（ASN）、請求書等の、取引文書のペーパレス（電子的な）やり取り。
『第15版 サプライチェーンマネジメント辞典 APICSディクショナリー 対訳版』より

242 加藤弘貴「日用品『物流標準化ガイドライン』の意義」*月刊ロジスティクス・ビジネス 2022年5月号* pp.22-25 ライノス・パブリケーションズ

243 「《座談会》共同物流は『協調物流』に進化する」*月刊ロジスティクス・ビジネス 2022年5月号* pp.16-21 ライノス・パブリケーションズ

244 事前出荷明細通知。電子データ交換（EDI）による商品出荷の通知。
『第15版 サプライチェーンマネジメント辞典 APICSディクショナリー 対訳版』より

245 荒木勉編『フィジカルインターネットの実現に向けて 産官学と欧米の有識者の熱い思い』日経BP 2022年

246 フィジカルインターネット・ロードマップを取りまとめました！ 経済産業省 (meti.go.jp)

247 Physical Internetの頭文字PIの発音からπと表記されるようになったと言われています。

248 2023_001_04_02.pdf (meti.go.jp)

249 第1回 北海道地域フィジカルインターネット懇談会を開催します｜経済産業省北海道経済産業局 (hkd.meti.go.jp)

250 JILS ロジスティクスイノベーション推進委員会「物流改革を目指す全ての方々へ 人材×変革」日本ロジスティクスシステム協会 2024年

251 藤野直明「物流担当役員（CLO）のミッションとは？」*月刊ロジスティクス・ビジネス 2024年1月号* pp.24-27 ライノス・パブリケーションズ

252 First 100-Day Plan for New CSCOs | Gartner

253 https://jpn.nec.com/ai/advanced-s-and-op/dx_scm/index.html

254 Daniel Pedrolettiら 翻訳構成 大矢英樹 "Reshoring: A review and research agenda"「リショアリング（自国回帰）最新文献レビュー」*月刊ロジスティクス・ビジネス 2023年8月号* pp.42-45 ライノス・パブリケーションズ

255 石井ヤニサ「国内回帰・国産回帰に関する企業動向調査」*月刊ロジスティクス・ビジネス 2023年8月号* pp.36-40 ライノス・パブリケーションズ

256 Barry Neal, Richard Gehlmann, James Reckitt, Louis Rolland. "Location, Location, Location: Key Steps in Reshoring Your Supply Chain". *Journal of Business Forecasting, Winter 2023-2024,* pp.128-34.

257 Sheldon, Donald. "World Class Sales & Operations Planning; A Guide to Successful Implementation and Robust Execution". J. Ross Publishing. 2006.

258 Gattorna, John. "Dynamic Supply Chain Alignment: A New Business Model for Peak Performance in Enterprise Supply Chains Across All Geographies". Routledge. 2009.

259 APICS/ASCM. "CPIM Version 6.1, 2019 Edition, PART2". 2019.

260 Patrick Bower. "IS Your S&OP Strategic or Just Tactical? The Case for a Strategic S&OP Ecosystem". *Journal of Business Forecasting, Winter 2022-2023,* pp.12-15,18.

261 Don Clark. "The Finance of Forecasting (S&OP is Only the Start)". *Journal of Business Forecasting, Fall 2022,* pp.4-7.

262 Steven Hainey "The Rise of S&OE: Achieving Organizational Objectives with Improved Execution". *Journal of Business Forecasting, Fall 2022,* pp.26-28,39.

263 山口雄大「知の融合で想像する需要予測のイノベーション 第17回 新概念？ S&OEとは何か」*LOGISTICS SYSTEMS, Vol.32 2023 春号* pp.22-25

264 販売エリアや取引先、販売期間、数量などを限定することで、需要をコントロールすること。ただし、これは営業部門だけが主導するのではなく、供給に関する情報を考慮してアクションを決めることが重要とされています。
Larry Lapide. "Demand Shaping with Supply in Mind – The Planner's Role in a Supply Constrained World". *Journal of Business Forecasting, Winter 2023-2024,* pp.5-10.

265 APICS. "CPIM PART1 VERSION6.0". APICS. 2018.

266 NEC Advanced-S&OP: NECのAI | NEC

267 Sales and Operations Planning Implementation Tips | Toptal®

268 Chaman L. Jain. "Do Company Really Benefit from S&OP?". RESEARCH REPORT 15. Institute of Business Forecasting & Planning. 2016.

269 Ann Vereecke, Karlien Vanderheyden, Philippe Baecke and Tom Van Steendam. Mind the gap – Assessing maturity of demand planning, a cornerstone of S&OPソリューション. *International Journal of Operations & Production Management, Vol. 38 No. 8,* pp. 1618-1639. 2018.

270 JBF Issues | Jbf Issues | IBF

271 Gattorna, John. "Dynamic Supply Chain Alignment: A New Business Model for Peak Performance in Enterprise Supply Chains Across All Geographies". Routledge. 2009.

272　Antonio Marcio Tavares Thome, Luiz Felipe Scavarda, Nicole Suclla Fernandez, Annibal Jose Scavarda. "Sales and operations planning: A research synthesis". *International. Journal of Production Economics 138. 2012.* pp.1-13.

273　James Anthony Swaim and Michael Maloni, Patrick Bower, Jhon Mello. "Antecedents to effective sales and operations planning". *Industrial Management & Data Systems, Vol.116 No.6, 2016.* pp.1279-1294.

274　Shao Hung Goh, Stephen Eldridge. "Sales and operations planning culture and supply chain performance: the mediating effects of five coordination mechanisms". *Production Planning & Control 2024, Vol.35, No.3,* pp.225-237.

275　Eric Wilson. "Where to Begin? Practical Tips to Start S&OP Implementation". *Journal of Business Forecasting, Winter 2021-2022.* pp.4-6,18.

276　Patrick Bower. "From the S&OP Trenches: Quick-Hit Tips to Reduce Inventory". *Journal of Business Forecasting, Fall 2011.* pp.4-14.

277　Chaman L. Jain. "Ingredients of a Successful S&OP/IBP Process". Institute of Business Forecasting & Planning, Research Report20. 2023.

278　以下の番組第5回「ビジネス価値を高める営業・マーケ・SCM部門間コミュニケーション」をご参照ください。
山口雄大の需要予測サロン「デマサロ！」：需要予測相談ルーム　NEC

279　Jan Stentoft, Per Vagn Freytag, Ole Stegmann Mikkelsen. "The S&OP process and the influence of personality and key behavioral indicators: insights from a longitudinal case study". *Internal Journal of Physical Distribution & Logistics Management Vol.51 No.6, 2021.* pp.585-606.

280　Myers, I.B., McCaulley, M.H., Quenk, N.L., Hammer, A.L. "MBTI *Manual: A Guide to the Development and Use of the Myers-Briggs Type Indicator*". Consulting Psychologists Press, Palo Alto, CA. 1998."
【わかりやすく】MBTIとは何か？性格分類法の基礎知識について徹底解説！MBTIマガジン　相性＆性格診断情報サイト (16labo.jp)

281　Marcelo Xavier Seeling, Tobias Kreuter, Luiz Felipe Scavarda, Antonio Marcio Tavares Thome, Bernd Hellingrath. "Global sales and operations planning: A multinational manufacturing company perspective". *Plos ONE 16(9): e0257572. September 21, 2021.*

282　Bram Desmet. "Adapting S&OP to Company Strategy". *Journal of Business Forecasting, Winter 2022-2023.* pp.33-36.

283　需要予測に基づき、製品在庫のために生産を行なうオペレーションは「Make to Stock」、受注生産を「Make to Order」と呼びますが、このあたりは数ある在庫管理の書籍をご参照ください。

284　山口雄大「知の融合で想像する需要予測のイノベーション」第14回 "ワンナンバーは本当に目指す価値があるのか" *LOGISTICS SYSTEMS　2022年夏号*

pp.98-101

285　Mark Lawless. "Going Beyond S&OP: Hedging Exogenous Business Risk". *Journal of Business Forecasting, Fall 2023.* pp.5-7.

286　Patrick Jonsson, Riikka Kaipia, Mark Barratt. "The future of S&OP: dynamic complexity, ecosystems and resilience". *International Journal of Physical Distribution & Logistics Management Vol.51 No.6, 2021* pp.553-565.

287　Gustavo Bagni, Juliana Keiko Sagawa, Moacir Godinho Filho. "Sales and operations planning for new products: a parallel process?". *International Journal of Physical Distribution & Logistics Management Vol.52 No.1, 2022* pp.29-47.

288　Nonaka, I. "A Dynamic Theory of Organizational Knowledge Creation". *Organization Science, Vol.5,* pp.14-37. 1994.

289　身体知こそイノベーションの源泉である［インタビュー］時代が変わってもマネジメントの本質は変わらない　野中 郁次郎　DIAMOND ハーバード・ビジネス・レビュー　2021年3月号

290　山口雄大『需要予測の戦略的活用』第18章　日本評論社　2021年

索 引

英数

3Dプリンティング　243, 273〜275
Agile-forecasting　192〜194, 203
Agility　63〜65, 203
AI活用　185〜186, 192, 197, 201, 210
ARIMA(AR-Integrated-MA)モデル　148
ARMAモデル　148
Bucket　98, 101
Capacity Requirements Planning(CRP)　267, 319
CLO(Chief Logistics Officer)　306〜308
CPFR(Collaborative Planning, Forecasting & Replenishment)　74, 345
Cyber Physical System(CPS)　275
E&O(Excess & Obsolete)在庫　223
Edge-forecasting　192
forecast-Bias(f-Bias：予測バイアス)　94, 164〜167, 205〜206
Forecast Value Added(FVA)　164, 167
Granularity　96, 101, 316
Holt-Wintersモデル　146
Horizon　98, 102
Interval　98
ISO(International Organization Standardization)　272
Light-GBM(Gradient Boosting Model)　182
MAPフレーム　203
MLOps　169〜170
MP&C(Manufacturing Planning & Control)　316〜317
OEM(OriginalEquipment Manufacturer)　43, 325
OODA(ウーダ)ループ　211
PEST分析　26, 252
PL(Profit & Loss)管理　59
Prophetモデル　149

QCD　58
Range-forecasting　192〜194, 203
Reverse-forecasting　192
S&OE　322〜323
S&OP　314〜317, 328, 352
Sales Force Composite(SFC)　159
SARIMAXモデル　149
SCM　4, 65, 76, 79, 119, 152, 244〜246
SDGs　7, 39
SECI　356〜358
Segment(地理的範囲)　97, 101
SHAP値(Shapley Value)　122, 201
VUCA　6, 120, 194, 203, 216, 245
WAPE(Weighted Absolute Percentage Error)　164〜165
XG-Boost(Extreme Gradient)　182

あ行

アウトバウンド物流　55
意思入れ　204〜207
因果モデル　112〜113, 122, 152, 174〜175, 193〜195
エクスペリエンスチェーン　292〜293
エグゼクティブ・トップダウン(ET)　158
エシェロン在庫(Echelon Inventory)　219〜220
応答性　37, 79〜80
オムニチャネル　290〜293

か行

回帰分析　154〜156
環境負荷削減(Environment/Ecological)　54
機械学習　112〜115, 169〜171, 178, 181
競争優位性　68, 312
共同輸配送　297, 305
グリーン調達　254

382

グローバル物流　282
決定木モデル　179〜180
購買　50, 248
勾配ブースティング　182
コンシューマープロモーション　105〜
　106, 178

さ行

サイクル在庫　78, 221, 225
在庫　30, 59, 78
在庫回転日数　30〜31
在庫計画　92, 216, 222, 233〜236
最適化技術　92, 234, 270
サーベイランス（Surveillance：監視）
　172, 175
サインポスト　174〜175, 253
サプライチェーンデザイン　278〜280, 306
サプライヤーマネジメント　256, 259
サプライヤーリレーションシップマネジメ
　ント　259
時系列モデル　112〜114, 122, 144, 193, 201
資材所要量展開（MRP：Material
　Requirements Planning）　267〜268
指数平滑法（Exponential Smoothing）　144
　〜147
シナリオ分析（シナリオプランニング）
　152〜154, 220, 244, 328, 353
需給インテリジェンス　3, 76, 289, 312, 349
需給バランス　34, 47〜48, 322〜325
需給リスク　170, 174, 323〜326, 351〜352
需要と供給　4, 47, 216
需要予測　31, 46, 92
需要予測AI　192, 199
商品差別化戦略　72
商品ポートフォリオ管理　82〜84
人権デューデリジェンス　253
新商品の需要予測　117〜118, 344
ステークホルダー　65〜66, 120, 336〜337
スマートファクトリー　275
生産計画　53, 263〜268
製造原価　54, 59〜60
製番管理　267

センスメイキング　87〜88, 120〜124
戦略在庫　78, 222

た行

ダーク倉庫　288〜289
ターゲット期間　95, 102
棚卸資産　60〜61, 218
単純移動平均　145, 229
調達　50〜53, 244〜246, 248〜256
調達物流　55, 285
地理的範囲　97, 102
陳腐化在庫　223, 240
ディープラーニング　183
低コスト戦略　72
データサイエンス　126〜127, 173
データドリブン　64, 140〜141
データ分析　126, 142〜143, 169, 213
デカップリングポイント　218〜220
デマンドプランナー　208〜211
デルファイ（Delphi）法　114, 159〜160
統計安全在庫　226〜229
トライアル＆リピートモデル　161〜163
トリガーポイント　174
トリプルAトライアングル　24
トリプルAのサプライチェーン　63
トレードプロモーション　106

な行

荷役　281〜285
ニューラルネットワーク　183
納期　53, 58〜59

は行

パーパス　86〜90
バギング　181
バリューチェーン　4, 42〜43
判断的モデル　114〜115, 122, 157〜159
販売物流　55, 280
ビジュアライゼーション　130, 134〜136,
　139, 142
ビジョン　87
品質管理　270〜272

383

フィジカルインターネット　302〜305
ブースティング　182
ブートストラッピング　87〜88
フォーキャスティングプリンシプル　95
　〜96, 100
物的単位　95, 100
物流　55〜56
物流管理　56, 278〜288
物流標準化　299〜300
包装　283〜284
保管　281〜282

ま行

マーケティング　109〜111, 188〜189, 219
　〜220, 292, 322
見せかけの相関関係　107〜108

や行

輸送　281
輸送リードタイム　273
予測精度　92〜95, 169〜170, 238
予測精度メトリクス　164
予測モデル　104, 112〜115, 206

ら行

ランダムフォレスト　181
リテールプロモーション　105〜106
レジリエンス　217〜218, 242〜246
ロジスティクス（Logistics）　3〜4, 56〜57
ロット在庫　78, 222

山口 雄大（やまぐち　ゆうだい）

NECのシニアデータサイエンティスト兼、需要予測エバンジェリスト。青山学院大学グローバル・ビジネス研究所プロジェクト研究員。東京工業大学生命理工学部卒業。化粧品メーカー資生堂のデマンドプランナー、S&OPグループマネージャー、青山学院大学講師などを経て現職。JILS「SCMとマーケティングを結ぶ！需要予測の基本」講師などを兼職。実務家向け番組「山口雄大の需要予測サロン」でSCMの知見や事例を発信する他、数百名のデータサイエンティストと協働して様々な業界のSCM改革をデータ分析で支援。「需要予測相談ルーム」では年間50社程度にアドバイスを実施している。Journal of Business Forecasting(IBF)や経営情報学会などで論文を発表。著書に『すごい需要予測』(PHP研究所)や『需要予測の戦略的活用』(日本評論社)、『全図解 メーカーの仕事』(共著・ダイヤモンド社)、『新版　需要予測の基本』(日本実業出版社)など多数。

サプライチェーンの計画と分析

2024年9月1日　初版発行

著　者　山口雄大　©Y.Yamaguchi 2024

発行者　杉本淳一

発行所　株式会社日本実業出版社　東京都新宿区市谷本村町3−29 〒162−0845

編集部　☎03−3268−5651
営業部　☎03−3268−5161　振　替　00170−1−25349
https://www.njg.co.jp/

印　刷／堀内印刷　　製　本／共栄社

本書のコピー等による無断転載・複製は、著作権法上の例外を除き、禁じられています。
内容についてのお問合せは、ホームページ (https://www.njg.co.jp/contact/) もしくは書面にてお願い致します。落丁・乱丁本は、送料小社負担にて、お取り替え致します。

ISBN 978−4−534−06126−3　Printed in JAPAN

日本実業出版社の本

下記の価格は消費税(10%)を含む金額です。

この1冊ですべてわかる
新版 需要予測の基本

山口雄大
定価 2420円(税込)

「需要予測のはじめての教科書」として愛読されるロングセラーがAI時代の最新トピックスもカバーして新版化。SCMとマーケティングにおける活用ポイント、デマンドプランナーの育成まで、豊富な事例を交えながら体系的にまとめました。担当者必読の1冊です。

この1冊ですべてわかる
SCMの基本

石川和幸
定価 1870円(税込)

SCMではその名のとおり、マネジメントが大切です。工場や倉庫の配置、適正な在庫、生産リードタイムから、販売計画、需給計画、生産計画、調達計画の注意点、実際の導入ステップなどまで解説しました。新規導入を検討中の人はもちろん、見直し中の人にもおススメしたい一冊です。

イラスト図解
工場のしくみ

松林光男・渡部弘 編著
定価 1540円(税込)

工場のしくみ＝生産現場の仕事を理解すれば、工場関係者はもちろん、営業、経理、総務、システムなど隣接部門の人も仕事がうまくいく！豊富なイラストと図解で、モノづくりのしくみから生産のしくみ、生産管理、原価管理、IT化などまでスラスラわかる。

人事・労務担当者のための
Excel&Wordマニュアル

加藤秀幸
定価 2750円(税込)

「パソコン初心者ではないが自己流でやっているので自信がない」という人事・労務担当者向けに、マイクロソフトでソフト開発に従事していた社労士が、実務に直結するExcel&Wordの効率的な使い方を解説。サンプルファイルをダウンロードして実践できる！

定価変更の場合はご了承ください。